U0505958

服务外包蓝皮书

BLUE BOOK OF
SERVICE OUTSOURCING

中国服务外包竞争力报告
（2015~2016）

ANNUAL REPORT ON COMPETITIVENESS OF CHINA'S SERVICE
OUTSOURCING (2015-2016)

中国服务外包企业竞争力评价

中国社会科学院金融研究所
中国博士后特华科研工作站
主 编／刘春生 王 力 黄育华

社会科学文献出版社
SOCIAL SCIENCES ACADEMIC PRESS（CHINA）

图书在版编目（CIP）数据

中国服务外包竞争力报告. 2015－2016：中国服务外
包企业竞争力评价／刘春生，王力，黄育华主编. －－北
京：社会科学文献出版社，2016. 12
（服务外包蓝皮书）
ISBN 978－7－5201－0193－6

Ⅰ. ①中…　Ⅱ. ①刘…　②王…　③黄…　Ⅲ. ①服务业
－对外承包－竞争力－研究报告－中国－2015－2016
Ⅳ. ①F726. 9

中国版本图书馆 CIP 数据核字（2016）第 320597 号

服务外包蓝皮书

中国服务外包竞争力报告（2015～2016）

——中国服务外包企业竞争力评价

主　　编／刘春生　王　力　黄育华

出 版 人／谢寿光
项目统筹／周　丽　颜林柯
责任编辑／王楠楠

出　　　版／社会科学文献出版社·经济与管理出版分社（010）59367226
　　　　　　地址：北京市北三环中路甲 29 号院华龙大厦　邮编：100029
　　　　　　网址：www. ssap. com. cn
发　　　行／市场营销中心（010）59367081　59367018
印　　　装／北京季蜂印刷有限公司

规　　　格／开　本：787mm × 1092mm　1/16
　　　　　　印　张：21. 25　字　数：352 千字
版　　　次／2016 年 12 月第 1 版　2016 年 12 月第 1 次印刷
书　　　号／ISBN 978－7－5201－0193－6
定　　　价／98. 00 元

皮书序列号／B－2011－189

"服务外包蓝皮书" 编委会

主编简介

刘春生　中国人民大学经济学院经济学博士，副教授，硕士生导师。2006年7月进入中央财经大学并先后在金融学院和国际经济与贸易学院任教，于2013～2016年担任中央财经大学国际经济与贸易学院副院长，中澳合作项目副主任；任CCTV特约评论员，中国证券业协会专家组成员，中新经纬签约专家，蓝源资本家族财富管理研究院副院长，泰国正大管理学院博士生导师、MBA授课教师。

研究方向为贸易与金融、全球生产网络、服务贸易与服务外包等。出版《全球生产网络的构建与中国的战略选择》等专著、教材十余部，在《中央财经大学学报》《对外经济贸易大学学报》等期刊上发表论文数十篇，主持或参与各级各类课题十余项；获得"北京市青年英才"项目支持。

王　力　经济学博士，毕业于中国社会科学院研究生院，北京大学经济学院金融研究中心博士后，特华博士后科研工作站执行站长。担任中国社会科学院金融研究所博士生导师、北京大学经济学院校外导师、湖南大学金融学院和上海商业发展研究院兼职教授。主要研究领域为区域金融、产业经济、资本市场和创业投资。主要社会兼职有中国生产力学会常务理事和副秘书长、中国保险学会常务理事和副秘书长、中国城市经济学会常务理事和北京创业投资协会副秘书长等，还受聘担任多家地方政府经济顾问和上市公司独立董事。

主要科研成果：编辑出版《兼并与收购》《香港创业板市场研究》《中国创业板市场运行制度研究》《中小企业板市场研究》《国际金融中心研究》《中国区域金融中心研究》《国有商业银行股份制改革研究》等10多部著作；在国家核心刊物上发表学术论文170余篇；主编《中国服务外包竞争力报告》《中国自贸区发展报告》《中国融资租赁业发展报告》《中国保险业竞争力报告》等多部蓝皮书；主持"深圳金融后台与服务外包体系建设研究""北京中

关村科技园区金融资源整合研究""当前金融领域流动性紧张问题研究""上海自贸试验区金融创新机制研究"等省部级和国家级重点课题50余项。

黄育华 经济学博士，毕业于中国社会科学院研究生院，金融学博士后，现就职于中国社会科学院城市发展与环境研究所城市经济研究室。主要研究领域为金融理论、城市经济和风险管理。

主要科研成果：编著出版《香港创业板市场研究》《国际金融中心研究》《中国金融论丛》《中国金融风险管理》《中国服务外包竞争力报告》《中国金融中心城市金融竞争力评价报告》等多部著作；在《中国金融时报》《国际金融报》《经济日报》《中国金融》《经济研究参考》等国家核心刊物上发表学术论文80余篇；主持和参与国家社科基金项目"国有商业银行股份制改造跟踪研究"（编号：05BJY101）、北京市软科学项目"首都金融后台与服务外包体系建设研究"（编号：Z000608100007104）、国家自然科学基金项目"商业银行操作风险管理研究"（编号：71040011）、"北京金融业发展战略研究"（2003）、"中国城市发展报告——城市投融资体制改革与创新"（2007）、"中国城市发展报告——中国开发区建设与发展"（2009）、"城市经济学"（2010）、"消费金融问题研究"（2011）、"中国生态环境报告"（2013）、中国社会科学院国情调研项目"新型城镇化背景下政府融资平台发展对策研究"（2013）等国家和省部级课题。

摘　要

随着服务外包产业在全球范围内的快速兴起和蓬勃发展，外包企业之间的竞争也日趋激烈，由此促进跨国公司在寻求国内资源的同时，加大了对国际资源的利用和争夺力度。一些发展中国家后来居上，通过主动承接服务外包业务，来实现经济的快速增长和产业结构的优化升级。企业为降低成本、提高生产效率、提升其核心竞争力，开始把非核心服务业务外包给外部专业机构去完成，从而推动了服务外包业的快速发展。本报告从研究全球外包产业发展视角出发，具体分析了中外各类服务外包企业的发展特征，客观评价了中国服务外包基地城市服务外包企业的竞争优势。

本报告前两部分主要对 24 个外包基地城市的代表性外包企业进行分析，通过分析发现，上海、北京、深圳、成都服务外包企业竞争力最强；上海服务外包业务中，信息技术外包（ITO）占据绝对优势，而知识流程外包（KPO）比重有所上升；北京服务外包企业主要集中在海淀区。从总体趋势来看，中国服务外包企业类型更加丰富，竞争越发激烈。

本报告第三部分分析了境外服务外包企业的发展特征和竞争优势，主要选取印度和爱尔兰两大服务外包国家进行分析，目的是借鉴其发展经验，总结其经验教训，为中国服务外包企业的发展提供指导。

对于中国服务外包产业而言，建立企业的国际竞争优势、提升企业自身的核心竞争能力是根本出路；与此同时，积极开拓服务外包市场、加强知识产权保护、提高外包人才素质和推动服务外包"全产业链"发展是顺应全球化发展的大趋势。

Abstract

With the development of service outsourcing industry on a global scale, global competition is growing rapidly, which urges transnational corporations to seek domestic resources, as well as increases the intensity of the utilization and configuration of international resources. Some developing countries have already achieved the rapid growth of economy and the optimization of industrial structure through undertaking the service outsourcing business. Moreover, enterprises have begun outsourcing non-core enterprise services to external professional bodies to reduce costs, increase efficiency, and maintain the core competitiveness of enterprises, which contributes to the rapid development of service outsourcing. Based on Demonstration City of Service Outsourcing in China, this book collected and categories representative enterprises in the various cities, and then analyzed the basic situation of various enterprises, which further provides us with a better understanding of the current developing situation, helps us to better recognize the problems that occurred in each city's developing process, and gives some advice accordingly.

In the first two parts, this book focused on analyzing 24 cities, especially studying representative enterprises in these cities. The analysis shows that Shanghai, Beijing, Shenzhen, and Chengdu have become the most competitive cities in service outsourcing industry. Also, Shanghai has absolute advantage in the information technology outsourcing (ITO), and knowledge process outsourcing (KPO) has increased. In the meantime, Beijing concentrates the resources on developing Haidian District. In general, the types of service outsourcing business become more abundant in our country, and the competition also becomes more and more intense.

The third part mainly expounds the development status of international service outsourcing enterprises. Two huge cities, India Bangalore and Ireland, were selected to be analyzed. Learning from the development experience of their service outsourcing enterprises, identifying their obstacles and problems encountered in their development, we get a better understanding on how to develop service outsourcing in China.

For this industry, the fundamental way of development is to build long-term competitive advantage of internationalization for firms and promote their own capacity-building. Furthermore, facing the international trend, enterprises need to actively develop service outsourcing markets, strengthen the protection of intellectual property rights and improve the quality of human resources.

序　言

改革开放以来，中国经济实现了 30 多年的高速增长。国内低廉的劳动力成本和广阔的市场前景使全球制造业产地转向中国，使中国成为"世界工厂"。然而，这种劳动密集型的经济增长方式也带来了诸多问题，如国际贸易摩擦增多、劳动力成本上升、资源日益减少和生态环境日益恶化等。因此，转变经济增长方式和进行产业结构调整已成为迫在眉睫的问题。为了保持中国经济健康持续发展，应加快服务外包产业升级，在承接全球服务业转移的过程中，引进发包国的先进技术和经验，促进中国企业的科技进步和管理创新，进而提升中国高端服务业的竞争力，最终实现产业结构的转型升级。

目前，中国经济发展已进入了新常态，经济增长速度放缓，经济结构调整压力增大。为了适应经济发展的新常态，国家对服务外包产业提出了新的目标，2014 年，《国务院关于促进服务外包产业加快发展的意见》（国发〔2014〕67 号）出台，服务外包产业上升为国家战略。

2014 年，中国服务外包产业持续稳定增长，从规模扩张向量质并举发展。服务外包产业在横向上向研发、金融、政府服务等更多领域拓展，在纵向上向处于外包产业价值链高端的行业解决方案或者高端技术服务的方向转变提升。与此同时，在信息技术发展的影响下，服务外包开始从 ITO 向 BPO、KPO 延伸，以云计算、物联网、移动互联网、大数据为代表的新一轮信息技术为服务外包产业发展创造了新机遇。此外，中国服务外包在岸业务和离岸业务也呈现同步发展的态势。从服务外包产业起步开始，离岸服务外包就成为受关注的重点，政策措施也更多地集中在离岸服务外包领域。随着中国经济发展进入新常态，国务院陆续出台了一系列指导意见，鼓励和促进现代服务业发展，未来在政府采购服务的带动下，在岸外包市场将迎来新一轮快速增长。

目　录

I　总报告

II　国内服务外包企业发展综述

Ⅲ　境外服务外包企业发展分析

皮书数据库阅读 **使用指南**

CONTENTS

I   General Report

II   Service Outsourcing Enterprises' Developing Status in China

Ⅲ Service Outsourcing Enterprises' Developing Status in Foreign Countries

总　报　告

General Report

B.1
中国服务外包产业发展总体情况分析

　　服务外包是指企业为了能更好地专注自身核心业务，把价值链中原来由自己提供的非核心业务流程剥离出去，外包给专业的服务提供商来完成，本企业只负责自身核心业务部分流程的经济活动。服务外包伴随着新一轮国际产业分工的发展逐渐兴起，涉及众多行业和领域，包括医药、信息、金融等，服务外包产业可以有效地增加就业，并且可以实现附加值的增加，减少环境污染和降低能耗。目前，全球服务外包产业发展呈现如下趋势。

一　全球服务外包产业发展趋势

　　全球服务外包从成本驱动型向价值导向型转变，外包价值逐渐提升。服务外包最初以寻找低价劳动力为目的，但是为了满足全球需求的多样化，服务业不仅在寻求低价劳动力，也在不断提升专业性、提高效率、开拓市场、缓解资本压力、降低运营风险、提升技术水平、探索转型发展，以在降低成本的同时快速提高外包服务的价值。可以预见，未来在服务外包领域，价值导向型将会代替成本驱动型，各种深度、长期的战略合作模式将更加丰富并且被广泛

使用。

随着国际贸易依存度的稳步提高，国际服务外包产业将依然保持高速增长。国际贸易在各国经济发展中的作用随着经济全球化的深入发展而日益增强，企业生产所需要的资源已经不再局限于国内资源，对国际市场资源的依赖日益提升，未来国际贸易将打破金融危机带来的不良影响，快速增长，并且恢复到危机前水平。并且，各国大力发展第三产业，服务贸易也相应受到了重视，随着贸易谈判进程快速推进，服务贸易必将成为推动贸易增长的重要组成部分。其中，以模式创新、科技引领为特点的国际服务外包产业将继续保持高速增长势头，拉动整个服务外包产业发展。

信息技术的发展推动服务外包的需求变革，信息技术外包（ITO）将长期占据主导地位，并迎来新一轮的增长。物联网、云计算、移动互联网以及大数据等高新信息技术正在融入传统产业中，并重新构建一种基于信息化和互联化的商业模式。随着前端应用的技术发展，终端用户和移动互联网日益渗透到各种产业中，不仅传统工业、金融业大力推进"互联网＋"的进程，在教育、医疗等领域，互联网也在逐渐渗透。由于互联网以及信息技术的高速发展，这一轮变革相比之前颠覆性更强、更加快速和紧迫，服务外包需求者更加倾向于利用第三方专业服务商的力量为其长期发展重新布局，ITO业务必将迎来新一轮的增长。

各发展中国家更加重视服务业以及服务贸易的发展，外包市场竞争加剧。金融危机爆发之后，众多国家逐渐调整并且加快结构调整，纷纷发展服务业与服务贸易，发展中国家也发挥自身的劳动力成本优势，提供更多的政策优惠，大力发展服务贸易。尤其是印度，成为更多国家学习的典范，很多发展中国家纷纷效仿，使得服务外包的竞争愈加激烈。但是，近几年，劳动力成本逐渐提高，服务外包承接大国中国和印度的成本优势开始减弱，离岸市场贸易发展的增速出现下滑，但是菲律宾、马来西亚、泰国等东南亚国家凭借其成本优势，国内服务外包产业正在加速崛起。

全球服务外包企业国别梯队格局大致不变，科技企业与互联网企业将打破现有产业梯队格局。在国际竞争力排名中，位于前列的服务外包企业多为欧美国家以及印度的企业，预计这种竞争格局将保持不变。虽然近年来中国的服务外包企业不断提升自身的国际竞争力，但是距离世界领先阵营还有较大的差距。此外，随着"互联网＋"的提出和推广，以互联网为主导的跨界融合持续深化，外包合作模式逐渐成熟，传统科技企业以及互联网企业陆续加入服务外包产业中，并将成为服务外包产业的发展主力。

云计算带动服务外包模式的创新，提高服务的质量与效率。随着大数据的应用和云计算的发展，越来越多的企业将基础设施和内部应用转移到云端，各系统从内部数据中心向公有云提供商转移，随着云计算的逐渐成熟，未来云计算的架构将趋于简单，其安全性能也逐渐趋于成熟，以云计算为基础的模式被广泛认可，传统服务外包也会采用这种模式，这极大地促进了整个服务外包产业的发展。

二 中国服务外包产业发展综述

（一）中国服务外包产业发展现状

1. 中国服务外包产业的市场规模

2011 年，中国承接服务外包合同金额为 447.3 亿美元，执行金额为 323.9 亿美元。2014 年，中国承接服务外包合同金额首次突破 1000 亿美元，执行金额超过 800 亿美元，均比 2011 年增长超过一倍。同期，离岸服务外包业务也均实现一倍以上的增长，占全球服务外包市场的份额接近 30%。2015 年，中国服务外包产业继续保持较快增长，全年签订服务外包合同金额为 1309.3 亿美元，执行金额为 966.9 亿美元，分别同比增长 22.1% 和 18.9%。其中，离岸服务外包业务合同金额为 872.9 亿美元，执行金额为 646.4 亿美元，分别同比增长 21.5% 和 15.6%。

虽然中国服务外包业务起步较晚，但是凭借中国稳定的政治环境、良好的经济环境以及国际服务外包转移的有利时机，中国的服务外包业务规模在不断扩大，从业人员在不断增加。中国服务外包业务占全球服务外包市场份额由 2008 年的 7.7% 增长至 2012 年的 27.7%。截至 2014 年底，中国服务外包企业超过 2.8 万家，从业人员超过 600 万人，间接带动就业超过 2000 万人。其中，服务外包领域从业人员中大学（含大专）以上学历的超过 400 万人，占从业人员的比例约为 2/3。2015 年 1～10 月，中国新增服务外包企业和就业人员数量均大幅增长。其中，新增从事服务外包业务企业 4979 家，新增从业人员

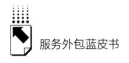
92.6 万人，分别同比增长 92% 和 59.8%。

2. 在岸与离岸外包的发展情况

众所周知，中国是全球经济大国，国内有着巨大的需求市场，所以在岸服务外包业务规模一直较大。据相关统计，中国离岸外包与在岸外包业务的比率约为 1:3，也就是说离岸外包约占服务外包业务总额的 25%，在岸业务约占75%。据商务部统计，2008 ~ 2013 年，中国承接离岸外包业务合同执行金额由 42.7 亿美元增长到 454.1 亿美元。中国离岸外包总额每年都呈现上涨的趋势，占全球业务比重也在不断上升。由此可见，国家的扶持政策已经初见成效，而且随着相关统计的逐步完善，中国离岸服务外包业务将显现出巨大的发展潜力。

3. 中国服务外包市场结构

从产业结构看，中国服务外包主要领域依然是信息技术外包（ITO），占据服务外包业务总量一半以上的份额。在 ITO 业务中，基础技术服务比重最大，占据 30% 以上，系统应用服务占据 15% 左右的份额，这两项是中国 ITO 的重要内容，占到大多数比例。中国大多数服务外包示范城市，如北京、上海等地区，信息软件外包业务都占到总额的 50% 以上，但这些业务大多是产品附加值低的基础性业务，有待进一步转型升级。近年来，中国的业务流程外包（BPO）市场处于快速发展的上升期，从 2012 年开始，BPO 总额一直稳定地占据着市场总额的 15% 以上。相继有一些发达省份提出发展金融后台外包业务这种新兴模式，其中有保险中心、银行数据中心、信用卡中心等业务。人力资源领域外包业务也是中国重点发展的部分。在中国，BPO 的业务范围在不断扩展。中国的知识流程外包（KPO）业务起步较印度、爱尔兰等国家晚，但随着中国经济向知识密集型转变，KPO 业务也有了飞快的发展，但缺乏高科技、专业技术方面的优秀人才，法律制度不完善等，仍然制约着中国 KPO 的进步。中国 KPO 业务主要集中在教育较发达、科技能力突出、高科技企业聚集的地区，如西安、广州、苏州等地，而医院与生物技术研发、工业设计等业务都是 KPO 领域的发展重点。

2014 年，中国承接信息技术外包、业务流程外包和知识流程外包离岸执行金额分别为 293.5 亿美元、79 亿美元和 186.7 亿美元，以知识创新和研发设计等为主要特征的离岸知识流程外包业务占比达到 1/3。2015 年，中国承接信息技术外包、业务流程外包和知识流程外包离岸执行金额分别为 316.8 亿美元、91.7 亿美元和 237.8 亿美元，同比分别增长 8%、16% 和 27%，占比分别为 49.0%、14.2% 和 36.8%。以数据分析、工业设计、工程设计、检验检测、医药和生物技术研发等为主的知识流程外包保持快速增长，业务比重逐步增大。

4. 中国服务外包企业的发展

中国本土服务外包企业地域特征较明显，多集中在长三角及环渤海地区，这些地区集聚的服务外包企业占据全国服务外包企业的 70% 以上，领军企业多分布在上海、北京、大连等地。在本土企业中又以民营企业表现抢眼，数据显示，在中国所有示范城市服务外包企业中，民营企业数量占据 55% 以上。民营企业的竞争和自我发展壮大意识更强，为中国服务外包企业带来了很强的活力。经过近几年的发展，中国已经形成了如东软、浙大网新、华信、海辉、中软等在某些特定市场上具有较强国际竞争力的外包企业。同时，华为、联想等大型跨国制造业企业也相继进入了服务外包领域，具有较大的发展潜力。2014 年，中国拥有上万名员工的服务外包企业已达到 16 家，承接离岸服务外包合同执行金额上亿美元的企业达 62 家。承接国际服务外包平均合同金额为 69.9 万美元，同比提高 4.5%，企业接包能力进一步提升。

（二）中国服务外包企业竞争优势分析

1. 基础要素条件优势明显

中国处于亚洲东部，地形多样，河流湖泊众多，陆地同 14 国接壤，海上与 6 国相邻，地大物博。在中国服务外包企业的发展过程中，基础要素条件优势明显，主要包括：首先，在地缘上，相邻国家众多，文化相容性更强，无论是在交通上还是在文化习俗上都更容易得到相邻国家的青睐，且最近几年，为了降低成本，更多的国家有意将中国作为其核心业务外包战略区域；其次，中国原材料丰富多样，能够满足服务外包企业发展的基本需求，产品多样性也能够得到保证；最后，中国具备从事高附加值业务的能力，可以向客户提供新的价值，能够进一步把消费电子、汽车、清洁能源、生物技术、游戏和动漫等相关的产业内服务推向高端。

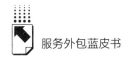

2. 潜在市场规模大、需求旺、机会多

经济全球化深入发展和当前的形势变化也给中国承接国际服务外包业务、引进外包人才、扩大市场份额带来难得的机遇：在国际金融危机影响下，越来越多的跨国公司和金融机构为提高劳动生产率、改善经营效率和缩减成本，已经或即将把更多的业务外包给低成本国家和地区，这就为劳动力成本较低的中国承接国际服务外包业务提供了难得的机遇。同时，许多跨国公司大幅度削减研发经费，他们期望通过和中国联合从事产品研发，共同开拓国际市场和中国市场，这也将有利于中国企业与海外服务商的合作升级，并为中国承接研发等价值链高端业务带来发展机遇。这就在无形中扩大了中国的市场，近几年中国内需市场繁荣，其不仅成为国内外包企业发展的坚实后盾，也成为国际外包巨头争夺的对象，这对促进中国服务外包业务整体高速发展功不可没。

3. 得到相关产业大力支持，基础设施日益完善

服务外包作为新兴产业并不是孤立发展的，它以交通运输业、制造业、通信业、服务业为依托，具有很强的产业关联度。衡量服务外包商业环境的一个重要指标就是软件、通信、网络等基础设施的建设水平。经过多年建设，中国目前拥有完善的基础设施、便捷的道路交通网络、发达的通信设施、普及的网络宽带、充裕稳定的能源供应，为发展服务外包提供了良好的必备条件。

4. 政治环境稳定，政府强力支持

新中国成立以来，政治环境总体稳定，为经济发展提供了良好的大背景，1978年改革开放，更是为我国经济发展注入了强劲的动力，政府支持经济发展，提供了各种支持经济发展的政策，为中小企业提供创业运营资金，很大程度上缓解了部分企业的压力。中国服务外包企业的发展也得到了政府的大力支持，这也是服务外包企业发展的一大优势。

5. 人才储备丰富

新中国成立以来，对教育事业的重视程度不断提高，对教育方面的资金投入越来越多，建立了各种类型的学校，学科方面，管理学、经济学、法学等多种专业百花齐放，不断培养全面发展型的人才。在中国外包企业的发展中，国际经济与贸易人才和国际商务人才储备丰富，更是为中国外包企业的发展提供了人力资源基础。

（三）中国服务外包企业发展存在的问题

1. 服务外包企业发展战略需要提升

中国在承接国际服务外包方面已经拥有得天独厚的后发优势，其中包括"域内外包"的内需和"离岸外包"的外需双重叠加，以及牢固的制造业基础和产业集群。目前，中国的外包业基本形成了东北、环渤海、长三角、珠三角、中西部"五大集群"、"东西映射"的良好发展格局，外包业务结构也日趋多样化。但是发展战略仍然存在一些问题，中国服务外包企业中，中小企业仍然占有一定的比例，但是这些企业大多单独发展，在激烈的国际竞争中，很容易被一些大型跨国公司击败，在策略上，可以采取企业联合做大做强的战略，多进行企业间交流，共同面对激烈的国际市场，共同开创一片广阔天地。

2. 服务外包企业规模较小且起步较晚、经验不足

中国的服务外包企业，无论是从业人员数量、高端人才数量，还是外包企业数量都不具有优势，多为刚刚起步的中小型外包企业，企业规模小。自1978年改革开放以来，中国的经济才得以充分发展，从而与西方发达的工业国家产生了一定的差距，国内规模较小的企业难以与国际大型企业竞争，往往会因经验不足而决策失误，在经济危机中难以规避风险，这使中国企业在激烈的国际竞争中处于不利地位。

3. 业务标准化程度低

在国际离岸外包业务中，发包企业常常通过六西格玛（six-sigma）和ISO这两项标准来评价接包方企业的质量控制能力，以保证最终服务质量达到预期要求。一项调查发现，只有22%的中国服务外包企业实施了six-sigma，而国际服务外包企业的这个比例则高达47%，另外，只有60%的中国外包企业采用ISO标准，而国际服务外包企业这个比例则为76%。由以上可见，中国服务外包企业与国际服务外包企业相比，在业务的标准化程度方面还有较大差距。

4. 企业管理水平和产品质量有待提高

中国服务外包企业起步晚且大部分外包企业规模小、经验不足、结构不尽合理，与先进的企业结构存在差距；同时，企业管理不够规范，产品质量也需要加强，好的产品质量是企业无声的广告，做好产品有利于提高企业竞争力。

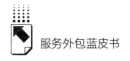

5. 行业规范存在问题

随着经济全球化的发展，中国的服务外包企业越来越多，发展也令人瞩目，但是服务外包行业的相关法律法规仍不健全，行业发展也存在漏洞。我国应该及时完善相关政策法规，规范外包行业的发展。

6. 高等要素配置需要解决结构性矛盾

目前，从中国的外包企业发展来看，虽然基础要素丰富，但是高等要素的配置却存在不均衡的问题，资源分配不均匀，结构性矛盾突出，大部分的高端技术、先进的管理理念以及引领行业发展的人才集中分布在大型的服务外包企业，这对中小企业的发展是致命的打击。中国应该解决资源配置问题，更好地顾及中小企业的发展。

（四）中国服务外包产业发展新趋势

目前，中国经济发展进入新常态阶段，经济增长速度放缓，经济结构调整形势严峻，经济发展动力已经不再是传统增长点。为了适应中国的经济新常态，国家对服务外包产业提出了更高的期许，2014 年底《国务院关于促进服务外包产业加快发展的意见》（国发〔2014〕67 号）出台，服务外包产业上升为国家战略。但不能回避的是，面对国际经济的缓慢复苏及国内商务成本的不断攀升，服务外包产业增长速度放缓，企业也加快寻找转型路径，中国服务外包产业也开始步入常态化发展阶段，主要呈现如下趋势。

1. 产业规模持续稳定增长，从规模扩张向量质并举发展

未来，虽然全球经济复苏依然缓慢，国内成本上升趋势不可逆，但是随着服务经济时代的到来，服务业和服务贸易迅速发展，成为全球经济转型的重中之重，依托高科技含量、高智力集聚的服务外包这一新兴领域来撬动服务业升级、带动服务贸易发展已经得到我国政府的高度重视。在政府重视、市场需要、技术蓬勃发展的带动下，中国服务外包产业仍将持续稳定增长，增速有望长期维持在 25% 左右，且从规模扩张向量质并举发展，服务外包产业在横向上向研发、金融、政府服务等更多领域拓展，在纵向上向处于外包产业价值链高端的行业解决方案或者高端技术服务的方向提升。工业 4.0 时代，制造业服务需求有望"井喷"。数据显示，在美国，制造与服务融合的企业占制造业企业总数的比例约为 58%，而在中国这一比例仅为 2.2%。进入工业 4.0 时代，

制造业服务将被智能服务这一新型模式所主导，其中，智能服务信息化系统是发展关键，依靠数据监控、分析、挖掘提供主动服务成为主要内容。当前，中国政府提出开展"工业4.0"合作，意味着中国制造业企业需要有跨越式的发展思路及发展能力，寻找外部专业团队将成为行之有效的方法之一，未来中国的制造业服务需求有望出现"井喷"式发展。

2. 新一轮信息技术的影响从ITO向BPO、KPO延伸

以云计算、物联网、移动互联网、大数据为代表的新一轮信息技术为服务外包产业发展创造了机遇，其中影响较大、首先发力的是ITO领域。为了顺应新技术的变化趋势，ITO在技术手段、业务模式上主动靠拢。而随着这些信息技术与传统产业渗透融合的加速，BPO、KPO领域逐渐开始获利，如药明康德推出首款针对小分子化学定制合成服务的移动应用APP"掌上化学"；阿里云计算和中南卡通开展"动漫云"的研发。

3. 核心业务环节外包需求增加，服务外包业务附加值提升

服务外包的内容早已不再局限于非核心业务环节，核心业务环节的外包活动日益增多，其中包含高附加值的知识流程外包和提供商业解决方案的业务流程外包所占比例日益增大。另外，根据中国服务外包研究中心的数据监测，2014年中国500万美元以上的离岸大额合同签约数量增加15%，200万美元以上在岸大额合同签约数量增加23.4%，企业承接大额合同的能力在提升，未来这一态势将会延续。

4. 国内外市场政策环境良好，在岸业务和离岸业务同步发展

从2006年中国服务外包产业起步起，离岸服务外包就成为关注的重点，政策措施也更多地集中在离岸服务外包领域。但随着中国经济进入新的发展阶段，国务院陆续出台了相关指导意见，积极促进文化创意和设计服务业、健康服务业、科技服务业、现代保险服务业、生产性服务业等产业发展，鼓励和促进现代服务业发展，未来在政府采购服务的带动下，在岸服务外包市场将迎来新一轮增长。同时，国家"一带一路"和"走出去"战略也成为助推服务外包企业开拓国际市场的重要力量。服务外包在岸业务和离岸业务将同步并举发展。

5. 区域布局逐渐优化，产业集聚区差异化竞争

在政府、企业多方面努力下，我国服务外包产业适应市场变化，近年来产

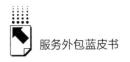

业梯度转移一直在路上。2015 年，国家"一带一路"战略持续推进，互联互通成为起步之举，部分中西部省（区、市）由"内陆"变"前沿"，开放发展加速，基础设施建设、人才集聚、资金汇集等各方面全面升级，承接服务外包转移的优势再次提升。此外，《服务外包产业重点领域指导目录》的酝酿出台也成为通盘考虑服务外包产业全局发展的重要依据，国发〔2014〕67 号文对产业集聚区科学布局提出了明确要求。未来，特色差异化竞争成为必然趋势，区域协调发展的良性格局逐渐形成。

6. 服务外包企业类型更加丰富，竞争越发激烈

中国从事服务外包业务的企业可以分为三类：一是专业的服务提供商；二是产品与服务共营企业；三是以产品生产为主的企业。其中，专业的服务提供商占多数。近年来，随着服务外包与垂直行业的合作加深，一些传统的互联网企业、科技企业甚至制造业企业开始以战略合作的模式进入服务外包领域，并逐渐发展壮大。采取战略合作的模式一方面可以形成利益共赢体，有助于提升效率；另一方面可规避信息安全风险，有助于延伸业务链条。未来传统企业将更多以这种模式进入服务外包领域，企业间竞争越发激烈。

7. 服务外包产业创业热潮开启，以创业带动就业

服务外包以轻资产、以智力投入为主的特色，成为符合大学生创业的领域。在国家鼓励"大众创业、万众创新"的政策环境下，2015 年服务外包产业掀起创业热潮，进入创业窗口期。特别是随着服务外包孵化环境的成熟，多元化、市场化、全链条化、多样化运行的创业孵化体系建立，创业孵化功能区遍地开花，全方位的服务体系为创业成功提供了保障。服务外包产业可以通过创业带动就业，聚集一批高端人才。

国内服务外包企业发展综述

Service Outsourcing Enterprises' Developing Status in China

B.2

北京市服务外包企业发展综述

一 北京市服务外包发展概况

作为中国的政治和文化中心，北京在知识就业、创新能力、数字经济方面的优势显著，在全国城市竞争力排名中处于领先地位。

2014 年，北京市总体完成地区生产总值为 21330.8 亿元，比上一年增长7.3%。分产业看，第一产业增加 159 亿元，增速下降 0.1 个百分点；第二产业增加 4545.5 亿元，增速上升 6.9 个百分点；第三产业增加 16626.3 亿元，增速上升 7.5 个百分点。按照可比价格计算，北京市 2014 年规模以上工业增加值比上一年提高 6.2%。其中，战略性新兴产业增速上升 17.9 个百分点，较规模以上工业增加值平均增长率高 11.7 个百分点；通信、计算机和其他电子设备制造业增速上升 17 个百分点，重点行业对北京市整体工业增长起到了重要的支撑作用。

第三产业在北京经济发展中的地位不断提升。2014 年北京市第三产业增加值比上一年提高 7.5%。其中，作为重点行业，金融业增加值为 3310.8 亿元，提高 12.3%；软件、信息传输和信息技术服务业增加值为 2062 亿元，提高 11.7%；技术服务和科学研究领域增加值为 1662.6 亿元，提高 11.1%，

这三个重点行业的发展和增长速度在北京市第三产业中表现较为突出。除此之外，批发和零售业增加值为2447.7亿元，提高5.5%；租赁和商务服务业增加值为1700.2亿元，提高5.8%。其中，服务贸易在全市外贸发展中的地位日益凸显。2014年北京外贸进出口总额为5000亿美元，其中，北京市服务贸易对外贸易共计1106亿美元，同比增加9.4%，在北京市对外贸易总额中占比1/5以上，相比10年前的235.7亿美元高出3.7倍。在当前的服务贸易中，北京在8个领域具有领先优势，且在部分领域所占份额超过总额的一半。从服务贸易在第三产业中的占比看，北京市是全国比重较大的城市之一。

2015年是中国服务贸易向好的一年，2015年1~9月，北京地区货物贸易呈现量增价跌的趋势，而服务贸易进出口总额、进口额和出口额均保持增长，增幅分别为12.6%、17.8%和5.9%，分别占同期外贸进出口总额、进口总额和出口总额的23.3%、17.3%和44.4%。外贸结构进一步优化，货物贸易中"双自主"企业出口55.5亿美元，占比14.4%，服务贸易全球化、高端化、集群化、融合化的发展特征日益显现，1000余家服务业企业实现跨国经营，"北京服务"的影响力日益提高。

北京市是人才智力的聚集地，并承载着为中国特色自主创新探索、为建设创新型国家探索的历史使命。服务外包产业在北京有着多年的历史，十几年前北京市就对服务外包产业进行扶持和鼓励。北京市也在积极地落实和组织京津冀协同发展战略，从而使服务外包产业的空间布局得以拓展。不仅如此，北京也发布了多项服务外包产业鼓励政策，致力于向产业链高端转型。除此之外，北京通过服务模式的创新，推动政企协调发展。

2014年北京市离岸服务外包仍然维持着稳步增长的势头，服务外包的离岸执行金额达53.27亿美元，占全国的比重为9.5%，同比增长10.4%。其中，海淀区在服务外包离岸业务上已经连续多年占北京市总额的40%以上，成为北京服务外包示范园区的领头羊。

海淀区服务外包起步早，一直走在全国的前列。服务外包的发展，全国看北京，北京看海淀。海淀区是本土服务外包企业，尤其是本土大型企业、领军企业的聚集地。文思海辉、软通动力、博彦科技、中软国际等，都聚集在海淀区。所以，海淀区大型本土企业的发展策略和模式，也一直领先于全国其他城市，起到了引领作用。

北京市服务外包产业的主要特点如下。

1. 规模增长阶段（2006~2012年）

体量的增长是一个非常必要的阶段。在这一阶段，北京的目标是"规模化、高端化、国际化"。这个阶段最明显的特征是规模化，我国企业通过体量的增长，为国际化和高端化打下了基础，开始了国际以及国内的区域布局，优化配置各地区的资源，将高中低端业务进行了合理的配置。

2. 区域格局已经形成

2010年，我们曾对我国本土服务外包企业进行了调研，其中，以服务外包离岸额在100万美元以上的企业为主，在50多家的有效回复中，有20家企业在海外设有机构，其中，约40%的机构设在日本、27%的机构设在美国。当前，海淀区50家外包企业共拥有130余个海外分支机构，包括在海外直接并购的公司。2010年，国内服务外包企业已经开始在条件比较好的城市建设交付中心，其中23家企业在国内其他城市设立分支机构78个，约93%设立在21个服务外包示范城市中，为低端业务的疏解做了良好的准备。

3. 高端业务留在京城，其他业务外溢加速

目前，一方面，企业各地分支机构数量增加迅速，北京机构工作人员数不增反减，而其他地区机构人员数增加。如博彦科技在西安的分支机构建立仅2年，人员数迅速超过了400人；文思海辉在无锡的人员数也达到了3000~4000人，在南京达到3000多人。另一方面，新建分支机构开始向非示范城市扩展，如沈阳、青岛、宁波、嘉兴等城市，形成了高端业务在北京、低端业务在外地的格局。现在大企业在京人员规模占企业人员总规模的比例大多为1/4、1/5、1/6。新增低端业务向外地转移。

4. 海淀区持续扶持企业发展

海淀区近年来连续签约了15家政企共建企业，扶持符合标准的企业发展。其中，10家企业在京人员规模在缩减或维持不变，5家企业人员数量增加，如中科创达。国内业务比重较大的企业有瑞友、瞬联、中软国际等。

5. 海淀区服务外包企业呈现转型新业态

从全球市场来说，服务业的发展趋势和需求正在发生巨大的变化，IT服

务和业务服务正走向融合。以云计算、大数据、移动、社交为基础的第三方平台服务逐渐兴起。在这个时期，我们的企业也在进行变革。很多企业运用资本的力量，开展投资、并购，置换公司主干业务。收购兼并是国际成功企业的惯常做法，GE、微软、谷歌通过兼并收购把好的业务装进自己的战略版图，印度每年都有几百起企业兼并收购业务，以丰富企业地域布局和业务布局。

从 2012 年以后，企业并购从扩大规模的同类并购，转向了购置新兴业务的转型式并购，如博彦科技并购 PDL（提供专业的高端商业 IT 服务）、中软并购 Catapult（微软业务的卓越咨询服务提供商）、软通动力并购 Adventier 咨询公司（ERP 咨询及解决方案）等。这些规模比较大的企业采用的置换业务方式有以下几种。

（1）企业投入研发，开拓平台式服务模式，代表企业有中软国际、软通动力；

（2）引进境外行业经验和技术，进入国内行业市场，代表企业有新思软件、软通动力、博彦科技、文思海辉、中软国际、瑞友科技；

（3）新建企业，直接进入新兴业态，如智能移动终端、大数据、云计算、电商代运营等，代表企业有中科创达、易单网、明略数据、瑞金麟。

二　北京市服务外包企业介绍

（一）北京市服务外包代表企业

（1）北京中瑞岳华金融服务外包有限公司；

（2）软通动力信息技术（集团）有限公司；

（3）北京中关村软件园发展有限公司；

（4）博彦科技股份有限公司；

（5）方正国际软件（北京）有限公司；

（6）北京中关村软件园孵化器服务有限公司；

（7）同方鼎欣信息技术有限公司；

（8）瞬联软件科技（北京）有限公司；

（9）纬创软件（北京）有限公司；

（10）中讯软件集团股份有限公司；

（11）北京新聚思信息技术有限公司；

（12）塔塔信息技术（中国）股份有限公司；

（13）中科创达软件股份有限公司；

（14）北京新思软件技术有限公司；

（15）保诺科技（北京）有限公司；

（16）北京信必优信息技术有限公司；

（17）大连软件园股份有限公司；

（18）中软国际有限公司。

（二）典型企业介绍

1. 北京新思软件技术有限公司

（1）公司简介

北京新思软件技术有限公司（以下简称"北京新思"）是浙大网新集团旗下面向日本软件外包的主要公司。从 2001 年底引入资金重组后，北京新思始终以"品质立社"为经营原则，不断引入日本公司的管理策略和管理人才，进而不断地提升公司软件开发质量和水平。经过数年的努力与坚持，北京新思在证券、医疗、电力、铁路、流通等行业和政府部门的系统开发领域积累了大量经验，承担了大量对社会产生显著影响的大规模工程的承包与开发。同时，公司在工业管控、ERP、嵌入式研发、网络解决策略等领域也聚拢了许多长期合作的客户。长期以来，北京新思向日本政府集团和许多知名公司提供了从设计到研发到运营和维护的一系列规模服务项目，同时与一些客户成为有着长期业务合作的战略伙伴。

（2）服务内容

①面向日本市场：系统外包开发、基础架构构建、系统远程监视服务等。

②面向中国市场：IT 咨询服务，系统设计、开发及运维服务等。

③产品开发和销售：证券算法交易系统——TTF、云数据中心自动化配置管理系统——CCS 等。

北京新思是面向中国、日本等海内外市场提供综合 IT 解决方案和 IT 服务外包的主力企业。经过多年的不懈努力，目前北京新思已经分别在沈阳、大

连、西安、上海、杭州、扬州、南昌、深圳等地，以及日本东京设立了子公司，加速了快速交付中心的布局。

在日本市场上，公司自成立以来立足于对日本的软件服务外包业务，为日本许多知名的系统集成商和用户提供过从设计开发到运用维护的全方位服务，在证券、产业流通和社会公共事业等领域积累了丰富的开发经验，培养了大批优秀的开发人才。

在国内市场上，由于企业技术水平不断提升和业务领域不断扩张，市场需求和业务规模也飞快增长。公司在证券、电力、通信运营和地方政府业务等领域承接了许多重点项目。这使公司成长为一家拥有系统咨询、设计开发与维护、人力资源派遣等能力的综合 IT 解决方案服务提供商。

近年来，随着对产品研发和自主知识产权投入的不断加强，公司开发完成了"证券算法交易系统——TTF""云数据中心自动化配置管理系统"等自主产品，在国内乃至日本市场上获得了客户的好评。目前，公司正不断加大对云计算、大数据和移动互联等领域相关产品的开发，力争在更广阔的领域为更多的客户提供更完美的服务。

（3）发展历程

1998 年 9 月，北京中科喜思计算机技术有限公司正式成立。

2001 年 11 月，获得浙大网新科技股份有限公司投资增股，合并其他两家软件公司，更名为北京网新喜思软件技术有限公司。

2002 年 12 月，日本新思软件株式会社成立。

2004 年 9 月，杭州网新新思软件有限公司成立。

2005 年 7 月，公司更名为北京新思软件技术有限公司。

2005 年 9 月，新思软件技术（沈阳）有限公司成立。

2005 年 11 月，大连新思软件技术有限公司成立。

2008 年 1 月，西安华炎信息科技有限公司成立。

2008 年 11 月，无锡新思软件技术有限公司成立。

2009 年 8 月，北京新思讯智技术有限公司成立。

2011 年 10 月，扬州网新新思软件有限公司成立。

2012 年 3 月，上海网新新思软件技术有限公司成立。

2012 年 4 月，深圳市网新新思软件有限公司成立。

2012 年 11 月，南昌华炎软件有限公司成立。

（4）资质与荣誉

2000 年，通过 ISO 9001：2000 认证；

2002 年，获得高新技术企业证书；

2002 年，获得软件企业认定证书；

2006 年，通过 CMMI 软件成熟度三级认证；

2007 年，获得信用良好企业称号；

2008 年，获得第一批高新技术企业证书；

2009 年，通过 ISO 27001 信息安全体系认证；

2009 年，获得海淀区创新企业证书；

2009 年，获评中关村高新技术企业；

2009 年，获得中国最佳外包服务商证书；

2009 年，获得第一批技术先进型服务企业证书；

2004 年，获得国家规划布局内重点软件企业证书；

2005 年，获得国家规划布局内重点软件企业证书；

2006 年，获得国家规划布局内重点软件企业证书；

2007 年，获得国家规划布局内重点软件企业证书；

2009 年，获得国家规划布局内重点软件企业证书；

2013 年，获得工信部核发的"计算机信息系统集成企业三级资质"证书；

2013 年，获得国家规划布局内重点软件企业证书。

2. 文思海辉技术有限公司

（1）公司简介

文思海辉技术有限公司（以下简称"文思海辉"）是一家具有较高信用的提供咨询与科技服务的企业，公司具有高标准的质量要求、高效率的交付流程和良好的跨国经营能力，公司的目标是成为跨国公司"新时代下的合作伙伴"。

从 1995 年之后，文思海辉始终尽力向全世界的客户提供具有国际领先优势的商业或 IT 咨询服务、制定解决方案并提供外包服务，在制造、零售与分销、金融服务、电信、高科技、能源、生命科学、旅游交通等领域掌握了广泛的经验和技能，重点客户群包括很多大中型国企和《财富》500 强企业。

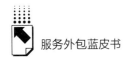

文思海辉凭借一流的交付技能，使广大客户能够在国际市场上获得成功，同时公司也得到了合作企业和行业分析者的一致好评。文思海辉获得了行业领先的质量与安全认证，如 CMMI - SVC L3、CMM L5、PIPA、SAS70、ISO 9001:2008、ISO 27001 和六西格玛等。

文思海辉的英文名为 Pactera，传递着企业的价值观，即与客户建立稳固的合作伙伴关系，在全球领域内为客户提供未来企业信息技术的应用服务，帮助他们提升商业价值。文思海辉以企业转型为基础，从为客户提供节约成本的 IT 服务，向为客户带来商业价值转变。

此外，文思海辉作为一家真正意义上的在中国发展起来的国际企业，拥有大量的人才资源。

（2）服务内容

文思海辉将公司战略型总部设立在中国，同时在亚太、欧洲、北美地区建立地区型总部，从而能够为全球客户定制个性化设计与最优经济效益相融合的高等方案。在中国、日本、美国、新加坡、欧洲、澳大利亚和马来西亚，文思海辉均设有交付中心，向各国客户提供商业智能、企业应用业务、应用研发及维护、云计算、移动解决方案、全球化软件开发、基础设施管理、业务流程外包的一揽子项目，达到客户关于国际化无断层交付以及技术层面上的要求，同时帮助其实施企业发展策略，并最终获得成功。

（3）发展历程

1995 年，文思成立。

1996 年，海辉成立。

2001 年，分别于日本东京与美国硅谷成立分公司。

2002 年，成为中国第一家获得 ISO 9001 认证的科技服务企业。

2003 年，公司获得软件成熟程度五级认证；于美国的佐治亚州亚特兰大设立分公司。

2007 年，文思在纽约证券交易所上市（纽交所：VIT），成为 IDC 中国向欧美地区提供软件外包服务企业第一名，至今一直排名首位。

2008 年，在新加坡成立分公司。

2009 年，在伦敦建立欧洲第一个分公司。

2010 年，①墨尔本分公司成立；②海辉在纳斯达克证券交易所上市

（NASTAQ：HSFT）；③完成云计算服务体系。

2011年，在美国建立在岸商业及技术咨询服务体系。

2012年，①文思和海辉公司完成"平等合并"；②文思海辉技术有限公司（NASTAQ：PACT）成立；③于澳大利亚设立在岸咨询服务体系；④于香港成立IT专业服务与咨询业务部。

2014年，①文思海辉正式完成私有化；②文思海辉位列IAOP 2014年全球外包100强榜单第八名，是中国IT服务公司首次跻身该榜单十强；③文思海辉位列IDC报告2013年中国离岸软件开发市场榜首；④文思海辉成为2013年中国银行业解决方案市场上第三大解决方案服务商；⑤在CRM、呼叫中心、支付与清算市场占有率方面排名第一。

（4）资质与荣誉

①所获荣誉

2006年入选"Red Herring亚洲100强"企业；

2009年入选"全球语言服务企业25强"；

入选"2011年全球产品工程及中型IT外包提供商十强"；

自2006年起一直位列全球外包企业100强；

2006～2009年连续四年入选"德勤中国高科技高成长50强"；

2012年位列"中国企业应用服务供应商魔力象限"领导者象限；

2007～2011年被IDC评为中国面向欧美市场IT服务外包提供商第一名。

②所具资质

获得ISO认证的外包公司，2003年获得ISO 9001认证，2006年获得ISO 27001认证；

日常生产中严格实施六西格玛方法论；

2003年在全公司范围内通过SEI－CMM L5级认证；

2009年取得"个人信息保护评价"（PIPA）认证。

3. 软通动力信息技术（集团）有限公司

（1）公司简介

软通动力信息技术有限公司（纽交所：ISS，以下简称"软通动力"）是提供全面IT服务和行业解决方案的中国领先企业，起步于中国，向全国乃至全球市场提供服务。业务种类主要包括：信息技术、咨询及解决方案、业务流

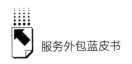

程外包等服务，是向 IT、金融、保险、通信、交通、能源、公用事业等领域
提供全面 IT 服务的领先企业和战略合作商。2001 年软通动力在北京设立总部，
在国内外共建立了 38 个分支机构、28 个交付中心。公司总员工超过 2.1 万人，
服务于百家来自不同国家或地区的客户。

软通动力以"品质、效益、创新和责任"为其核心价值观，通过不断完
善服务流程和提高交付能力，为客户提供高水准服务，带给客户最优价值收
益。公司向客户、投资者、合作者、全体员工和整个社会提供服务并承担责
任。同时，软通动力致力于掌握客户需求，向企业提供 IT 解决方案，帮助
企业成功，向依托高水平的优质服务提升客户企业价值不断转变。

（2）服务内容

作为建设产业互联网和智慧城市的领先企业，软通动力立足中国，服务世
界，提供创新型技术服务。公司业务重点分为信息服务与智慧业务两大方面，
具有端到端"软件 + 服务"的综合服务技术和领先的纵向业务优势。

在信息服务方面，软通动力提供业务流程外包、IT 服务外包、众包、系
统集成等多种项目，在零售、银行、保险、交通、电力等十多个主要行业积累
了大量经验；在智慧业务方面，软通动力坚持"智慧城市建设产业主导"的
理念，不断在国内二十多个城市建立了"智慧城市"战略规划，业务项目涵
盖民生服务、顶层设计、基础设施、节能环保、产业应用以及城市治理等一系
列服务。

过去，软通动力深刻理解客户需求，是企业赢利和成长的最佳合作伙伴；
今天，软通动力充分把握时代的机遇与挑战，借助云计算、移动互联、大数据
等新兴技术手段，推动传统产业转型升级，助力产城融合；未来，软通动力将
不懈努力，以创新思维和领先技术，为客户创造可持续的价值。

（3）发展历程

2001 年，软通动力公司在北京创立。

2005 年，并购联合创新公司。

2006 年，通过并购及业务合作，实现在日韩市场的业务拓展。

2007 年，增大研发资金投入，提高面向中国二线城市的交付能力。

2008 年，实现对美业务扩张，同年推出 BPO 服务。

2009 年，推进"全球 + 中国"战略，在拓展欧洲业务的同时，强化中国

区域发展；软通动力—埃卡内基国际高级 IT 人才学院落户无锡。

2010 年，在美国纽交所上市（NYSE：ISS），打通了全球资本市场融资通道，增强了对高端金融服务领域的市场渗透。

2011 年，并购美国 Adventier 咨询公司，增强了在全球市场的 ERP 咨询和交付能力；在医疗保健及智能城市领域取得新突破。

2012 年，软通动力进入发展历程中的第二个十年，即我们所说的"软通动力 2.0 时代"。

（4）资质与荣誉

①资质认证

ISO 9001：2008；

ISO 27001：2005；

中国高新技术企业。

②荣誉奖项

2006～2009 年，德勤中国高科技、高成长 50 强。

2011 年、2010 年、2009 年，工信部：中国软件业务收入百强；

2012 年、2011 年、2010 年、2009 年，中国优秀企业公民；

2012 年、2011 年、2010 年、2009 年，商务部：中国十大服务外包领军企业；

2012 年、2011 年、2010 年，国际人力资源管理协会：中国最佳雇主企业；

2012 年、2011 年、2010 年，IAOP：全球外包百强；

2012 年，*Global Services* 杂志：全球服务 100 强；

③业界认可

国家规划布局内重点软件企业；

北京市科技研究开发机构；

北京市企业技术中心；

北京市工程实验室；

中国企业联合会会员；

中国软件行业协会会员；

中国企业家协会企业会员；

中国服务贸易协会理事单位；

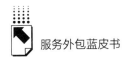
北京服务外包企业协会常务理事单位；

北京软件进出口工作委员会会员；

北京市软件行业协会常务理事单位；

首都企业家俱乐部会员；

北京市科技金融促进会会员；

首都金融后台服务促进会副理事长单位。

4. 博彦科技股份有限公司

（1）公司简介

博彦科技股份有限公司（以下简称"博彦科技"）（深交所上市公司：002649）是提供全面 IT 服务、咨询以及行业解决方案的亚洲领先企业，创建的三十多家分支机构和交付中心分布于全世界三大洲的 6 个国家，拥有面向世界的交付能力和变通高效的交付手段。

博彦科技的总部位于中国北京，从北京到硅谷、西雅图、多伦多，以及新加坡、东京、新德里，跨越亚、非、北美三大洲，建立了面向全球客户的高效、即时、无断层交付网络。博彦科技的服务模式不仅高效，且灵活多样，与全球不同需求的客户均有长期合作，在长期的实践过程中公司建立了软件外包合作的成熟程度模型，以需求方向和预测合作价值为标准向客户提供派驻团队服务、项目外包、离岸交付中心以及全球服务中心四个等级的服务模式，为客户提供即时、贴身、高效、优质的服务。

博彦科技聚焦客户高效运营及商业价值最大化，致力于客户核心价值的提升及战略蓝图的构建，与全球客户开展深度合作，形成了 360 度全方位战略合作共赢模式，与客户在战略上紧密契合，以卓越运营、市场领航、持续创新为目标，为客户带来独特的价值体验。

博彦科技遵循全球最高的质量和安全标准，采取严格的安全措施，实施成熟、完善的开发和管理过程，获得了 CMMI 3、ISO 20000、ISO 9001、ISO 27001 一系列资质认证，并凭借专业的技术优势、丰富的行业实践经验、全球化的人才建设、全面的人才管理、完备的全球化交付、无缝的客户服务网络以及无处不在的创新精神和非凡的创新实践，助力全球企业尽享安全智能的科技革新所带来的卓越运营模式，为客户持续创造关键价值，实现差异化服务。

（2）服务内容

博彦科技专注于提供全面的信息技术服务及行业解决方案，主要业务包括咨询、IT、产品研发、业务流程外包、系统集成等服务，重点面向金融、电信、能源、高科技、互联网、电子消费、制药、医疗、汽车、政府、媒体和教育等领域，完成了与多家全球五百强以及行业新兴企业的合作项目，拥有大量的行业经验。博彦科技的行业领军地位得到了业内权威研究机构的认可，先后入选"IDC 中国 IT 外包十强"、"IAOP 全球外包 100 强"、"*Global Service* 全球 100 强"、加拿大 CDN "解决方案供应商 100 强"、中国十大外包领军企业及中国最佳雇主企业。

（3）发展历程

1995 年 4 月，博彦科技正式成立，并独立承接了微软公司的 Windows 95 操作系统的本地化和测试项目。

1996 年 9 月，通过北京市科学技术委员会的高新技术企业认证。

2001 年 8 月，荣获国家信息产业部颁发的软件企业认证证书。

2004 年 3 月，获得国家科技部"中国软件欧美出口工程"试点项目 A 级企业的认证。

2004 年 7 月，顺利通过 ISO 9001：2000 质量体系认证，并与达内科技签订人才定向培养协议。

2005 年 9 月，入选美国"Red Herring 2005 年度亚洲 100 家最具发展潜力企业"。

2006 年 10 月，通过高新技术企业资格认定。

2006 年 10 月，入围 2006 年度"德勤中国高科技、高成长 50 强"及"德勤亚洲高科技、高成长 500 强"。

2006 年 12 月，通过 CMMI 3 认证。

2006 年 12 月，入选"国家规划布局内重点软件企业"。

2007 年 7 月，博彦科技收购印度 ESS 公司，拓展 ERP 业务。

2007 年 8 月，通过 ISO 27001：2005 认证。

2007 年 8 月，荣获"杰出 IT 外包服务贡献奖"。

2007 年 10 月，再度当选"德勤中国高科技、高成长 50 强"及"德勤亚洲高科技、高成长 500 强"。

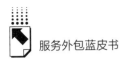

2007 年 12 月，入选"NeoIT 2007 全球外包服务 100 强"。

2007 年 12 月，入选"IAOP 2007 全球外包 100 强"。

2008 年 1 月，博彦科技收购紫光咨询，拓展 ERP 业务。

2008 年 1 月，博彦科技成为 SAP 授权培训商。

2008 年 4 月，荣获中国服务外包研究中心颁发的"中国服务外包最佳商业模式"奖。

2008 年 5 月，荣获中国新闻社评选的"中国软件外包产业最具竞争力第一品牌"大奖。

2008 年 7 月，荣获国际人力资源管理协会组织的"中国行业十佳雇主企业奖"。

2008 年 9 月，亚洲品牌榜揭榜，博彦科技是国内唯一揽得"亚洲十大最具创新品牌奖"和"亚洲品牌十大创新人物奖"两项殊荣的软件企业。

2008 年 10 月，通过 CMMI 5 Class B 评估。

2008 年 12 月，入选"NeoIT 2008 全球外包服务 100 强"。

2008 年 12 月，入选"IAOP 2008 全球外包 100 强"。

2009 年 2 月，入选"IAOP 2009 全球外包 100 强"。

2009 年 6 月，入选中国软件与信息服务外包产业联盟及工业和信息化部软件与集成电路促进中心评选的"China Outsourcing 第二届优秀外包企业 ITO 十强"。

2009 年 12 月，被国家发展和改革委员会认定为"2009 年度国家规划局内重点软件企业"。

2010 年 12 月，荣膺"2010 年中国软件行业（服务外包领域）领军企业奖"。

2013 年 11 月，中国台湾子公司正式成立。

2013 年 12 月，荣登"2013 年全球服务 100 强"榜单。

2014 年 3 月，收购上海泓智信息科技有限公司 100% 股权。

2014 年 3 月，全资收购美国高端商业 IT 服务公司 TPG。

2014 年 3 月，2013 年度中国服务外包企业 50 强。

2014 年 5 月，微软全球供应商成本管理大奖。

2014 年 5 月，苏州博彦成立，设立微软苏州外包交付基地。

2014 年 6 月，荣膺"中国软件业务收入前百家"。

2014 年 6 月，获得"创新影响力奖"。

2014 年 7 月，获得"中国离岸软件开发供应商十强"称号。

2014 年 7 月，荣获"商业伙伴咨询机构 2014 十佳大数据方案商和中国方案商百强"奖。

2014 年 10 月，博彦科技全球总部大厦落成。

2014 年 12 月，荣膺"2014 中国云计算方案商 50 强"。

2015 年 1 月，荣获《IT 时代周刊》"2014 年度最佳解决方案"大奖。

2015 年 3 月，荣膺鼎韬服务外包研究院"2014 年度全球最佳服务外包供应商——中国 30 强"等奖项。

2015 年 3 月，获阿里巴巴集团供应商年度奖项。

2015 年 4 月，荣膺工业和信息化部 2014～2015 年度"Cloud China 云帆奖"。

2015 年 5 月，收购美国 IT 服务商 Piraeus Data L. L. C。

2015 年 6 月，在新加坡投资设立全资子公司。

2015 年 9 月，进入工业和信息化部中国软件业务收入"百强"。

2015 年 9 月，蝉联中国国际投资促进会"2015 年十大中国服务外包领军企业"。

（4）资质与荣誉

2011 年，2011 年北京高校毕业生就业百佳用人单位；2011 年度中国服务外包企业五十强；北京市企业技术中心；北京市软件和信息服务业 2011 年度"四个一批"工程企业；微软金牌认证合作伙伴资格；2011 年度中国最佳雇主。

2012 年，微软顶级供应商；2012 年 Zinnov 全球服务提供商 75 强；2012 年 Global Services 全球服务 100 强；2012 年 IDC 中国离岸软件开发供应商十强；2012 年工信部中国软件业务收入百强企业。

2013 年，获 2012 年度最具竞争力出口企业 50 强；2012 年度中国服务外包企业 50 强；微软顶级供应商；Zinnov – 2013 年全球服务供应商前 30 名；2013 年中国服务外包产业创新实践年度大奖；Global Services – 2013 年全球服务 100 强；2013 年 IDC 中国离岸软件开发供应商十强。

2014 年，获 2013 年度中国服务外包企业 50 强。

B.3
上海市服务外包产业发展综述

一 上海市服务外包产业总体概况

1. 高速增长,集聚升级效应日趋明显

近年来,上海市的服务外包产业迅速增长,实现了跨越式的发展。如图1所示,2015年1~11月,上海市服务外包合同金额为61.56亿美元,执行金额为44.26亿美元;2014年上半年,上海市服务外包合同金额为44.64亿美元,同比增长258.23%;执行金额为26.18亿美元,同比增长172.78%。而上海市服务外包2013年实现的合同金额为66.81亿美元,比上年同期增长了28.53%,而最终的离岸执行金额达到43.79亿美元,比上年同期增长了58.54%。可见,2014年,上海市服务外包增长迅速。同时,上海市成立了五个产业示范园区(浦东新区、长宁区、闸北区、黄浦区和漕河泾新兴技术开发区),集中了全市80.4%的服务外包执行金额,而这一数字在2011年仅为67%,可见上海市服务外包产业的集聚升级效应日趋明显。

2. 信息技术外包占据优势,知识流程外包比重有所上升[1]

2015年,上海市知识流程外包合同和执行金额分别达16.78亿美元和8.86亿美元,分别同比增长48.1%和31.4%。2012年,信息技术外包(ITO)、业务流程外包(BPO)和知识流程外包(KPO)分别占66.7%、11.0%和22.3%(见图2)。[2] 2011年,ITO、BPO和KPO分别占67.1%、14.4%和14.5%。[3] 2010年,

---

① 《上海加快推进服务外包转型升级取得积极成效》,http://coi.mofcom.gov.cn/article/y/gnxw/201601/20160101228722.shtml。

② 侯文平、郑宁:《上海服务外包发展的影响因素与路径分析》,《对外经贸实务》2014年第3期,第85~88页。

③ 戴维维:《上海服务外包发展的现状、瓶颈和对策研究》,《经营管理者》2012年第22期,第142~143页。

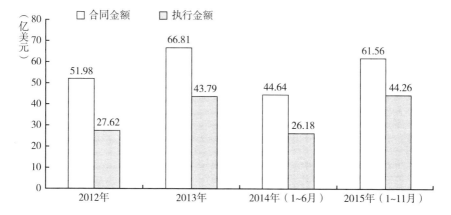

图1 2012～2015年（1～11月）上海市服务外包合同金额和执行金额

资料来源：上海市商务委员会。

上海服务外包执行金额中 ITO、BPO 和 KPO 分别占 67.9%、14.4% 和 14.5%。[①] 可见，ITO 的比重较大，约占 2/3，且近年来，KPO 业务的比重有所上升。

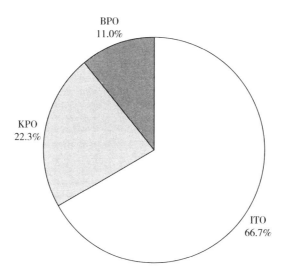

图2 2012年上海市 ITO、BPO、KPO 比重

---

① 周沛锋、张宝明：《上海服务外包发展现状及经济效应研究》，《中国商贸》2014年第28期，第183～184页。

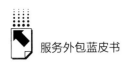

二 上海市服务外包企业介绍

2014 年 1 ~ 6 月，上海市新增服务外包企业 96 家，同比增长 146.15%，全市共有服务外包企业 1474 家；新增从业人数 54527 人，同比增长 888.88%；① 截至 2014 年底，上海市的服务外包产业吸纳就业超过 22 万人。② 表 1 为上海市部分服务外包企业。

表 1 上海市部分服务外包企业

企业名称	企业名称
上海惠普有限公司	鹏智软件开发(上海)有限公司
上海睿智化学研究有限公司	博朗软件开发(上海)有限公司
桑迪亚医药技术(上海)有限责任公司	印孚瑟斯技术中国有限公司
普华永道信息技术(上海)有限公司	维布络信息科技(上海)有限公司
上海新致软件有限公司	上海亿贝网络信息服务有限公司
群硕软件开发(上海)有限公司	上海维塔士电脑软件有限公司
上海宝信软件股份有限公司	上海中软资源技术服务有限公司
上海华泛信息服务有限公司	第一资讯(中国)有限公司
高知特信息技术(上海)有限公司	博彦科技(上海)有限公司
上海威虎网络通讯有限公司	上海冈三华大计算机系统有限公司
电装信息技术(上海)有限公司	环达电脑(上海)有限公司
赛科斯信息技术(上海)有限公司	上海贝塔斯曼商业服务有限公司
辉源生物科技(上海)有限公司	爱琵希(上海)有限公司
上海现代商友软件有限公司	上海皿鎏软件有限公司
花旗软件技术服务(中国)有限公司	英飞凌科技资源中心(上海)有限公司
上海开拓者化学研究管理有限公司	理光图像技术(上海)有限公司
上海药明康德新药开发有限公司	易安信信息技术研发(上海)有限公司
远东网络信息技术(上海)有限公司	美博通通信技术(上海)有限公司
上海先锋商泰电子技术有限公司	上海品天信息技术服务有限公司
安德普翰商务服务(上海)有限公司	科乐美软件(上海)有限公司

---

① 《2014 年 1 ~ 6 月上海市服务外包发展情况》，http://www.chnsourcing.com.cn/outsourcing-news/article/83959.html。

② 《"上海服务"提速增量领跑全国》，http://www.xasourcing.gov.cn/390/3/165/59456.shtml。

续表

企业名称	企业名称
汇丰技术服务(中国)有限公司	易唯思商务咨询上海有限公司
上海菱通软件技术有限公司	希世软件系统(上海)有限公司
上海爱吉信息技术有限公司	善诚科技发展(上海)有限公司
上海维音信息技术股份有限公司	恩喜爱思(上海)计算机系统有限公司
上海育碧电脑软件有限公司	恩梯梯数据英特玛软件系统(上海)有限公司
上海海隆软件股份有限公司	爱德威信息科技(上海)有限公司
上海文思海辉信息技术有限公司	思高方达金融服务(上海)有限公司
上海启明软件股份有限公司	上海沙迪克软件有限公司
PFU上海计算机有限公司	日立华之樱信息系统(上海)有限公司
神州数码通用软件(上海)有限公司	杰达维(上海)医药科技发展有限公司
中讯申软计算机技术(上海)有限公司	三洋信息系统(上海)有限公司
上海腾程医学科技信息有限公司	佳能信息系统(上海)有限公司
上海微创软件股份有限公司	腾龙电子技术(上海)股份有限公司
上海中和软件有限公司	东星软件(上海)有限公司
上海幻维数码创意科技有限公司	上海商和电子有限公司
霍尼韦尔综合科技(中国)有限公司	高沃信息技术(上海)有限公司
亿贝管理(上海)有限公司	易保网络技术(上海)有限公司
咕果信息技术(上海)有限公司	上海柯内卢软件有限公司
恩智浦半导体(上海)有限公司	奥浦顿(上海)医药科技有限公司
毕马威企业咨询(中国)有限公司	高柏(上海)管理咨询有限公司
科缔纳网络系统(上海)有限公司	润东医药研发(上海)有限公司
毕马威华振会计师事务所上海分所	美会软件科技(上海)有限公司
维音数码(上海)有限公司	安满能软件工程(上海)有限公司
联合技术研究中心(中国)有限公司	上海吟泽信息技术有限公司
上海汉得信息技术股份有限公司	上海立派信息技术有限公司
恩梯梯通信设备(上海)有限公司	上海葡萄城信息技术有限公司
上海唯晶信息科技有限公司	盟智软件(上海)有限公司
药源药物化学(上海)有限公司	阿尔卑斯通信器件技术(上海)有限公司
日立信息系统(上海)有限公司	美药典医药标准物质研发(上海)有限公司
安讯软件(上海)有限公司	伯乐(上海)生命科学研究发展有限公司
上海欧计斯软件有限公司	阿斯麦(上海)光刻设备科技有限公司
维亚生物科技(上海)有限公司	爱德万测试半导体科技(上海)有限公司
柏克德(中国)工程有限公司	安德普翰人力资源服务(上海)有限公司
德比软件(上海)有限公司	诺华(中国)生物医学研究有限公司
德泰信息技术(上海)有限公司	澎立生物医药技术(上海)有限公司
富美实(上海)化学技术有限公司	仟游软件科技(上海)有限公司
合亚医药科技(上海)有限公司	萨蒂扬软件技术(上海)有限公司
卡西欧软件(上海)有限公司	上海陛通半导体能源科技有限公司

企业名称	企业名称
科莱恩化工(中国)有限公司	上海合合信息科技发展有限公司
雷技信息科技(上海)有限公司	上海合全药物研发有限公司
美光半导体(上海)有限责任公司	美科微半导体(上海)有限公司
美光半导体技术(上海)有限公司	上海臻龙网络科技有限公司
上海华钦软件技术有限公司	圣戈班研发(上海)有限公司
上海立隆微电子有限公司	思科系统(中国)研发有限公司
上海美迪西生物医药有限公司	泰乐通讯技术(上海)有限公司
上海企顺信息系统有限公司	新蛋信息技术(中国)有限公司
上海求步申亚信息系统有限公司	越田(上海)信息科技有限公司
上海网威管理咨询有限公司	上海晟欧软件技术有限公司
智航信息处理(上海)有限公司	赛科斯信息技术(上海)有限公司

资料来源：上海服务外包交易促进中心，http：//www.ospc.cn/cms/channel-3/16434.html。

本报告重点挑选了2011～2013年进入中国服务外包企业50强的企业加以分析介绍，共有三家：上海维音信息技术股份有限公司、上海微创软件股份有限公司、上海启明软件股份有限公司。上海维音信息技术股份有限公司是2013年中国服务外包企业50强之一，并是2014年中国服务外包成长型企业之一。上海微创软件股份有限公司是2011年、2012年、2013年中国服务外包企业50强之一，并且是2014年中国服务外包领军企业之一。上海启明软件股份有限公司是2011年中国服务外包企业50强之一。

1. 上海维音信息技术股份有限公司

（1）公司简介

上海维音信息技术股份有限公司（以下简称"维音"）是专业的BPO业务提供商，在世界范围内提供专业的BPO服务。维音在中国大陆拥有位于上海、广州、成都、北京、河北、合肥的6家分公司。维音公司旨在将公司的服务从亚太地区逐步扩展到全球。为此，公司设置了6000余个座席，为客户提供汉语、英语、泰语、日语、印尼语等多语种服务。维音拥有高端管理人才和技术专家团队，其质量管理体系与国际接轨。

维音拥有一支专业的软件开发团队，致力于呼叫中心平台及客户关系管理（CRM）软件的开发。为满足客户需求，维音研发了一系列的专业化应用软件和工具软件，包括数字化声像记录系统、自助语音应答系统、CTI 系统、CRM 应用平台及呼叫中心运营管理软件，如智能排班、现场监控、知识库等。根据行业和业务领域的不同"定制"产品和流程，最大限度地保证客户的投入在未来可以获得的收益。维音深知企业需要通过高效的客户互动服务获取更广阔的市场机会，所以专注于了解行业特征和需求，保持高达 97% 的客户维系率，通过技术领域的不断创新与自我完善来寻求新的发展。维音的产品和服务专业而深入，形成了行业专业化的运作模式，成为行业领域的佼佼者。

维音聚集了行业里强大的管理团队。从客户管理，到运营以及各级管理，到质量保证和 IT 系统以及各种报表处理，公司致力于保证整个团队处于顶尖水平。维音拥有超过 30 年的呼叫中心经验，合作伙伴和客户涉及各行各业，如电信、医疗、金融服务、IT、保险和消费品等行业。

维音公司致力于以高品质的服务和高标准的职业道德建立可靠的声誉，成为行业内的一流企业。公司认为是广大维音人共同努力并创造了维音的企业文化，而维音的企业文化激发了每一位维音人的工作热情，是支撑企业发展的内在精神动力。员工在工作上具有高度责任感，维音致力于创造积极进取的工作氛围。

（2）服务内容

作为一站式呼叫中心解决方案提供商，维音公司具有十分强大的技术创造和开发能力。维音公司可以为世界各地的企业客户提供定制化服务，多年来的运营经验使得维音具备这样的条件和素质。维音的运作模式有行业专业化的特点，其主要业务领域涉及食品、金融/保险、电子商务、汽车、美容以及 IT 等（见图 3）。

在十多年的不懈努力和协助下，维音的很多客户在市场竞争中不断增强自身的优势，维音自身也完成了呼叫中心从成本中心到利润中心、从被动到主动的重要转换。维音公司以专业化的服务改善了客户的行业运营战略，优化了技术和流程，并持续地寻求市场机会和创造品牌价值。

维音公司提供的服务包括咨询、软件开发、应用外包、培训等。

咨询：公司从总体规划、技术方案、运营管理等方面为企业客户定制全方位的顾问服务，纵跨联络中心的整个建设和发展周期。客户所涉及行业领域广泛，包括银行业、保险业、零售业、快速餐饮业、IT、制造业等。

软件开发：公司深入了解客户的业务内容，根据不同客户、不同行业的经

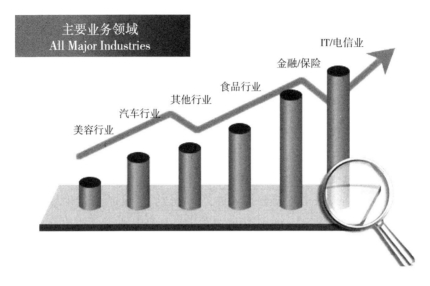

图3 维音公司主要业务领域

营目标设计、开发呼叫中心软件,全面结合客户现有的 IT 架构和设施,以最合理、最低廉的成本提供最优质的服务,包括撰写详细的服务周期性报告(含月度报告、季度报告、年度报告);及时快速的故障处理机制;定期的巡检服务为系统排除隐患;定期的产品更新,以提高系统性能和功能。

应用外包:维音为每一个客户提供全套的解决方案以最有效的方式保持与企业的互动沟通;且通过提供 20 多种语言服务实现与客户的零距离接触。维音站在每个客户的角度,深入了解不同行业的特定需要,寻找最优的解决方案。

培训:维音公司的培训部负责公司的互动式客户联络中心的内训、企业外训、培训管理工作。维音提供的所有课程都是在成人学习特点的基础上设置的,内容的实战性强,并结合演讲教授、作业练习、互动游戏、角色扮演、案例分析等多种方式,寓教于乐、融会贯通;针对性的再培训以及培训跟进与评估起到了循序渐进的作用。

维音产品具有以下优势:

①维音数码是成熟的一站式呼叫中心解决方案提供商;

②维音数码的软件产品已经成功应用于餐饮、零售、制造、金融、IT 等多个行业的世界 500 强企业;

③维音数码的软件产品已经非常成熟地为全球超过 2000 个座席所使用；

④维音数码的产品有很强的兼容性；

⑤维音数码的产品功能灵活多变；

⑥维音数码提供多样化的解决方案；

⑦维音数码专注于呼叫中心领域。

（3）发展历程

2001 年，上海维音企业管理有限公司成立，员工规模增至 1000 名。

2004 年，维音上海浦西呼叫中心成立。

2005 年，维音广州呼叫中心成立。

2006 年，维音在泰国开设呼叫中心；同年在台北开设呼叫中心。

2007 年，维音在香港开设呼叫中心。

2009 年，维音在成都开设呼叫中心。

2011 年，维音上海增设运营中心。

2013 年，维音广州新增运营中心。

2013 年，维音荣登"2013 年中国服务外包企业 100 强"榜单。

2013 年，维音入围"2013 年中国服务外包产业最佳创新实践"奖。

2014 年，维音在河北建立呼叫中心。

2014 年，维音北京运营中心成立。

2014 年，维音香港办事处建立。

2015 年，维音在合肥建立呼叫中心。

（4）资质与荣誉

①2014 年度全球最佳服务外包供应商"BPO 中国 15 强"。

②2014 年度全球最佳服务外包供应商中国 30 强。

③2014 年中国科技服务业最佳创新实践奖。

④2013 年在华跨国服务外包企业 20 强。

⑤2014 年度上海市优秀软件产品。

⑥2014 年中国服务外包成长型百强企业。

⑦2014 年，上海维音信息技术股份有限公司被评为"上海市服务外包重点企业"。

⑧2014 年，维音数码（上海）有限公司被评为"上海市服务外包重点企业"。

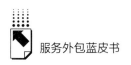
⑨维音的 Vision 产品系列荣获美国 TMC 颁发的"2014 年度最佳产品奖"。

⑩上海维音信息技术股份有限公司入围"2013 年度中国业务流程外包企业 20 强"。

⑪2013 年 VisionLog 被评为"2013 上海市优秀软件产品"。

⑫上海维音信息技术股份有限公司荣获"CTI 论坛 2013 年度编辑推荐奖"。

⑬上海维音信息技术股份有限公司入围"2013 年中国服务外包百强成长型企业"。

⑭2013 年上海维音信息技术股份有限公司入围"2013 年中国服务外包产业最佳创新实践奖"。

2. 上海微创软件股份有限公司

（1）公司简介

上海微创软件股份有限公司（以下简称"微创软件"）于 2002 年由美国微软公司与上海联和投资有限公司共同投资成立，是"互联网＋"转型服务提供商。公司在全球共设有 13 处主要的运营中心，交付网络涵盖亚洲（中国内地和香港地区、日本）、北美以及欧洲（瑞典、英国）等地区。公司致力于为企业提供端到端、一站式的"互联网＋"转型服务，提供从行业研究、方案设计、技术平台、综合实施，到运营服务阶段的整套完备解决方案，覆盖企业的运营管理、沟通协调、供应链采购、生产流通、市场营销等各个环节。微创软件在云计算、CRM、ERP、采购管理、呼叫中心服务等方面处于领先地位，先后获得了诸多世界 500 强企业以及国内知名公司客户的认可。公司至今已拥有 55 项计算机软件著作权登记证书、27 项软件产品登记证书。同时，微创软件还建立了完备的质量管理体系，率先通过了 COPC－2000、ISO 9001：2008、CMM3、CMMI4、ISO 27001 等国际认证。目前，微创软件拥有近 4000 名经验丰富的行业与技术专家，服务领域涵盖高科技、制造业、金融、电信、零售等，拥有各行业运作经验，熟悉各种业务类型。

（2）服务内容

①信息技术外包

在对客户市场深刻理解的基础上，微创软件公司向客户提供定制的解决方案，并且通过这种定制化的服务，减少客户在企业信息化建设上所花的费用和精力，客户可以专注于各自的核心业务，保持持续的业务增长。

②业务流程外包

微创软件是一家呼叫中心外包服务提供商，技术实力雄厚，业务流程外包经验丰富。根据客户的具体要求，微创软件采用离岸或在岸交付的模式，为企业客户提供高质量的后台外包服务。此外，微创软件在全国多个城市拥有 5 家呼叫中心、1500 个呼叫中心座席，设备先进，功能完善，服务覆盖面广。

③IT 基础设施服务

微创软件帮助企业客户规划、建设、集成和管理它们的 IT 基础设施，在提高质量、可靠性以及安全性的同时，降低基础设施成本，支持企业创造盈利。公司对技术投资进行强有力的管理和清晰的洞察，以更好地预测变革并为此做好计划，帮助企业客户迅速、灵活地对自身系统进行调整，满足新的市场需求。此外，微创软件的基础设施管理服务几乎包括所有的基础设施功能，包括服务器管理以及远程技术支持。微创软件不仅可以提供全套的标准化服务，也可以提供独立的定制化 IT 基础设施解决方案，可以分阶段地实施，也可以将应用系统和业务流程外包一起提供。

④咨询服务

上海微创软件主要提供两种咨询服务：BPO 咨询服务和信息技术咨询服务。其中，BPO 咨询服务是指公司管理和改善非核心业务功能模块，包括进行客户关系管理、呼叫中心服务和 IT 基础设施运维等。此外，为了更好地满足客户需求，上海微创还可以帮助企业进行全面的问题解决。如表 2 所示，微创公司提供 BPO 战略咨询、BPO 管理咨询、BPO 呼叫中心技术咨询三类咨询服务。

表 2　BPO 咨询服务种类

BPO 战略咨询	BPO 管理咨询	BPO 呼叫中心技术咨询
外包服务与战略咨询	呼叫中心运营	呼叫中心工程建设
客户关系管理	业务绩效管理	计算机/电话集成
合作伙伴关系管理	业务流程再造	自动报告服务
	认证咨询	

信息技术咨询服务从整个系统出发，帮助客户进行基础架构的完善和整合。信息技术服务和咨询服务有着千丝万缕的紧密联系，二者结合起来，可以更好地为客户的组织和战略提供规划和建议。微创软件着力帮助客户突破瓶

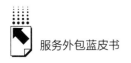

颈，提升企业绩效。公司提供的 IT 技术咨询服务包括需求分析、架构设计、安全审计与咨询、IT 管理最佳实践。

（3）发展历程

2002 年 4 月，上海微创软件有限公司创立。

2002 年 7 月，上海微创软件公司举行开业典礼，正式宣布开业。

2004 年 5 月，微创通过 COPC - 2000 与 ISO 9001：2000 认证。

2004 年 5 月，微创深圳分公司成立。

2005 年 8 月，微创相继在日本东京、中国北京与常州设立分支机构。

2007 年 1 月，微创总部——微创大厦落成并投入使用。

2007 年 7 月，继通过 CMM3 级认证后，微创顺利获得 CMMI4 级认证。

2007 年 12 月，与科通（Comtech）实现战略并购整合，加强海外资源配置，增加在日本的办公点，并在西雅图设立分支机构。

2008 年 8 月，微创苏州子公司成立。

2008 年 10 月，收购日本两家企业 Wicrebiz 和 Zeromid。

2009 年 1 月，控股北京登合科技有限公司。

2009 年 10 月，广西子公司成立。

2009 年 12 月，在瑞典建立欧洲总部，并在重庆成立子公司。

2010 年 8 月，微创昆山子公司成立。

2010 年 10 月，在美国芝加哥设立分支机构。

2011 年 3 月，完成股份制改革，改名为"上海微创软件股份有限公司"。

（4）资质与荣誉

上海微创通过了 ISO/IEC 27001：2005 认证、CMMI（软件企业能力成熟度模型）4 级认证、ISO 9001：2008 认证和 COPC - 2000 国际认证；获得计算机信息系统集成三级资质并成为微软金牌认证的合作伙伴。

上海微创通过自己的努力，获得了多项荣誉称号，包括 2004 年上海市教育信息化标准组长单位、合同信用等级 AAA 级企业、上海市外经贸委工作专项奖——科技兴贸、2006 年上海明星软件企业、2007 年上海信息服务外包名牌企业、上海市高新技术企业、国家规划布局内重点软件企业以及中国软件欧美出口工程试点企业等。

3.上海启明软件股份有限公司

（1）公司简介

上海启明软件股份有限公司（以下简称"启明软件"）成立于 1988 年 11 月 16 日，致力于为客户提供信息技术服务和高质量的全面解决方案。上海启明软件股份有限公司的员工达 300 余人，在国内和日本都设有子公司或者分支机构，包括设在深圳、成都和东京的子公司，以及在大阪的分支机构。启明软件的外包业务在日本地区长期持续增长，与此同时拓展国内和欧美地区的业务。启明软件充分利用几十年来开展外包服务的经验和技术，尽己所能为开展国内外业务打好基础，加大对高价值领域研发的投入力度。启明软件已经获得了 ISO 9001 质量体系的认证、软件企业认定证书、国家重点软件企业称号和计算机信息系统集成二级资质并为中国软件企业信用认定 AAA 级企业。

启明 R&D 中心聚集了启明集团的技术人才，研究面向客户需求的信息技术服务，定期在 IT 服务的不同领域做专题研究和推广。启明 R&D 中心的宗旨是：不仅要提高自身企业的核心竞争力，同时希望能够通过自身的创新进步推动中国 IT 服务行业的发展，承担起更多的社会责任。

公司在研究与开发方面有以下特点。

①技术研发

R&D 中心专注于移动互联网平台、数字媒体相关技术和面向金融领域的共通基盘系统研发。对智能终端平台的研发涉及 Android、iOS 和 Windows Phone 平台。对数字媒体的研发主要集中在高清数字电视信号的处理上，技术研发覆盖实时视频缩放算法（分级双三次插值算法）及其 FPGA 的实现、拉普拉斯锐化、去噪以及 H.264 视频编码技术等。随着嵌入式产品越来越人性化，客户体验的提升正在成为技术研发的重要组成部分。

②产品研发

R&D 中心十分注重市场及客户的需求变化，对所需技术进行可行性研究，并依托组织技术研究成果，从用户体验出发，分析、提炼具有行业特性的应用项目，形成符合市场需求的基础模型和产品框架。产品研发的主要方向为移动购物平台及视频处理相关插件等。

③过程研发

R&D 中心专门研究各种软件开发过程的优缺点，将优秀的软件工程的思

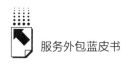
维和方法向组织内传播，同时结合组织内产品和项目特点，进行裁剪和补充，定义和维护适合不同业务的标准过程集。

公司在质量与信息安全方面遵循以下原则。

①质量管理体系

2010 年 11 月，启明软件通过 SCAMPI ver1.2 Class A 5 级评估。

目前，公司全面实施 ISO 9001：2008 质量管理体系。公司根据该系统要求编写了质量手册和 17 个程序文件，并确定了质量方针和质量目标，制定了质量管理流程。与此同时，结合了业务特点，公司编制了软件设计和开发、产品服务和系统集成等业务流程，设计了质量管理体系运行的质量记录、文档模板、表格样本、作业指导书、工作规程和制度等三层质量体系文件。

②信息安全管理体系

启明软件遵照 ISO 27001 信息安全管理标准，建立了公司信息安全管理体系及相应的规范制度；启明日本公司还取得了日本情报处理开发协会颁发的 P‐MARK 许可证书。

启明信息安全管理体系涵盖了组织保障、物理安全、通信安全、系统安全、开发和维护安全、事故对应等方面措施，从公司、业务、项目组三个层面，保证了组织信息资产和客户信息的安全及业务的连续性（见图 4 和表 3）。

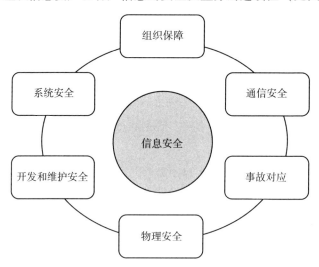

图 4　启明信息安全管理体系

表3　信息安全内容

措施	内　容
物理安全	环境安全、设备安全、媒体安全、指纹系统、独立开发室
通信安全	VPN、入侵检测、数据加密、E-mail 安全、Web 访问安全
系统安全	操作系统安全、数据库安全、应用系统安全、网络病毒防控、数据备份
开发和维护安全	移动设备管理、USB 接口管理、访问控制
事故对应	安全事故通报流程、安全事故处理流程、数据恢复

（2）服务内容

①IT 咨询

启明软件拥有国际先进的 IT 战略规划经验和实力雄厚的咨询技术团队，能够结合客户特点和行业领域竞争分析，为客户提供基于 IT 的经营战略咨询服务（见表4）。

表4　IT 咨询种类介绍

咨询种类	内　容
IT 战略咨询	根据客户所推进的经营战略，以 IT 为切入口为企业定义战略、构建蓝图
ERP 导入咨询	利用 SAP、Oracle 等 ERP 标准产品，为客户提供能够全面管理基干业务（如财务、人事等）的系统解决方案，使客户达到最有效管理经营资源的目的
CRM 导入咨询	基于详细的顾客数据库，从商品的买卖到售后服务，从顾客问询到反馈对应等，全面管理与每个顾客的关系，从而迅速满足顾客的各种细微需求，提高顾客满意度，建立顾客忠诚度，提高收益率

②系统集成

启明软件获得了计算机信息系统集成二级资质，凭借二十多年的经验积累，结合当今计算机技术、网络通信技术、监控技术、IC 卡技术、RFID 技术、大容量数据存储和处理等技术，可以把多厂商、多协议以及面向各种应用的体系结构集为一体，帮助客户解决系统之间的互联和互操作性问题，使资源达到充分共享，实现集中、高效、便利的管理。因此，启明公司可以提供低成本和高质量的系统集成服务，并确保使用的技术匹配客户的商业目标。系统集成服务内容包括：网络系统集成、服务器系统集成、存储和备份系统集成、应用系统集成、系统安全解决方案、基础设施（机房、布线、呼

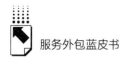

叫中心等）。

③软件定制

在启明软件的人才储备中，有众多资深的项目经理、系统分析员，经验丰富的架构师、软件开发工程师、UI 工程师、数据库工程师、平面设计人员、专业测试人员，并长期从事各种基于 Linux、Windows 和移动平台的应用系统的开发，以及基于 Oracle、SQL Server 等大中型数据库，J2EE 架构及 . NET 架构的多层模型的开发。因此，在深刻理解客户的特定商业需求后，启明软件可提供软件定制开发服务，快速有效地为客户提供高性价比、高质量、高可靠性、安全的软件。公司致力于制造业、零售业、物流业、互联网、协同办公等方面的软件定制开发。

（3）发展历程

1988 年 11 月，公司成立。

1991 年 4 月，设立日本东京营业所。

1994 年 4 月，公司成立信息培训中心。

2000 年 10 月，设立启明软件有限公司（日本）。

2004 年 1 月，经商务部批准整体变更为外商投资股份有限公司。

2004 年 12 月，设立成都分公司——成都启明软件有限公司。

2005 年 1 月，设立山东分公司——启明软件有限公司山东分公司。

2010 年 7 月，设立深圳分公司——深圳启明软件有限公司。

2010 年 7 月，设立上海分公司——上海启明谐鸿信息技术有限公司。

2010 年 12 月，注销了山东分公司，设立济南软件有限公司。

（4）资质与荣誉

①九次获得国家规划布局内重点软件企业称号；

②2001 年至今连续获得高新技术企业称号；

③上海市科学技术一等奖；

④承担国家"863 计划"重大项目；

⑤获颁上海名牌；

⑥入选上海市研究生联合培养基地；

⑦获得 AAA 级信用等级；

⑧两次荣获上海市实施"走出去"战略先进企业；

⑨2002 年首批计算机系统集成二级资质企业；

⑩2007 年起连续入选"中国服务外包企业最佳实践 50 强"。

三 上海市服务外包产业展望

近年来，上海的服务外包业务中，信息技术外包占绝对优势，而知识流程外包比重有所上升。这说明上海的服务外包行业处于缓慢的结构调整过程中，处于产业升级阶段。与此同时，上海市服务外包产业发展迅速，规模不断扩大，呈现出集聚升级效应。上海拥有比较完善的基础设施和充足的人才资源，是中国服务外包示范城市之一。当前，中国服务外包产业持续发展，且面临诸多发展机遇。在此背景下，上海市商务委员会委托中国服务外包研究中心制定了《上海服务外包中长期发展规划》。该规划将上海服务外包发展定位为国际服务外包中心，并提出建立离岸服务外包承接的引领区、在岸服务外包发包的中心区和服务外包功能集聚的核心区，对上海服务外包产业从领域、空间、任务等方面进行了规划，上海服务外包行业的未来发展具有十分广阔的前景和潜力。

B.4
广州市服务外包企业发展综述

一　广州市服务外包总体情况

中国服务外包产业具有较为强劲的发展势头，是全球第二大接包商，2008～2014年，中国服务外包产业承接境外外包的执行额由2008年的46.9亿美元增长到2014年的559.2亿美元。而在国际市场份额方面由2008年的7.7%上升至2014年的30%。我们国家经济已经进入新常态，服务外包产业逐步实现由量向质的转变。以广州为中心的珠三角地区承接了大量的国际制造业转移，一直以来都是中国重要的制造业基地，拥有毗邻港澳的地理优势，商务环境良好，成为继北京、上海后的国家服务外包一类城市。然而，低端制造业的发展已经陷入难以为继的局面，主要原因是能源和环境污染，以及金融危机带来的外需萎缩等问题。《珠江三角洲地区改革发展规划纲要》对广州建设国际化的面向世界、服务全国的大都市，从现在高耗能、低附加值的制造业经济向低耗能、高附加值的服务业经济快速转变提出了要求。在北京、上海、大连等21个城市的服务外包排名中，广州排在第七位，由于广州毗邻港澳，拥有有利的地域环境和良好的综合商务环境，因此依然拥有较大的发展空间。

2014年，全市服务贸易进出口规模居全国前列，进出口贸易总额为243.6亿美元，同比增长22.5%，与货物贸易相比为1:5。2015年1～8月，广州服务贸易和服务外包均实现了两位数增长。服务贸易进出口总额实现181.8亿美元，排在全国第四位，服务外包合同额达73.8亿美元，连续四年处于华南地区各城市的首位。全市服务贸易企业达8000多家。

（一）服务外包增长迅猛

广州市是传统加工贸易大市又是沿海开放城市，要充分发挥服务外包的作用，实现快速转型升级，打造服务外包新优势。自 2006 年建立服务贸易国际收支统计以来，广州服务贸易国际收支总额从 68.9 亿美元增长到 2011 年的 239.6 亿美元，年均增长 28.3%。自 2007 年国家开始实施服务外包统计报表制度以来，广州服务外包登记合同额从 8182.9 万美元增长到 2011 年的 34.6 亿美元，年均增长 155%。2013 年，广州市服务外包有 62.01 亿美元的全口径合同额，实现同比增长 24.98%；有 38.37 亿美元的离岸合同额，同比增长 28.54%；有 26.16 亿美元的离岸执行额，同比增长 26.99%（见表 1）。2014 年 1~10 月，完成的服务外包全口径合同额超过 70 亿美元，实现了 26.30% 的同比增长；完成的离岸合同额为 40 亿美元，实现了 23.88% 的同比增长；完成的离岸执行额超过 30 亿美元，实现了 39.36% 的同比增长，居于华南地区首位。

表 1 2013 年广州服务外包情况

单位：亿美元，%

项目	全口径合同额	离岸合同额	离岸执行额
金额	62.01	38.37	26.16
同比增长	24.98	28.54	26.99

（二）服务外包企业数量和从业人数大幅增加

根据商务部统计，截至 2011 年底，广州服务外包企业有 625 家，从业人员有 22 万人。目前，汇丰银行、日立、爱立信和美国银行等 28 家世界 500 强企业已经在广州设立服务外包企业；而国际外包专业协会（IAOP）的全球外包 100 强中有 31 家落户广州；汇丰全球客服、三星通信入选 2014 十大在华服务供应商，其中汇丰全球客服居第一位。

（三）信息技术以外包为主，业务多元化发展

软件设计与开发两项服务对于广州来说是目前最主要的外包业务，其中研发业务是广州最具潜力的外包业务，而广州发展迅速的特色外包业务则是金融服务。在信息技术外包这一方面，已经有多家名气较高的国内及国际软件设计与开发公司入驻广州外包示范区，广州外包示范区已经成为华南地区市场最发达、产业聚集程度最高、高校最集中的软件园区。

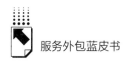

天河软件园在全国软件业内享有美誉，在经济规模和企业总量两方面长期在全国 11 个国家软件产业基地中居于前列，位于第二位（第一位是海淀中关村）。凭借着金融市场体系成熟度较高、毗邻香港的优势，广州已经在金融服务领域，成为港资和一些英资银行机构外包首选地。200 多家研发机构和 IBM、汤姆逊、安利、拜耳、汉高、杜邦、英特尔等世界 500 强企业的技术服务中心及研发中心进驻广州，使广州在研发外包这一领域拥有较强大的研发服务力量。生物技术外包服务联盟（GZBO）已经开始在广州组建，广州在拓展全球生物医药外包（CRO）方面也已经迈出了步伐。此外，其他知识外包业务，包括动漫设计、市场研究、影视创作等也出现快速发展。

（四）以研发设计、动漫创意等新兴行业为特色

广州是全国服务外包示范城市之一，已经形成以金融、软件、物流、动漫创意设计等服务外包业务为特色的企业集聚园区。广州地区拥有设计类公司及服务外包企业 3000 家左右。其中，引进 600 家外资企业，微软、IBM 等公司的研发中心落户广州，有 600 多家外资投资企业在广州从事研究、开发、设计、试制新产品业务。深圳软件园引进了 IBM、惠普、微软、瑞士银行、Oracle 等一批跨国公司的研发机构，与此同时聚集了一批国内知名龙头软件企业，包括腾讯、中兴、金蝶、金证、迈科龙、同洲、迅雷等。广州大力发展网游动漫和设计产业，基于国家网游动漫产业发展基地的优势，其网络游戏产业在国内处于领先地位。

（五）软件外包发展迅速

广州市服务外包的重点项目是软件外包。产业优势、人才优势和区位资源优势，使广州在发展服务外包产业方面成为一线城市，软件设计和开发服务是广州目前主要的外包业务。在软件外包方面，已经有多家国内及境外从事软件设计和开发的公司入驻广州外包示范区。目前广州的软件外包业务包括大型企业自身的数据业务、东南亚城市的离岸市场业务和外企在华公司的业务三类，其中离岸的软件外包业务规模偏小。

2013 年，广州市软件出口和技术进口情况见表 2。

表2 2013年软件出口和技术进口情况

单位：个，万美元

软件项目	项目	金额
软件出口	—	150844
嵌入式软件	—	97601
软件产品	12	608
软件服务	766	52635
技术进口	711	160029
制造业	602	152850
房地产业	45	3140
计算机应用业	20	1401
技术咨询服务业	44	2638

二　广州市服务外包企业发展概况

（一）广州服务外包企业列表

广州市服务外包业务广泛，主要有知识流程外包（KPO）、信息技术外包（ITO）、业务流程外包（BPO），具体企业如表3所列。

表3　广州市服务外包企业

外包企业名称	业务范围	外包企业名称	业务范围
北明软件有限公司	ITO、BPO、KPO	中时讯通信建设有限公司	ITO、BPO
中山大学达安基因股份有限公司	KPO	中数通信息有限公司	ITO
深圳市中晟企业管理有限公司	BPO	中国电信股份有限公司广州分公司	BPO
广州农村商业银行客户服务中心	BPO	广州广电运通金融电子股份有限公司	ITO
中国移动通信集团广东有限公司客户服务（广州）中心	ITO、BPO	广州乐庚信息科技有限公司	ITO
广东南油对外服务有限公司	BPO	广东南方通信建设有限公司	ITO、BPO
广州国际经济技术合作有限公司	KPO	广东省电信工程有限公司	ITO、BPO
广东省建筑设计研究院	KPO	长讯通信服务有限公司	ITO
广州杰赛科技股份有限公司	ITO	广东广信通信服务有限公司	BPO

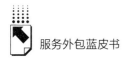

（二）北明软件

1. 公司简介

北明软件有限公司（以下简称"北明软件"）于 1998 年在中国广州成立，注册资本金为 2.1 亿元人民币，致力于为金融、电力、能源、政府、互联网、公共事业、制造业等领域提供综合性 IT 解决方案和云计算服务。北明软件运营中心设于北京，在全国设 4 个大区，12 家分公司，4 家全资子公司，3 家参、控股公司，建立了覆盖全国的业务营销网络和服务支持体系，拥有员工近千人。

北明软件提供综合 IT 服务，主要提供云计算、大数据、电子商务等技术，其外包业务种类丰富，涉及 KPO、BPO、ITO 等外包形式。作为一家极富创新性的高新技术企业，北明软件始终追求为客户创造价值，致力于向市场推出技术领先的优质产品。公司在北京、广州、杭州、南京、武汉建立了 5 个研发基地，拥有优秀的技术开发与应用专家。经过十多年的技术积累，公司已形成了"咨询为先导，产品为依托，服务为核心"的业务模式，为客户提供整体化、专业化的信息系统服务。

2. 服务内容

北明软件提供以云计算、大数据、电子商务等技术为核心的综合 IT 服务，业务范围包括云计算平台设计与构建、IT 系统建设规划与咨询、产品增值服务、应用软件及行业解决方案的开发、系统集成、系统运维与运营服务等。目前，北明软件拥有自主知识产权的软件产品近百项，拥有众多高品质的解决方案和成功案例。

3. 发展历程

北明软件拥有高新技术企业、国家规划布局内重点软件企业等多项认定；参与中国软件行业协会 2015 年中国软件和信息服务业企业信用评价，在 136 家参评企业中，北明软件获得最高级别的 AAA 级认证；具有计算机信息系统集成资质（一级）、国家信息安全服务资质（一级）、涉及国家秘密的计算机信息系统集成资质、建筑智能化工程设计与施工资质；拥有中央国家机关政府集中采购供应商资格。同时，北明软件还与华为、IBM、CISCO、EMC、H3C、Oracle、Symantec、Vmware、F5、微软、宇视、迪普、宏杉等国内外厂商合作，建立长期战略联盟关系，以实现优势互补、协作共赢。

4. 资质与荣誉

①国家规划布局内重点软件企业；

②国家信息安全服务一级资质；

③中央国家机关政府集中采购供应商；

④ISO 20000 IT 服务管理体系认证；

⑤ISO 14001 环境管理体系认证；

⑥CMMI 3 级；

⑦2015 年北明软件入围"中国百家软件企业"名单。

（三）广东南油

1. 公司简介

广东南油对外服务有限公司（以下简称"广东南油"）成立于 1982 年，由中国南海石油联合服务总公司和东浩集团上海市对外服务有限公司共同出资设立，总部设在广州，并在佛山、东莞、珠海、清远、从化、湛江等 8 地设立了分公司。2014 年，公司营业规模超过 37 亿元，雇员人数近 8 万人，服务范围遍及全国 320 多个城市，辐射 3000 余家企业，已通过 ISO 9001 质量体系认证，还获得了"全国人力资源诚信服务示范机构""广东省诚信人力资源服务示范机构""广东省青年文明称号""广东省劳动用工守法标杆企业""广东省人力资源 AAA 级信用企业"等多项荣誉称号，在华南地区人力资源服务企业中表现突出。

在人力资源外包方面，依托企业在行业内 30 余年深耕细作建立起的服务优势和口碑，广东南油配合客户人力资源管理转型需要，承接其业务流程外包项目，帮助客户把非核心岗位或业务流程分离出去，通过专业的人员管理以及规范化的操作流程，简化客户的用工流程，减少人员管理成本，成为众多世界 500 强和本地大型企业的人力资源合作伙伴。广东南油提供专业的人力运营方案，包括批量招聘、多元化培训、在职考核、风险承担、员工关系等服务，以让客户专注于主营业务的运营。

2. 服务内容

广东南油业务范围涵盖全国一站式人事外包及人才派遣服务、人才培训、

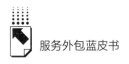

业务流程外包服务和人力资源综合管理咨询等领域。通过对中国人力资源市场多年的深入研究，广东南油设计出全国一站式人事委托管理及派遣、业务流程外包、薪酬设计与管理、福利服务、招聘服务、人力资源咨询、员工发展培训、商务服务等全面且卓有成效的人力资源服务产品。

3. 发展历程

2004 年，广东南油通过国企改制，引入同为国有企业的东浩集团上海市对外服务有限公司，实现了珠江三角洲和长江三角洲的互动发展，并借助上海市对外服务有限公司的服务网络，将服务延伸至全国所有省会城市、直辖市，以及 200 多个地级城市。

4. 资质与荣誉

①广东省诚信人力资源服务示范机构；

②挪威船级社（DNV）ISO 9001 质量管理体系认证证书；

③全国企业最受欢迎十佳人力资源服务机构；

④中共广东省委广东省人民政府文明窗口；

⑤广东省劳动和社会保障厅外企就业服务先进单位；

⑥中共广东省直属机关工作委员会先进基层党组织；

⑦广东省工商行政管理局"守合同重信用"企业；

⑧中国对外服务工作行业协会常务理事单位；

⑨广州市地方税务局 A 级纳税信用等级；

⑩广东省广业资产经营有限公司十大知名品牌；

⑪广东省劳动学会"劳动用工守法标杆企业"；

⑫广东省人力资源 AAA 级信用企业；

⑬广东省劳动学会副会长单位；

⑭广东省人力资源管理协会副会长单位；

⑮广东省人力资源管理协会劳务派遣副会长单位；

⑯广东省人才交流协会理事单位。

（四）中数通信息有限公司

1. 公司简介

中数通信息有限公司（以下简称"中数通"）成立于 1997 年；2011 年，

由中国通信服务股份有限公司及美国斯贝斯（Sysbase）公司共同增资扩股；于 2012 年 2 月正式变更为中外合资企业。中数通作为移动互联网商务服务提供商，立足于移动互联网技术、云计算等核心技术，面向电信运营商、政企客户及公众客户，提供企业管理信息化应用与服务、电子商务服务、移动互联网增值服务和通信网络服务等整体解决方案。

2. 服务内容

中数通的服务内容包括通信网络工程的设计、施工，通信系统技术集成，通信技术开发培训、咨询、服务及资料翻译，软件开发，销售、安装、维修通信设备及电子产品（不含卫星电视广播地面接收设备、发射设施）、电子计算机及配件（上述涉及经营资质和许可证的按相关规定经营）；自营和代理各类进出口商品及技术的进出口（国家限定公司经营和进出口的商品及技术除外）。

3. 发展历程

①2001 年 8 月，公司开始开展全省 ADSL 扩容集成业务。

②2002 年 5 月，与视聆通应用研究开发中心合并，广东电信实业集团公司入股。

③2003 年 5 月，公司与阿尔卡特在数据通信类产品领域开展督导服务战略合作。

④2003 年 5 月，公司首次获得 ISO 9001 质量管理体系认证证书。

⑤2003 年 12 月，公司的星空极速客户端面向全国推广。

⑥2004 年 8 月，与广东南方高科技术有限公司合并。

⑦2005 年 3 月，与广东南方互动公司合并。

4. 资质与荣誉

①软件企业认定证书；

②食品流通许可证；

③CMMI 5 级认证；

④ISO 9001 质量体系认证证书；

⑤ISO 27001 信息安全管理体系认证证书；

⑥2014 年 1 月，荣获广东移动 2013 年度优秀"IP 类系统集成"施工单位；

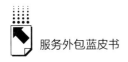

⑦2013 年 11 月，荣获中国电信广东公司 2012～2013 年廉洁文化优秀作品"屏保"类二等奖；

⑧2013 年 11 月，荣获"中国软件和信息服务业信用评价 AAA 级企业"称号；

⑨2013 年 6 月，获得"2012 年度广东省工商行政管理局'守合同重信用'企业"称号

⑩2012 年 11 月，"企业移动中间件平台"产品荣获中国通信服务广东公司第二届产品创新大赛二等奖；

⑪2012 年 9 月，被评为 2012 年（第一届）广东省软件业务收入前百家企业。

（五）广东拓思软件科学园有限公司

1. 公司简介

广东拓思软件科学园有限公司成立于 2002 年 6 月，是经广东省人民政府批准设立的国有独资企业，注册资本 1 亿元人民币。公司设立董事会、监事会，实行总经理负责制，建立了现代企业管理制度。公司是高新技术企业、软件企业，获得 ISO 9001 质量管理体系认证、计算机信息系统集成二级资质、计算机信息系统安全服务等资质，拥有多项专利、计算机软件著作权等自主知识产权。公司评测中心获得中国合格评定国家认可委员会国家实验室资质。

2. 服务内容

公司业务范围包括电子计算机及其软件产品的研究开发、销售和技术服务，软件评测，承接电子计算机网络工程，为软件企业提供技术咨询、因特网接入服务，信息服务，以及高科技投资、房屋租赁、物业管理等，是广东软件科学园的建设、运营和管理机构。广东软件科学园一站式公共事务服务体系包含政府服务的平台、培训服务的平台、中介服务的平台、投融资服务的平台、科技交流的服务平台、后勤保障的服务平台等，加大对种子期、初创期企业的培育力度。

3. 资质与荣誉

①广东高新技术企业证书；

②广东省软件企业证书；

③ISO 9001 质量管理体系认证证书；

④计算机信息系统集成二级资质证书；

⑤中国合格评定国家认可委员会实验室认可证书；

⑥国家高新技术创业服务中心；

⑦广东省中小企业技术支持服务机构示范单位；

⑧广州开发区知识产权示范企业；

⑨科技型中小企业 100 强。

（六）广东南建公司

1. 公司简介

广东南方通信建设有限公司（以下简称"南建公司"），是国内专业的通信网络外包服务提供商、中国通信服务旗下国有大型骨干企业。公司自 1993 年 10 月成立以来，追求卓越，不断创新，为客户与行业创造卓越价值。目前，公司依托 9 个分公司和 2 个事业部，专注技术创新，打造高技术与高知识含量业务类型，服务网络遍布广东省各地市、全国各省份，以及东南亚、非洲等地区。随着经济全球化进程的不断推进，南建公司积极调整组织架构，建立起快速响应客户需求、遍布全国的服务网络，前进的步伐已跨越港澳，跨入东南亚、非洲等地，并正在走向更广阔的国际化市场，在谋求企业自身发展的同时，也在为社会发展、人类文明进步贡献力量。

2. 服务内容

南建公司主营业务包括通信工程、通信维护、网络优化、系统集成四大方面，形成了以管线类业务为基础，以无线类、设备类、网优类业务为核心，以整体网络运营解决方案为体系的三大业务版块。

3. 资质与荣誉

①对外承包工程资格；

②增值电信业务经营许可认证；

③环境管理体系认证；

④工程建设突出贡献奖；

⑤无线网络维护先进单位；

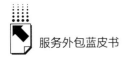

⑥银牌合作伙伴；

⑦中国地区部工程合作 TD 交付保障奖。

三　广州市服务外包产业评价

服务外包是现代高端服务业中重要的组成部分之一，具有吸纳就业能力强、信息技术承载度高、资源消耗低、国际化水平高、附加值大、环境污染小等特点。承接离岸服务外包对于发展现代服务业和优化接包国产业结构有促进作用。软件业是一个智力资本相对密集的典型产业，在其发展过程中不能缺少风险投资和金融资本市场的支持。因此，对于资产比较少、规模比较小的软件企业来说，从银行获得贷款是十分困难的，只能依靠政府的财政补贴以及股权融资的帮助。只有拥有比较成熟的商业模式和成熟产品的软件企业，才比较容易受投资机构和市场的青睐，才能获取融资。而广州市软件企业的特点是，大多缺乏品牌知名度、规模较低和质量不高，因此股权融资解决资金问题是比较难的。南建公司主要经营通信业务，涉及 IT 技术和通信技术的外包项目，所以主要服务外包方式是业务流程外包和信息技术外包，对于这类技术型外包方式，政府要完善软件人才的社会培训体系和培训层次，同时加快培育软件企业品牌，增强产业竞争力，这样才有利于企业长久发展。

B.5
深圳市服务外包企业发展综述

一 深圳市服务外包发展总体概况

深圳市作为中国的软件名城，是中国软件出口基地和服务外包示范城市。2006 年 10 月，深圳市经商务部、信息产业部、科技部授牌成为中国首批"中国服务外包基地城市"之一。2009 年 1 月，国务院联合商务部确定了北京、天津、上海、重庆等 21 个城市为中国服务外包示范城市，深圳也位列其中，深圳的服务外包发展较早，发展条件成熟，设施齐全，企业竞争力相对较强。

2014 年，深圳继续推进国家服务外包示范城市建设，成功举办第十届文博会和第九届物博会，目前，深圳已有深圳软件园和马家龙两个服务外包示范基地挂牌园区，已建立起外包服务的"三平台一联盟"，即由深圳市软件及信息服务平台、深圳市软件园公共技术平台和深圳市软件及服务外包培训平台组成的"国家软件与信息服务外包公共支撑平台"，以及深圳市现代服务外包产业促进会。2013 年，深圳服务外包企业承接服务外包合同金额 41.19 亿美元，同比增长 38.4%，合同执行额为 30.04 亿美元，同比增长 31.4%。产业结构方面，深圳市服务外包业务仍以信息技术外包为主。2013 年，信息技术外包、业务流程外包和知识流程外包占比分别为 51.4%、39.5% 和 9.1%，合同签订金额分别为 21.17 亿美元、16.28 亿美元和 3.74 亿美元。2014 年，深圳服务外包企业总数达到 461 家，从业人数达到 15.58 万人，共承接服务外包合同执行金额为 37.66 亿美元，离岸外包在过去几年的高速增长下，规模基数明显增大，增长速度趋于稳定，为 20% 左右。在岸外包市场保持旺盛的发展势头，同比增长 41.96%（见表 1）。

表 1　2014 年深圳服务外包产业发展情况

企业总数（家）	从业人数（人）	在岸外包执行额		离岸合同执行额	
		金额（万美元）	同比增长（%）	金额（万美元）	同比增长（%）
461	155827	97104	41.96	279514	20.48

资料来源：中国商务部。

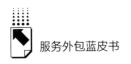
二 深圳市服务外包企业发展情况

深圳市是中国首批服务外包示范城市之一，深圳服务外包业发展迅速，培育出一批优质的企业。2014年中国服务外包领军企业中，平安数据科技（深圳）有限公司和深圳市银雁金融配套服务有限公司在列，充分体现了深圳本地企业的竞争力。

2013年，深圳市服务外包企业数量总计达到411家，人数在300人以下的企业占76.3%，300~500人的企业占8.4%，500~1000人的只占6.1%，1000人以上的占9.2%。2013年深圳服务外包企业承接服务外包合同金额为41.19亿美元，占同期全年服务外包合同金额的4.31%。2014年深圳市拟奖励服务外包骨干企业53家，2013年度深圳市认定服务外包骨干企业43家，其中ITO企业17家，BPO企业22家，KPO企业4家。2013年深圳市服务外包43家骨干企业共计实现合同金额23.18亿美元，占深圳市服务外包总额的56.3%。43家企业从业人员数量为10.91万人，占深圳市服务外包从业人员数量的比重为56%。2014年ITO骨干企业包括中兴通讯股份有限公司、国际商业机器科技（深圳）有限公司、联发软件设计（深圳）有限公司等，BPO重点企业包括深圳必维华法商品检定有限公司、深圳市信利康供应链管理有限公司、深圳市旗丰供应链服务有限公司等，KPO重点企业包括艾默生网络能源有限公司、广东南方电信规划咨询设计院有限公司等。

（一）深圳服务外包企业列表

1. 国家火炬计划骨干企业

深圳市企业进入国家火炬计划骨干企业的名单见表2。

表2 国家火炬计划骨干企业（深圳）

企业名称	企业名称
冠日通信科技(深圳)有限公司	深圳市金证科技股份有限公司
金蝶软件(中国)有限公司	深圳市科健信息技术有限公司
黎明网络有限公司	深圳市科陆电子科技股份有限公司
深圳达实智能股份有限公司	深圳市现代计算机有限公司
深圳市奥尊信息技术有限公司	

2. 2014年中国服务外包百强成长型企业（深圳）

2014 年，深圳市企业进入中国服务外包百强成长型企业的名单见表 3。

表3　2014 年中国服务外包百强成长型企业（深圳）

企业名称	企业名称
深圳市易思博软件技术有限公司	深圳市联合利丰供应链管理有限公司
深圳四方精创资讯股份有限公司	深圳市点通数据有限公司
深圳市信利康供应链管理有限公司	麦迪实计算机软件(深圳)有限公司
深圳市脉山龙信息技术股份有限公司	

（二）典型企业

1. 深圳市易思博软件技术有限公司

（1）公司简介

深圳市易思博软件技术有限公司（以下简称"易思博"）作为新海宜的全资子公司，是中国知名的软件服务外包提供商、中国服务外包十强企业。公司注册资本 10498 万元，目前是华南地区规模最大的软件外包服务商，也是国内电子商务软件技术领域领先的产品和服务提供商。

易思博业务范围覆盖信息技术外包、解决方案、业务流程外包、IT 基础设施服务（IMS）等，专注于为通信、电子商务、移动互联网、电力、制造等行业的客户提供优质的软件外包服务，使客户聚焦自身的核心业务发展，提升客户商业价值。公司总部位于深圳，在北京、南京、成都、西安设有技术研发中心，在上海、广州、苏州、武汉、重庆、福州、海口等地开设分支机构，形成了覆盖全国的交付和销售服务网络。

易思博凭借自身技术专长和丰富的行业实践经验，与 SAP、华为等多家业界知名企业在产品、技术、市场等方面深度合作，与客户建立了长期共赢的战略合作伙伴关系。

易思博一贯强调高质量的员工招聘，为员工提供合理的培训计划，为人才提供畅通的晋升渠道。同时，公司提供具有竞争力的激励措施以稳定核心员工和优秀人才。目前，易思博的骨干团队包括掌握前沿技术的开发工程师、测试工程师、系统架构师、需求分析师、交互设计师，以及项目高级管

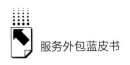

理人员等。

（2）服务内容

在 IT 服务方面，易思博为客户提供应用开发与维护、企业应用、系统集成、应用测试等服务，以科学的方法、先进的工具、成熟的流程、稳健的团队，提高交付质量，帮助客户实现战略目标和提升核心价值。

在解决方案方面，易思博凭借综合技术实力和对客户业务流程的精准把握，形成了贯穿企业价值链的应用解决方案，包括安全支付解决方案、IPCC（呼叫中心）解决方案、企业微信、CRM 系统、MES 生产执行管理解决方案、WMS 仓库管理解决方案、电子采购管理平台、视频会议系统、知识管理与内训平台等。与此同时，易思博沉淀了丰富的行业经验，针对通信、电子商务、移动互联网、电力、教育等行业，推出智慧城市解决方案、物联网及汽车信息化解决方案、B2C 电子商务解决方案、电子商务综合运营支撑平台、绿色能源智能节电分析控制系统、应急指挥解决方案等。易思博用最新的技术满足客户的需求，使客户适应瞬息万变的环境，提高运营效率，保持行业领先地位。

在 BPO、IT 基础设施管理服务方面，易思博提供多种灵活的服务模式，为客户提供数据中心、信息安全专区、移动测试平台等 IT 基础设施支持，以及主机租用、服务租用、系统代维等增值服务，使客户将工作重点放在增长业绩和提高效率上，把 IT 功能的有效管理全部交给易思博来完成。

（3）资质与荣誉

易思博始终以行业内的高标准严格要求自己，先后通过了 CMMI－3、ISO 27001、ISO 20000、ISO 9000 等体系认证，从软件研发过程管理、质量管理、信息安全管理、IT 服务管理方面为客户提供可靠交付保障。易思博的快速发展赢得了业界的认可，公司先后获得了国家高新技术企业、国家火炬计划骨干企业、中国服务外包十强、中国服务外包交付保障十强、广东省软件业务收入前百家企业、深圳市重点软件企业等荣誉。

2. 深圳四方精创资讯股份有限公司

（1）公司简介

深圳四方精创资讯股份有限公司（以下简称"四文精创"）设立于 2003年，以大型商业银行为核心客户，公司主要业务有软件开发服务、应用维护和系统集成，四方精创一直致力于为中国大陆和港澳地区的银行提供专业的 IT

服务外包业务。四方精创可提供核心交易系统、中间业务系统、柜面系统、网上服务系统、短信平台等多个业务系统的开发服务、后续应用维护服务等。消费金融核心业务系统为消费金融有限公司的创建奠定了坚实的 IT 基础。

公司总部位于深圳，目前员工总数逾千人。经过近 10 年的发展，公司已成为中国银行、中银香港、东亚银行、永亨银行、大新银行、农业银行等境内外知名商业银行的 IT 服务外包提供商和长期合作伙伴。

近年来，公司积极配合国家产、学、研合作的发展政策，与华中科技大学、华南理工大学、天津大学等一流院校建立了紧密合作关系，不仅为国家培养了大量的金融复合型人才，也为公司建立了优秀且稳固的人才梯队。展望未来，公司将继续坚持"国际化、专业化、高端化"的发展思路，专注于银行 IT 服务外包市场，深度挖掘商业银行客户的市场需求，坚持国际市场与国内市场互动发展、协调并进的原则，开展面向银行业客户的 IT 外包全流程服务，逐步把公司打造成为拥有较大影响力的银行业 IT 服务外包提供商。

（2）服务内容

软件开发，指按照客户的个性化需求进行定制化的开发服务，包括在公司自有软件基础上为客户进行的定制化开发和在客户系统上进行的应用软件开发。

应用维护，指公司对客户软件开发服务、系统集成等业务提供后续的技术支持或运行维护服务。公司提供的应用维护服务能够提供比客户更专业的技能、更合理的成本、更快速的响应，帮助客户及时发现和解决信息系统运行过程中的各种问题。

系统集成，指与本公司为客户提供的软件产品和软件开发相关的或者应客户要求代其购买硬件设备或第三方软件，并提供相应的集成服务。公司提供的服务主要是采购管理、少量增值服务及相关软硬件的安装、测试等。

银行 IT 咨询，主要涵盖银行应用系统开发、维护等方面，涵盖软件开发的全流程，面向大型机、中型机、小型机、微型机等多机型和对应的多技术平台。

（3）资质与荣誉

公司已通过 ISO 9001 质量管理体系、ISO 27001 信息安全管理体系认证审核及 CMMI－ML3 评估；获得国家高新技术企业、深圳市高新技术企业、深圳市软件企业证书；多次获评"深圳市重点软件企业""深圳市软件业务收入百强企业""深圳市优秀软件企业"；荣获工信部主办的中国国际软件博览会金

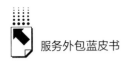

奖、创新奖；多次被 Gartner、IDC 及 TPI 联合认定为"中国服务外包成长型企业 TOP100"，并获评"AAA 级信用企业"。

3. 深圳市信利康供应链管理有限公司

（1）公司简介

深圳市信利康供应链管理有限公司（以下简称"信利康"）是一家综合性的供应链服务企业，主要从事外贸进出口业务，提供进出口通关、仓储、理货分拨、物流配送、融资、订单处理等服务，成立于 2003 年，经过十多年的开拓、发展，信利康建立了以深圳、上海、北京为中心，覆盖华南、华东、华北的营销网络，并围绕物流、电子商务以及香港和上海的运营平台，搭建了以深圳、上海、香港三大口岸为主的进出口及国内外供应链平台。

（2）服务内容

采购执行服务，面向国内外制造商、供应商、代理商以及零售商，在采购环节中提供一站式供应链服务，提高企业通关效率以及国内物流效率，降低客户的运营成本；同时通过信利康的资金平台，为客户代垫、代付货款，解决客户资金短缺的难题。

分销执行服务，根据客户营销目标和分销体系的要求，提供商流、物流、信息流，优化销售渠道，降低渠道成本，提高客户产品利润率。

整合供应链服务，信利康依托自主开发的供应链管理信息系统，针对客户的原材料采购、生产制造、渠道销售等供应链环节，提供通关、仓储、配送、资金结算、信息管理等一站式服务。

国内物流服务，信利康物流子公司拥有覆盖全国的物流配送中心、自营和合作的共 26 个区域分拨中心，可以提供仓储、干线运输、目的地配送、物流管理、信息系统集成、增值服务等整体物流解决方案，可解决珠三角至全国一、二级城市的运输配送等常态物流项目。

增值服务，包括供应链融资服务、信息服务、全程保险、二次包装、贴标签、货物分拣和文件服务。

（3）资质与荣誉

深圳市信利康供应链管理有限公司曾荣获"2012 深圳市市长质量奖鼓励奖""广东省百强民营企业""中国海关总署 AA 类企业""技术先进型服务企业""2013 年度国际业务钻石客户""深圳市知名品牌企业"等多个奖项。

三 深圳市服务外包企业评价

1. 企业发展优势

（1）国际化经营优势

深圳是我国东南部重要的沿海城市和港口城市，也是珠三角地区的核心城市，与港、澳地区和东南亚毗邻，不仅具有天然的国际化地理区位优势，而且还具有对外开放的渊源和包容性文化，国际化经营优势为深圳服务外包企业出口提供了良好的环境。

从深圳市 2003 ~ 2015 年实际利用外资情况来看，整体呈现向上增长的趋势，实际利用外资金额在 2004 ~ 2007 年经历了低潮期后开始稳步增长，特别是 2015 年上半年呈现迅猛增长的态势。实际利用外资金额的增长说明了深圳市国际化经营程度的进一步提高。

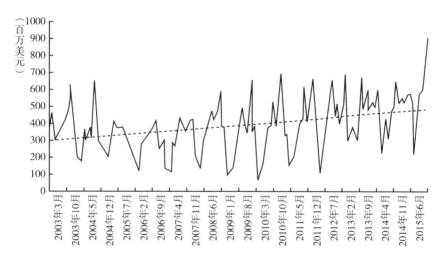

图1 2003 ~ 2015 年深圳市实际利用外资金额（月度数据）

（2）政府政策优势

深圳市政府为了充分利用软件领域独特优势，更好地发展服务外包产业，为软件行业披荆斩棘，制定了一系列扶持高新技术产业发展的配套政策。自国务院国发〔2000〕18 号文件颁布后，深圳市政府积极响应并制定了《印发关于鼓励软件产业发展的若干政策的通知》，从促进城市发展和经济发展的战略高度来扶持软件产业。政府还从财政上对软件产业给予了强力支持，2000～2005年，深圳市政府为支持软件产业每年投入1亿元专项资金，并为建设软件园每年投入5000万元，此外，还安排不少于5000万元的科技发展基金支持软件的研究设计和开发。深圳市政府还从外贸补助基金中拿出一部分资金用于扶持软件外包和出口。自2003年开始，政府每年安排5000万元用于国家集成电路设计产业化基地建设。深圳市政府于2013年颁布《关于加快服务外包产业发展若干规定的实施办法》，为服务外包企业发展提供了资金奖励和支持。

（3）企业质量优势

深圳目前拥有深圳软件园和马家龙两个服务外包示范基地挂牌园区，深圳软件园服务外包示范区是国家级软件产业基地，入驻企业超过750家。嵌入式软件占到园区软件产值的60%以上，华为、中兴、朗科等企业发展迅速；集成电路设计企业也层出不穷，共有121家，约占全国的1/4，聚集了国微、华为、中兴集成等国家"909"工程布点的集成电路设计公司；大型行业应用软件与服务在国内领先，尤其是金融领域的软件服务业务。深圳软件园拥有9家国家火炬计划骨干企业，包括冠日通讯科技（深圳）有限公司、金蝶软件（中国）有限公司等。马家龙服务外包示范基地也是深圳市服务外包示范区，目前已有90多家集成电路相关企业入驻。

2. 企业发展劣势

（1）成本上升劣势

随着中国经济发展速度放缓和企业经营成本上升，中国服务外包区域格局将会发生变化。目前，中国服务外包产业已形成示范城市与非示范城市、东部沿海与中西部的阶梯分布，中国的服务外包产业主要集中在环渤海、长三角和珠三角地区。但随着土地、水电、人力等成本的上升，国内外服务外包企业已将其业务向中西部的昆明、成都、长沙等地转移，中西部迎来服务外包产业发展的重要机遇。

深圳也经历着格局变化，职工成本的不断上升使深圳作为服务外包基地的吸引力逐渐下降，2013年深圳职工年平均工资为62619元，而同期全国平均水平为51483元，深圳职工年平均工资水平一直远高于全国平均水平，劳动力成本的不断攀升降低了深圳服务外包产业的优势（见图2）。

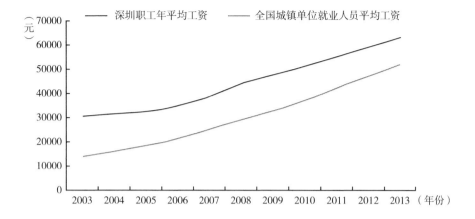

图2 2003～2013 年深圳市职工年平均工资与全国平均水平对比

资料来源：国家统计局和深圳市统计局。

（2）企业规模小，人才储备不足

深圳市大多数企业规模偏小，2013 年深圳市员工人数在 300 人以下的企业有 342 家，占比为 77.8%，300～500 人的企业占比为 8.6%，500～1000 人的企业仅有 24 家，1000 人以上的较大规模企业占比只有 7.8%，服务外包领域的企业仍多为中小规模企业，在发展上存在技术创新能力不足、整体产值规模小等问题，应更好地发挥龙头企业的带头作用和集聚效应。

表4 2013 年深圳市服务外包企业规模分析

员工人数（人）	企业数量（家）	占比（%）	员工人数（人）	企业数量（家）	占比（%）
100 以下	192	46.7	400～500	13	3.2
100～200	91	22.1	500～1000	24	5.8
200～300	37	9.0	1000 以上	32	7.8
300～400	22	5.4	合计	411	100

同时，服务外包面临着中高端人才缺乏的问题，一方面，深圳人才储备方面存在一定劣势；另一方面，近年来互联网产业的高速发展使人才不断从外包产业流向其他行业。在服务外包转型的大环境下，政府和企业应通过培训、服务和体系三个维度进行人才储备，为服务外包行业的未来发展储备更多的专业

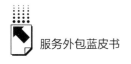

人才。

3. 企业发展机遇

（1）中国服务外包产业进入高增长期

随着中国在宏观经济环境、基础设施、政策支持等方面的优势逐渐显现，承接服务外包合同的综合竞争力大幅提升，2011～2014 年中国服务外包合同金额从 274.1 亿美元迅猛上升至 1072.1 亿美元，2011 年服务外包示范城市签订合同金额为 256.2 亿美元，占到同年全国签订总额的 78.3%，示范作用显著。2014 年承接离岸外包合同签订金额为 718.3 亿美元，占同年全国服务外包金额的 67%。服务外包的整体增长和离岸服务外包的高速发展给深圳市企业服务外包的发展带来了机会。

2013 年深圳离岸和在岸服务外包合同签订金额分别为 31.01 亿美元和 10.18 亿美元，离岸服务外包业务占据了深圳市服务外包业务 75% 以上的份额。尽管离岸业务增长速度不及在岸业务，但离岸外包仍然是深圳服务外包的主体，在服务外包行业整体发展的趋势下，深圳服务外包也迎来了发展机会。

（2）深港联动的服务外包发展模式

中国的服务外包园区发展模式共有五种。一是核心禀赋模式，以中关村软件园和浦东软件园为代表，以核心禀赋为园区发展的核心竞争力，带动整个产业发展。二是"前店后场"模式，以天津高新区和香港为代表，依托中心城市，以城市群为核心带动发展，如天津依托北京和京津冀城市群，以及深圳依托香港、深港联动的服务外包发展模式。三是区域中心模式，以省会城市为代表，利用区域中心地位形成集聚效应，如长沙岳麓软件园、南昌高新区等。四是垂直行业模式，即专注于特定行业形成专业化优势，如花桥国际商务城的金融外包和大庆石油行业服务外包等。五是城市战略模式，园区依托城市战略而发展，如大连软件园和无锡"ITO"park等。

深圳服务外包的优势和发展趋势在于优越的地理位置，及与香港联动的综合优势。深港联动的最新趋势在于金融合作，中国主张深圳前海在金融改革创新方面进行试点，打造中国金融业对外开放试验示范性窗口，加强香港与内地的紧密合作。香港一直是外资进入中国内地的窗口，深圳与香港的进一步合作有利于深圳服务外包行业国际化经营的进一步拓展。

4. 企业发展挑战

（1）服务外包及园区同质化竞争仍然存在

中国服务外包产业在获得快速发展的同时，同质化竞争趋势也越来越明显，从 2012 年开始，各基地城市与非基地城市之间、园区与园区之间，同质化竞争现象十分突出。同质化的产业定位、同质化的优惠政策、同质化的手段、同质化的目标、同质化的客户都是同质化竞争的体现。地方政府一般通过建设产业园的方式来发展服务外包，通过优惠政策招商引资，依循常规的产业发展路线，搞好基础设施建设，建设产业园区，搭建基础 IT 支持环境，增加人才培养支出，招揽外包人才，构建全面的行业服务体系，各地竞争日趋激烈。以云计算为例，中国有超过 20 个城市相继出台云计算发展规划、行动计划、云海计划等，各地政府纷纷出台创新优惠扶持政策，各地城市和园区以"差异化"为目标的产业发展实质上仍然避免不了同质化趋势。

"十二五"期间，中国服务外包园区立足本地独特优势进行产业定位，走差异化路径，打造专业化园区，朝着以专业化竞争为标志的个性化发展时代迈步。目前各地政府纷纷出台差异化的发展战略，但差异化与园区发展成熟程度、地方经济发展程度息息相关，短时间内同质化竞争还会存在，尤其是各大区域如东部沿海地区、中部地区内的竞争将会持续。

（2）中西部服务外包城市崛起

2012 年，成都荣获"2012 年中国服务外包城市投资满意度排名"第一名和"2012 年中国服务外包城市投资吸引力综合排名"第二名，埃森哲、IBM 等全球服务外包 100 强中超过 20 家落户成都。重庆市和西安市被评为"中国服务外包中西部最具竞争能力城市"。2014 年，合肥、南昌荣获"中国服务外包中西部最具竞争力城市"称号。成都天府软件园再次入选"2014 年中国服务外包园区十强"。中西部服务外包城市迅速崛起，凭借其相对成本优势和政策优惠吸引了服务外包业务的不断进入。

B.6
重庆市服务外包企业发展综述

重庆作为四大中央直辖市之一，是中国重要的中心城市之一，位于长江上游经济带核心区域、中国东西接合部，自古就是重要的西南通衢。上海浦东新区最先确定了"新特区"的地位，之后，天津滨海新区又获得批准，2007年6月，重庆被确定为"国家统筹城乡综合配套改革试验区"，意味着重庆成为中国第三个"新特区"。重庆市作为国家重要的现代制造业基地，是西南地区综合交通枢纽，长江上游地区的经济中心和中国重要中心城市的地位十分重要。

一 重庆市服务外包发展基本概况

（一）重庆市服务外包发展状况

从全国的服务外包发展来看，重庆市的服务外包起步较晚，规模较小。2006年，重庆市服务外包出口额为1368万美元，共有服务外包单位146家，主要涉及的领域有IT产业、通信电子、汽车科研机构、文教卫生保险、文化广播、交通工程监理六大领域。2015年上半年，重庆市服务外包的特点如下。

第一点是总量增速加快。自从2010年开始，重庆市服务外包总量的增速就稳步提高，其合作范围也扩至亚洲、欧洲、美洲。

第二点是转型成效显著。重庆市的高端业务类型KPO总量为31618万美元，占总体的60%，主要集中在工业类产品技术研发和高端工业设计领域；ITO的总量为9840万美元，占19%；BPO总量为10812万美元，占21%。

第三点是示范区作用明显。全市共有18个示范区，年度国际服务外包累计执行额为4.8亿美元，占总额的92%，充分发挥了龙头领军作用，其中渝北、渝中、南岸的贡献卓越。

从产业结构来看，重庆市业务流程外包的基础相对于ITO的发展来说还较为薄弱，但其发展潜力较大。当前，重庆市的中介咨询机构已经超过百家，其中部分企业已经开展国内的服务外包业务。金融、保险行业是重庆服务贸易重点发展的领域，汇丰、丰业、新联、荷兰银行及中美大都会、中新大东方、美国利宝互助等十余家外资银行和保险公司已经纷纷抢滩重庆。金融外包业务正在增加。

从行业分布来看，霍尼韦尔技术开发中心（GES）、惠普全球软件服务中心（GDCC）重庆分中心、富士通系统工程有限公司重庆分公司、甲骨文（ORACLE）重庆分公司、微软重庆创新中心、中兴通信软件研发基地等一批国内外知名软件研发机构纷纷落户重庆，使重庆逐步形成了服务外包产业发展氛围。中冶赛迪、南华中天、正大软件、亚德科技、金算盘软件、天极信息、中联信息、博恩科技、宏信软件等一批重庆本地骨干企业形成了以通信软件、平台软件、嵌入式软件、信息安全软件、数字娱乐等为特色的产业结构。

（二）重庆市服务外包企业竞争力分析（SWOT）

根据重庆市经信委发布的数据，2014年，重庆市软件及信息服务业年营业收入同比增长26%，达到1351亿元，占全市电子信息产业规模的26.8%。其中，软件业务收入达到736.5亿元，同比增长27.36%，高于全国平均水平7.1个百分点。2015年，全市信息传输软件和信息技术服务业完成固定资产投资100.72亿元，同比增长38.8%。全市规上互联网和相关服务业企业营业收入同比增长85.7%，连续两年保持超高速增长态势。

1. 产业发展优势

战略环境优势。重庆作为西部地区唯一的直辖市、中西部的重要枢纽城市，交通便利，拥有显著的战略优势地位。特别是近年来，为了进一步提升重庆市软件及信息服务外包产业的竞争力、优化投资引进环境，重庆提出了"宜居重庆、畅通重庆、森林重庆、平安重庆和健康重庆"五个新重庆的建设目标。目前其政策效果显著，众多大型企业选择进驻重庆。

成本相对优势。重庆的人力成本较低，特别是IT行业以及软件业人力资源成本远远低于东部发达地区，办公成本相比于东部发达地区也拥有明显的优势，这使得重庆在接单服务外包业务时候的竞争力明显。

人才优势。重庆市拥有各类高校及职业院校近500所，密集的综合性大学

和大量的职业院校每年为本地输送大量人才，其中包含大量的软件与信息技术类人才，为本地的软件外包和信息服务产业储备了丰富的人才，且为建立人才培养机制奠定了良好的基础。

2. 产业发展劣势

由于重庆的重工业发展历史悠久，软件与信息服务外包产业起步较晚，所以重庆软件与信息服务外包产业在基础设施建设、品牌效应以及载体建设方面存在先天不足。

基础设施建设不足。相对于其他软件与信息服务型城市来说，在基础设施方面，重庆市与之差距还是较为明显的。在通信设施建设方面，重庆也并不是全国的八大电信枢纽之一。同时，作为西南地区的交通枢纽，重庆的交通基础设施硬件条件较好，拥有一座4E级别的大型国际机场、菜园坝和重庆北站两座全国性铁路枢纽。但存在的问题也比较突出，如缺乏国际直航线路，这在很大程度上限制了重庆承接境外离岸外包业务的范围和实力。

品牌效应度不足。由于起步较晚，以及一系列的制约因素，所以并没有形成国家级或者国际性的大企业。重庆虽然已经提出"中国软件外包前沿城市"和"中国在岸外包引擎"的战略目标，但是品牌建设和推广工作处于起步阶段，品牌的体系没有较为完整地建立，导致整体品牌认知度相对较低。

载体建设经验不足。作为重工业城市，重庆虽然拥有大批工业园以及相对丰富的建设经验，但是软件与信息服务产业作为新兴产业，明显有别于传统重工业，在建设软件与信息服务产业园方面，重庆的经验明显不足。载体建设与市场企业需求不对接，降低了园区对软件与信息服务产业的吸引力。

3. 产业发展机遇

当前，中国的人力等成本日益增大，企业所面临的成本压力也逐步上升，同时信息技术在成熟条件下对整个产业都会产生压缩，信息技术行业的整合必定会带给重庆等内陆城市更多参与国际竞争的机会，在成本压力下追求成本最优化，带动了整个电子服务行业的布局调整，为重庆发展软件及信息服务外包创造了更好的契机。随着市场竞争并购的激烈化，二、三级软件信息服务商同样能够走出国门直接参与国际竞争，企业布局以及产业结构能够在国际大市场中得到进一步的优化发展。重庆市应当出台相应积极政策，推动软件外包与信息产业的依次转移升级。

4. 产业发展挑战

软件产业关键竞争优势将会从传统的成本竞争优势逐渐转向技术竞争优势，最后形成行业之间的竞争优势，一味强调自身的成本竞争优势将会在未来的发展过程中，面临诸多的发展困境。单一的竞争优势在未来国际竞争中将会逐渐失去竞争力，而作为新兴产业的软件和信息服务外包产业拥有先进技术优势和成本优势，将会发力并逐步占据国际大市场。重庆市应当根据产业不同阶段的关键性竞争制定相应的要素体系。

重庆要成为国际性的软件服务外包城市，必定会面临国际和国内的双重竞争。21世纪以来，亚洲逐渐成为承接国际软件服务外包最多的地区，规模约占世界总量的50%。与此同时，不断高涨的人力等成本逐渐成为制约中国承接国际软件服务外包业务的重要因素，且东南亚、南亚地区国家承接能力不断提升。此外，从国内来看，国内各大城市都将目光投向了服务外包市场，尤其是软件及信息服务外包市场，并各自制订了相应的服务发展计划。而目前重庆没有清晰的产业定位和相对优势，想要获得国际发包方的市场订单并不容易。

二 重庆市服务外包企业发展情况

重庆市主要的服务外包企业如表1所示。

表1 重庆市主要的服务外包企业

企业名称	企业名称
重庆华唐盛世电子商务有限公司	重庆五矿机械进出口有限公司
霍尼韦尔国际	重庆先特服务外包产业有限公司
重庆西信天元数据资讯有限公司	重庆外劳国际服务外包有限公司
重庆正大软件(集团)有限公司	重庆琅途服务外包有限公司
巨蟹数码影像有限公司	重庆美盈森现代化环保包装物流综合基地
重庆顺银对外贸易有限公司	重庆公路西部物流中心
冰人制冰系统设备(重庆)有限公司	远成集团重庆物流中心
重庆长航东风船舶工业公司	重庆中卓教育咨询有限公司

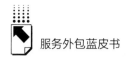
具有代表性的企业相关情况如下。

（一）重庆先特服务外包产业有限公司

1. 公司简介

重庆先特服务外包产业有限公司（以下简称"重庆先特"）是泰盈集团公司在重庆设立的大型电商后台与信息服务外包企业，也是"中国西部声谷"的运营企业。"中国西部声谷"是泰盈集团公司投资、建设及运营的国内第一个以呼叫中心、金融后台处理、电子商务处理等为核心业务的大型外包基地。基地秉承集团公司"专业品质、卓越服务"的核心理念，以"领行业之先，创服务之特"的精神先后承接了中国移动10086、中国建设银行总行、中美联泰大都会保险、海尔集团、新华社重庆分社、安诚保险、12345政府热线、中国电信等项目。重庆先特已经建设完成2000个座席，拥有员工近3000人。

重庆先特已经成长为西部地区最大规模的BPO外包企业，通过了ISO 9001国际质量体系、ISO 27001国际信息安全标准认证，并先后获得了国家工信部"最佳呼叫中心企业奖"、中国软件与信息服务外包产业联盟"快速成长型企业奖"、"中国客户联系中心产业园最佳新锐奖"、"中国业务流程外包企业20强"、中华全国总工会"全国模范职工小家"等荣誉称号，是国家工信部、商务部、发改委等部门重点扶持的服务外包企业，是国家质检总局服务外包标准规范试点单位、重庆市服务外包产业协会副会长单位、重庆市山东商会副会长单位。

西部声谷总部设于重庆永川区，由山东泰盈全资子公司重庆先特服务外包产业有限公司运营，西部声谷目前拥有3000个座席，2014年新增可用座席5000个，2015年自建的西部声谷服务外包产业园区将新增2万个座席。

公司西部基地已经成功运营了3年，拥有完善的服务外包配套设施及资源，目前该基地是7×24小时作业基地，拥有24小时保安监控及技术支撑维护。通过多个项目的运营，基地积累了丰富的运营管理经验，有着成熟的招聘培训管理体系、安全管理体系、风险控制管理体系、运营管理体系、质检培训管理体系和技术运维管理体系。基地的通信运营商涵盖近十个省份，并与汽车、物流、电子商务、金融、快餐等领域的世界500强企业建立了长期合作关系，同时不断维持着与高端客户的联系。

西部声谷在重庆南岸区、江北区、渝中区、九龙坡区、万州区等各区设有分场所。

2. 资质与荣誉

（1）企业领导人获得"信息服务外包年度风云人物奖"；

（2）企业获得"最佳服务外包企业奖"；

（3）企业获得"2012 年最佳园区奖"；

（4）企业获得软件及信息服务外包企业认定书；

（5）企业获得"中国最佳外包行业新锐奖"；

（6）国家商务部服务外包专项资金重点支持企业；

（7）2010 年度中国软件与信息服务外包最具潜力企业；

（8）国家工信部"2009 中国最佳联络中心"；

（9）国家工信部呼叫中心服务外包标准编写小组组长单位；

（10）国家工信部授予公司董事长"China Sourcing 2009"软件与信息服务外包产业年度风云人物奖；

（11）中华全国总工会"全国优秀职工小家"；

（12）"高新技术企业""双软企业"；

（13）"省级信息服务业认定企业"；

（14）共青团省委"大学生就业实训基地"；

（15）山东省呼叫中心技术研究中心；

（16）银行信用 AAA 级企业；

（17）劳动和谐 AAA 级企业。

3. 公司优势

（1）人才优势

西部地区人力资源充足，劳动密集型产业向西部转移成为不可逆转的趋势；重庆先特是服务外包行业第一家以企业的形式植入专业到学校进行嵌入式教学和培训的；公司所在地是中国的职教城，有 30 多所高职院校和培训机构，在校学生近 12 万人，人力资源丰富。

（2）行业优势

重庆先特具有以下行业优势：

规模大——外包座席全国有万多个，从业人员近 12000 人；

历史久——服务外包行业经验达十五年以上；

管理优——公司中高管在服务外包行业从业十年以上的达40名；

专业强——专注于BPO服务外包业务；

快速响应——输出高效及时，座席专业专注，团队稳定；

文化优势——服务文化具有一致性和融合性，沟通高效；

通信运营商资源优势——与中国电信、中国移动、中国联通已结成战略合作关系。

（3）政策与地域优势

重庆先特具有以下政策与地域优势：

政府支持——重庆市政府政策倾向性明显；

交通优势——重庆市到全国各大城市均有航班，从园区到重庆核心区乘高铁需约15分钟；

环境优势——自建西部声谷园区位于国家级公园茶山竹海景区，毗邻神女湖公园，环境优美；

配套优势——公租房、公司宿舍、园区餐厅、交通线路等配套设施齐全。

（二）霍尼韦尔国际（Honeywell International）

1. 公司简介

霍尼韦尔国际（以下简称"霍尼韦尔"）是一家总部位于美国新泽西州莫里斯镇的先进制造企业，公司年营业额达380亿美元，产品多元化、科技含量高。其在全球的业务涉及汽车产品、特殊材料、涡轮增压器、楼宇、航空产品和服务以及家庭与工业控制技术。目前，公司股票在纽约、芝加哥、伦敦等地的大型股票交易所上市交易。

作为上榜《财富》的百强公司，霍尼韦尔面对着全球宏观趋势带来的严峻挑战，致力于通过先进技术来解决，如能源、安防以及生命安全等方面。全球范围内，公司员工数约为13万名，其中，科学家和工程师超过1.9万名。

在霍尼韦尔的全球拓展计划中，中国是重要的市场之一。针对中国社会和客户的具体需求，公司在上海成立了中国研发中心，依托公司的创新和技术能力，促进本地研发能力向全球领先水平靠近，创造更节能、更安全、更环保的技术解决方案和产品。在中国地区的发展战略上，霍尼韦尔紧密围绕我国的整体规划，在建设资源节约和环境友好型社会的过程中，利用自身在节能、安全和环保等方面的优势，做出了突出贡献。

霍尼韦尔为顾客提供的产品和技术注重创新性和高价值，众多产品拥有专利，成为自身及客户的竞争优势。以顾客为中心是公司的工作方针，以确保公司与顾客之间交流的简便性和高效率，也使公司自身和客户因此获得最佳绩效。

在先进自控技术方面，霍尼韦尔是全球范围内的先驱。通过这种技术，公司希望能长期促进全球股东利润的增长，协助促进全球客户目标的实现。1999年，原霍尼韦尔（Honeywell）和联信（AlliedSignal）合并，合并后公司名称仍采用 Honeywell。作为全球高科技公司，新公司较合并前实力更为强劲，销售额达到 250 亿美元，进入美国《财富》排名的前 60 强。新公司在多个领域仍保持领先，在航空航天技术和自动控制等领域表现尤其令人瞩目。以波音飞机为例，公司产品占到了每架飞机全部构件的 30%，这些产品包括飞行安全产品、航空电子产品，以及结合自动控制优势所制造的一体化系统。

2. 中国业务的地区分布

在中国，霍尼韦尔的业务范围涵盖了中国大陆、澳门、香港和台湾。霍尼韦尔在中国发展的首个分销商位于上海，时间可以追溯到 1935 年。60 多年来公司致力于发展自身业务，中国地区员工已有 5000 多名。中国区公司作为一家独资公司，共由 5 家公司组成，其中，母公司是霍尼韦尔中国公司，另外 4 家分别是中石化 – 霍尼韦尔（天津）有限公司、霍尼韦尔（天津）有限公司、台湾汉伟股份有限公司和霍尼韦尔（香港）有限公司。霍尼韦尔在重庆两江新区建立的全球最大的摩擦材料生产基地也于 2012 年 5 月正式投产使用。

3. 中国业务的行业分布

霍尼韦尔结合全球资源，提供高质量的服务和产品，涉及钢铁、炼油、造纸、发电、石化、石油天然气、化工、建材和食品饮料工业等多方面。公司在建筑业务方面提供自控技术和系统，包括住宅自控和包括购物商场、大型宾馆、政府机构、办公大楼、大学等建筑物在内的建筑物自控。

（三）重庆西信天元数据资讯有限公司

1. 公司简介

重庆西信天元数据资讯有限公司成立于 2001 年，旗下包括维望数据、维

普资讯、亚利贝德科技、远望资讯、天旭科技、讯科资讯、科情印务和上丁地产8个公司和部门，经营范围涉及 IT 行业期刊、消费电子和家电行业期刊、厨卫行业期刊、学术期刊等众多领域的平面媒体出版发行，以及知识型网络媒体中文科技期刊数据库、软件开发和数字化加工、书刊印刷以及房地产开发运营等领域。

2. 公司建设

重庆西信天元数据资讯有限公司重视质量，在强调工作效率的同时大力加强质量管理，争创一流数字化服务企业。公司事业部将倡导职业文明融入企业文化中。

重庆西信天元数据资讯有限公司开展了"星级员工"的活动，对在各自岗位中表现优异的员工给予奖励，这些员工和创新的操作方法都成为公司的宝贵财富。

重庆西信天元数据资讯有限公司重视创新。各个工作岗位上都有不少技术成果出现，针对不同难度的档案提出了不同的解决方案，提高了公司的数字化服务水平。

重庆西信天元数据资讯有限公司在公司领导的带领下，努力学习外界的先进经验，始终坚持"艰苦奋斗，勇攀高峰"的思想信念，发扬爱岗敬业、开拓创新、勇于探索的精神。

（四）重庆正大软件（集团）有限公司

1. 公司简介

重庆正大软件（集团）有限公司是以软件开发与服务、互联网、游戏开发和 IT 教育为主的高新技术企业。公司成立于 1998 年，位于重庆两江新区北部新区水星大厦，现有员工 1500 人。公司是重庆"国家信息基地龙头企业""软件出口基地企业"，曾多次被重庆市委市政府授予"重庆市发展开放型经济先进单位"称号，曾荣获"中国软件外包 25 强企业"称号。

2. 业务简介

公司自 2005 年开始，一直致力于对日软件外包，与日本野村综研、富士施乐、NEC 等建立了长期的软件外包合作关系。近年来，公司重点发展金融行业信息系统的自主研发，先后开发了银行智能分析决策系统、担保管理系统等，已被 30 多家银行和担保公司所采用。

2012 年开始，公司重点打造旨在解决中小企业融资难的云平台"融资宝"，以及旨在减少担保公司、小贷公司信息化投入的云担保应用管理平台"易担保"。

正大软件职业技术学院是"国家级示范性软件学院""教育部物联网人才培养基地"，现有在校学生近 9000 人。学院致力于软件、云计算、物联网、电子商务人才培养，且为公司和重庆市 IT 人才的重要培养基地。

3. 产品和服务介绍

（1）互联网开发运营：愉快网

愉快网是以云计算为基础，利用手机、平板电脑、计算机等终端设备实现实时在线预订餐厅包房、KTV 包房、电影院座位、宾馆房间，以及实时点菜、支付的预订云平台。该项目已完成网站建设、商户云终端的研发、手机客户端的研发，并已在重庆市试运行。

（2）游戏开发运营：炫酷网及游戏自主开发运用

炫酷网是以云计算为基础打造的从游戏创意征集、游戏美术制作、游戏程序开发到游戏运营、游戏下载、游戏服务，融游戏投资于一体的游戏云平台。通过炫酷网这一云平台和相应的利益分配机制，实现全球共享游戏创意、设计、投资和服务。正大软件已完成该平台的开发，并自行开发了近 30 款游戏。

4. 发展历程

1998 年，重庆正大软件工程有限公司成立，当年成功建设了 36 所医院的 HIS 系统。

2000 年，公司贯标 ISO 9001 认证，并成为重庆市政府重点支持 4 家软件企业之一。

2002 年，公司获得重庆科技风险投资公司投资，实现跨越式发展。

2003 年，取得教育部颁布的全日制普通高校资格，创办重庆正大软件职业技术学院。

2004 年，正大软件职业技术学院成为"国家级示范软件职业技术学院"，并获得自主招生的政策支持。

2005 年，正大华日开始与富士通、NTT DATA 合作，承接对日外包业务。

2005 年，成立重庆正大软件（集团）有限公司，投资设立专注软件开发

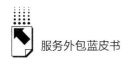

和外包的正大华日软件有限公司、专注服务外包的正大恒领网络科技有限公司、专注游戏动漫的正大动梦科技有限公司。

2006年，正大华日公司在北京、上海、大连成立分公司，通过CMM3认证，成为富士施乐、NEC、惠普等公司服务外包供应商。

2007年，正大华日东京分公司成立，建立野村综研、富士施乐离岸开发中心；入选"中国软件外包25强"。

2008年，正大华日通过ISO 27001认证，与东芝情报、AMDOCS合作，并成为其主要服务外包商；成为华为软件定制开发、框架工程交付、授权认证培训综合服务"TOP10"A类供应商。

2009年，正大华日与光大银行深度合作，研发CEBMIS、HM等系统，获总行金融科技创新奖；成为国家电网SG186项目核心服务供应商，获"中国服务外包最佳实践50强"殊荣。

2010年，建成1500个座席规模的呼叫中心，成功完成第六次全国人口普查后期数据处理项目，为重庆银行新用户开卡业务提供全流程服务。

2011年，完成三峡担保、教育担保、进出口担保等本土规模国有担保企业整体信息化建设。

（五）重庆海龙控股集团股份有限公司

1. 公司简介

海龙控股集团的前身为重庆海龙动漫设计有限公司，其于2011年11月10日在江北嘉陵三村微企孵化园注册成立，注册资金10万元。2013年，公司快速发展，注册资本由最初的10万元增至520万元，并于同年7月31日成功在重庆股份转让中心OTC市场挂牌上市。2014年，企业增资到1005万元并成功改制为海龙控股集团，同时建立了集研发、生产、销售于一体的集团分部——广州海龙集团。

集团总部位于重庆市江北区兴竹路，紧邻观音桥商圈、北滨路核心区域、地处嘉陵江、长江交汇处。所在地江北区是重庆新兴商贸中心、新兴金融中心、物流中心、重庆集约发展的现代制造业基地。集团开创了多元化产业空间，涉及文创、传媒、动漫、影视、游艺、会展、地产、金融、外贸等行业，是一家集生产、研发、展示、销售于一体的集团公司。2015年，集团制定战略目标，全力打造"两中心、两基地"文化产业平台，并开通电子商务平台，线上、线下全面运营。同时，集团新三板上市计划也已启动，以为集团全面发展奠定坚实基础。

2. 公司发展

未来，中心将借助电子商务平台、西南大通道、渝新欧铁路等线上及线下途径扩大品牌知名度，探索新的盈利增长点，努力打造西南地区乃至全国规模较大、品种较全、现代化程度较高的游戏游艺产品展示交易中心和国际动漫交流中心及高端动漫研发基地，以将所有力量汇集在一起，统一研发、策划，分享业内经验，科学制定行业标准，严格规范行业行为，引领西南地区的动漫产业发展，使西南地区逐步成为全国动漫行业的核心区域，并将这一影响力辐射至全亚洲乃至全世界。

（六）巨蟹数码影像有限公司

1. 公司简介

巨蟹数码影像有限公司（以下简称"巨蟹公司"）成立于2001年，秉承"专业创造价值"的企业理念，一直专注于数字视觉艺术的开发及运用，发展至今已成为国内领先、西南地区极具实力的专业的集三维动画、3D影视、特效开发、互动展陈、数字图像、平面设计、教育培训、BIM咨询、品牌全案及创意策划、广告拍摄等业务于一体的综合型数字媒体运营企业。自2001年以来，巨蟹公司汇集国内尖端数字技术人才，拥有稳定的专业精英团队300余人。

目前，以重庆总部基地为中心，巨蟹公司相继在重庆沙坪坝、大坪、江北、北部新区，成都，贵阳，昆明，北京，以及美国等地设立多个数字综合服务基地、办事机构及影视基地，在全球十几个国家和地区都有合作伙伴，在海内外行业领域内口碑良好，拥有广泛的影响力。

2. 公司荣誉

（1）巨蟹公司作为重庆市行业内著名商标的荣获者，与重庆工商大学、成都电子科技大学、重庆龙门浩职业中学等学校合作成立了巨蟹定向班及数字媒体开发中心。作为重庆校企合作示范单位、重庆工商大学艺术学院实训基地等，巨蟹公司荣任中国民营文化产业商会理事单位、中国展览馆协会会员单

位、重庆市展览展示协会 A 级资质会员单位。

（2）巨蟹公司三维数字技术的开发与服务获得了 ISO 9001：2008 质量管理体系认证；各类作品入选《中国广告年鉴》及《中国建筑表现年鉴》等多种杂志。巨蟹公司年轻的艺术家与社会知名艺术家成立了"巨蟹新媒体艺术家工作室"；此外，公司成立了点滴关爱、温暖别人的"巨蟹爱心基金"，成立了丰富员工生活的"大杂蟹"活动平台等；巨蟹公司一系列优秀事迹也由《重庆晨报》《重庆日报》《重庆商报》《重庆时报》《中华工商时报》《成都晚报》，以及成都电视台、成都经济广播频道和众多网络媒体进行了报道。

B.7
武汉市服务外包企业发展综述

一 武汉市服务外包发展总体概况

武汉市在承接来自欧洲、美国、日本和韩国的产业转移的过程中，显示了其所拥有的独特的区位优势。武汉历来被称为"九省通衢"之地，长江和汉江纵横交汇，交通十分便利。武汉历来就是华中重镇，经济基础雄厚，社会文化发达，2014年武汉实现生产总值10069.48亿元人民币，同比增长9.7%，高于全国平均水平2.3个百分点，新建港区——阳逻新港2014年的吞吐量超过了百万标箱，提前一年完成"十二五"规划提出的突破万亿元目标。武汉高校数量居全国第三，高校在校人数位居全球城市第一，拥有84所高等院校、48名两院院士等，为武汉服务外包产业提供了充足的人才供应。如此丰富而高质量的人才储备和集中的教育机构为武汉市大力发展服务外包业务打下了坚实的基础。更为关键的是，湖北省以及武汉市的政府都对武汉服务外包产业给予了大力优惠政策，有力地推动了武汉市服务外包业的飞速发展。

2006年，政府启动促进服务外包产业发展的"千百十工程"，为了更好地促进武汉软件业的腾飞和软件园区的建设，东湖开发区管委会与大连软件园股份有限公司（DLSP）携手，合资组建了"武汉光谷软件园有限公司"。合作中，DLSP将自己多年在园区运营方面积累的经验，投入光谷软件园的管理和运营中，给园区的发展带来了全新的思路和旺盛的生命力，充分挖掘出武汉的产业综合优势，激发出武汉所蕴藏的巨大产业潜能，全力促使武汉软件和服务外包业在短时间内迅速崛起。

2009年，DLSP延续"专业化、规模化、国际化"的优势建设光谷软件园升级版——"光谷E城"，定位更加高端，将商务园区的功能进一步复合化、整体化，集产业楼、商务配套于一体，将其打造成华中地区具有生机与活力的

国际化科技新城，吸引了更多高端客户的进驻和认可。

发展至今，武汉光谷软件园已经聚集了无数企业，发展潜力无限。武汉也形成了以光谷软件园为核心的服务外包产业集群，目前已有近700家服务外包企业落户这里，拥有超5万名从业人员，软件与信息服务外包销售收入407亿元，并在国际上提升了"武汉软件"的专业品牌。

继光谷软件园之后，江城之东、严西湖湖畔又崛起一座总投资过百亿元、可吸纳10万人就业的软件新城——武汉软件新城。武汉软件新城位于花山生态新城，于2012年5月开工建设，总面积约3.4平方公里，是中部最大的软件开发、服务外包基地，也获批为服务外包示范基地。许多世界500强、世界100强企业已先后入驻武汉软件新城，如美国IBM、法国阳狮和荷兰飞利浦等，初步形成软件研发、文化创意、金融服务、互联网、大数据、新材料与新能源六大产业集聚。

1. 软件研发

软件研发与服务外包产业以美国IBM、上海新致、北京吉威时代、深圳明源、武汉厚溥、武汉开目信息技术等企业为代表，涉及行业包括软件研发、先进制造业信息化、地理信息、车联网、教育软件、服务外包等，既带动了国际、国内优秀软件企业的落户，也与武汉优势产业发展密切相关。

2. 文化创意

文化创意产业以法国阳狮、龙之游等公司为代表，在文化创意产业领域形成了研发、创新、营销、服务等方面的产业集聚优势。

3. 金融服务

金融服务业以深圳福迈斯、上海瀚叶投资、哈尔滨银行、武汉农商行为代表，形成创新消费金融领域结算、交易、软件、服务等综合业务能力。

4. 互联网

互联网产业方面，已有华中电力科技（电力行业互联网服务）等互联网企业入驻。

5. 大数据

大数据与电子商务产业方面，以上海钢富为代表的"找钢网"是国内最大的钢材交易商务平台；做大数据精准营销的无双科技等企业也在此集聚。

6. 新材料与新能源

新材料与新能源产业方面，以飞利浦节能科技、洛克希德无人机研发、光谷环保、研究水处理检测技术的武汉科想为代表的新技术、新材料、新能源产业集聚逐渐形成。

二 武汉市服务外包企业发展情况

武汉市服务外包企业中具有代表性的企业发展情况如下。

（一）武大吉奥信息技术有限公司

1. 公司简介

武大吉奥信息技术有限公司（以下简称"武大吉奥"）成立于1999年，它以自主创新产品为核心，是国内能够提供"空间数据快速获取与生产、集成管理与更新、共享服务与应用"完整服务链的高新技术企业，是中国领先的地理信息（GIS）信息化专家。

吉奥自主版权的GIS著名品牌吉奥之星——GeoStar系列软件是国内主要的自主版权GIS平台，曾应用于国家电网信息化建设、国家地理信息公共服务平台建设以及省市级节点建设。其中，吉奥全球、吉奥智慧服务平台能够提供以GIS为核心的智慧城市完整解决方案，基于物联网和云技术，通过大数据融合平台、大数据管理平台和智慧运营平台实现城市大数据的汇聚、存储、组织和服务，发现与传递大数据价值，最终构建面向智慧城市的智慧服务中心。产品主要面向测绘、城管、社管、国土、公安、交通、林业、环保、食品安全等领域，目前已成功搭建黑龙江、山西、徐州、南京等40多个省市级节点，实现20多类行业应用。

目前，武大吉奥已在北京、广州、深圳和新疆等地设立分公司及多个办事处；并且在芬兰和瑞典成立了公司，在充分发掘自身优势的同时，积极引入当地合作伙伴，全面开启地理信息应用和遥感领域的战略合作，同时也为国内外更多优秀科技创新企业"走出去"搭建了一个互信、共赢的地球空间信息产业桥梁。

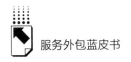

2. 主要产品

武大吉奥的软件产品分为基础软件平台和行业软件平台。基础软件平台包括吉奥全球、吉奥地理信息智慧云、吉奥智慧服务平台产品；行业软件平台包括吉奥在线、吉奥展示、地理国情数据生产系统、吉奥测图建库系统。

3. 基础软件平台

（1）吉奥全球系列（GeoGlobe）

吉奥全球 5 是一个架构完整、功能强大的地理信息平台软件。该软件操作简易、部署灵活，支持 SQLite、Oracle、MongoDB 等多种数据库，可通过桌面、服务器、Web、移动智能终端对海量二、三维地理信息数据进行处理、管理、发布、浏览及相关分析。同时，该软件支持 iOS、Android 等移动智能终端在线、离线地理信息展示和应用二次开发，为个人或群体用户提供丰富的 GIS 功能，享受智能的地图服务。吉奥全球系列能快速部署、建设地理信息共享服务，集成行业应用系统，支持同行业垂直管理部门之间空间信息数据的汇总统计与分析、各行业领域之间空间信息数据的集成与应用，充分放大空间信息共享带来的社会效益和经济效益。

吉奥全球应用案例包括国土规划审批系统、国网公司应用指挥信息系统、江西省红色地图、江夏数字化环卫综合管理系统、领导移动督办系统、山西智慧旅游、南京市城乡规划管理辅助决策系统、沈阳市规划和国土电子政务平台、天地图·福建、天地图·河北天气预报、天地图·山西、土地使用税管理信息系统、云贵鄂渝水土保持世行贷款欧盟增款项目。

（2）吉奥地理信息智能云（GeoStack）

吉奥地理信息智能云是为政府机构、企事业单位、智慧城市运营商等客户的 GIS 云需求量身定做的云管理平台软件，能同时支持业界主流基础 IT 云平台，是贯穿整个吉奥家族所有重点产品的基础产品，用户可以发布 GIS 数据库并实现动态配置，也可以直接管理发布对应的 GIS 服务，更可以使用吉奥智慧服务平台的管理能力以实现更便捷的大数据分析与展现等高级操作。无论用户是需要对当前系统环境进行新建、更替，还是做混合方案，吉奥地理信息智能云都能满足其 GIS 时空云平台应用的需求，并在业内首次提供了同时支持矢量、栅格、瓦片时态数据一体化的云存储方案。吉奥地理信息智能云将所有服务云化，包括吉奥全球的各种分析服务、OGC 服务、吉奥智慧服务平台的大数据分析管理服务等。此外，吉奥地理信息智能云支持异构云的云管理平台，使不同的 IT 基础云的功能都能得到发挥，同时各层功能互不影响，还兼容各种扩展云平台的接入，避免重复开发或因云平台改变而导致无法兼容的情况，为智慧城市的大数据分析管理提供高效、先进、稳定的软件服务，为智慧城市云平台运行、维护以及运营提供整套支撑平台。

（3）吉奥智慧服务平台（GeoSmarter）

吉奥智慧服务平台是一套为应对大数据时代下政府和企业信息化的变革而规划的平台化解决方案，其目标是以大数据为核心，构建政府或企业级智慧服务中心以作为政府或企业的智慧服务引擎，为政府和企业的重大决策、信息公开和互联互通提供技术保障。吉奥智慧服务平台基于数据融合平台、大数据平台和智慧运营平台，融合互联网、物联网以及各行业的业务数据，打造智慧服务中心，为城市管理者提供城市的关键指标监测及趋势分析、预警预报，同时为系统运营者提供数据、服务的共享发布和订阅管理，数据可视化且简单易用，数据分析无门槛。在应用过程中，随着数据量不断积累，数据挖掘模型可智能精化和选择，以提供更准确、更贴近实际的分析结果。吉奥智慧服务平台应用范围涵盖智慧城市的各个行业，为智慧城市建设提供更强有力的支撑。

平台应用案例包括智慧电网、智慧环保、智慧社管、综合监管、物联网监控、智慧民生、智慧运营等。

4. 行业软件平台

（1）吉奥在线（GeoOnline）

吉奥在线 5.5 是集海量、多源异构空间信息资源的整合、管理、发布、共享、应用和运维保障于一体，快速搭建"天地图"省、市节点的完整解决方案。它的服务对象主要是政府部门、企事业单位和社会大众，能够实现"天地图"国家、省、市、县（区）节点的无缝互联互通。

吉奥在线应用案例包括天地图·黑龙江、天地图·伊春、旅游专题、天地图·福建、天地图·山西等。

（2）吉奥展示（Geoshow）

吉奥展示是一个为智慧城市而建立，为智慧城市行业 KPI（Key Performance Indicator，即关键业绩指标）提供整合、展示、监管的跨行业、基础性的综合平台。它通过建立各种独立信息系统的联系，从不同类别关键指数

中抽象出反映事件状态、趋势以及相互间关系的综合 KPI 指标，再对 KPI 指标进行简单、实用、美观的呈现，为监管提供宏观、直观的数据，以便深入了解问题、分析原因、提出方案、协助决策。

吉奥展示应用案例包括沈阳国土、无锡电网、智慧国土等。

（3）地理国情数据生产软件（GeoMEGQ/GeoMEIC）

为了更好地服务地理国情普查，武大吉奥以国情普查内容和指标为依据，以快速生产符合入库要求的国情数据成果为目的，为第一次地理国情普查量身定制了一套软件——地理国情数据生产软件，包括内业数据生产软件（GeoMEGQ）与外业数据核查软件（GeoMEIC），它们能够全面覆盖地理国情数据的内业采集和外业核查工作，为地理国情的普查工作提供了有力的帮助。

内业数据生产软件是基于常规数据处理软件 AutoCAD 平台开发完成的，操作简单，强大的数据编辑功能能够提供多种自动化处理工具以加快数据生产、质检的效率；同时还支持一键生成遥感解译样本数据功能，通过引入外业调绘成果及正射影像，根据要求批量生产解译样本数据，节省大量的人力物力。外业数据核查软件能直接采取手绘的方式对国情数据进行外业核查，并可利用平板电脑所携带的 GPS、照相机模块获取国情数据所需的核查轨迹和样本点影像模块，真正意义上实现地理国情内业采编与移动外业调绘无缝对接。该软件的研发，对推动地理国情普查工作的开展具有积极作用。

业内数据生产软件应用案例包括宁夏国土测绘院、湖南省第一测绘院、湖南省第三测绘院等。

（4）吉奥测图建库系统（Geo MappingEditor）

吉奥测图建库系统（Geo MappingEditor，GeoME）是面向测绘数据生产单位，提供地理信息数据采集、编辑、更新的工具软件。GeoME 可在网络环境下组织工业化空间数据生产体系，减少数据转换和交接，提高数据加工的质量和效率，实现更新数据和更新过程的有效管理。软件有效解决了目前数据生产、更新和管理过程中生产环节独立、数据处理步骤多、工作冗余、重复和效率低下的问题，实现了地理信息系统与摄影测量系统的无缝集成，协助测绘部门在业务模式上实现大规模数据生产向快速更新生产服务的转变。

吉奥测图建库系统应用案例包括 Doha 3D 项目、2012 Neuss 3D 项目、Vejle 3D 项目、Morocco 3D 项目、巴林、贵阳体育场、嘉兴政府、瑞士、管道等。

5. 发展历程

2001 年，"地理信息系统基础软件——吉奥之星"荣获信息产业部信息产业重大技术发明奖。作为国产三大 GIS 软件之一，吉奥之星进入市场后，促使境外软件降价，取得了良好的社会效益和经济效益。

2001 年，"国产 GIS 基础软件吉奥之星研制与工程应用"荣获国家科技进步二等奖，充分证明了吉奥之星在国内 GIS 基础平台软件中所具备的技术领先性，并在市场化的过程中取得了良好的开端。

2003 年，吉奥成功进行增资扩股，注册资金由 500 万元增长至 4000 万元，建立了从前端空间数据获取、处理与更新，到中端空间数据建库、集成与管理，到后端空间信息分析、应用与发布的跨区域和跨行业服务体系。公司与长征火箭股份有限公司联合承担了建立卫星导航应用国家工程研究中心的重任。企业发展驶入了快车道。

2004 年，"电子政务中的地理信息共享平台"获得国家发改委的软件专项资助，并于 2007 年被国家发改委评为"国家高技术产业化示范工程"。

2005 年，"空间信息网络服务技术及产业化"荣获国家科技进步二等奖。企业在发展过程中，自始至终保持了优异的技术创新能力，始终处于技术潮流的前端。

2006 年，在国家"863 计划"空间信息技术成果产业化基地内，吉奥大厦建成，经营面积达 6000 平方米；同时，举行了新产品发布会，标志着企业的综合实力更上一层楼。

2008 年，"5·12"汶川大地震发生后，国家测绘局组织相关单位进行灾区的航空摄影工作及灾情评估。公司派出优秀的技术人员赴北京协助有关单位开展雷达和光学遥感数据处理工作，并将价值千万元的航空摄影测量数码相机送往灾区，在失事直升机的定点搜救、堰塞湖排险水量精密计算工作中发挥了重要作用。同时，公司自主研发的多源空间信息网络共享与互操作平台 GeoGlobe 也在本次灾情评估工作中发挥了极大的作用。

2008 年，适时引入战略投资伙伴，与拥有计算机信息系统集成一级资质的永泰软件公司携手，注册资金增长至 6000 万元，企业发展有了质的飞跃。

2009 年，"地理信息系统基础软件平台——吉奥之星 V5.2"获首届"国家自主创新产品"称号。吉奥之星从 V1.0 发展至今，以组件的概念重新设

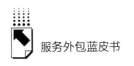

计，实现了全部的 GIS 功能，并逐步完成从 COM 架构向 SOA 架构的迁移。

2009 年，武汉市东湖高新技术开发区 "3551 人才计划" 启动，公司由此引进人才。引进高层次的职业经理人，对于公司的管理以及未来的发展起到了举足轻重的作用。

2010 年，开放式虚拟地球集成共享平台及重大工程应用获得国家科技进步二等奖；武大吉奥参与国家地理信息公共服务平台公众版（天地图）以及主节点建设，吉奥地理信息服务平台软件 GeoGlobe 挑大梁。天地图的正式上线，标志着中国测绘信息应用模式从测绘数据的线下直接提供，向通过网络进行共享服务和互操作的重大转变。公司参与天地图的商业化运营，意欲打造国际一流地图网站。

6. 资质与荣誉

（1）国家甲级测绘资质；

（2）国家科技进步奖；

（3）计算机系统集成二级资质；

（4）国家 AAA 级信用资质；

（5）国家高技术产业化示范工程；

（6）CMMI4 体系认证；

（7）国家规划布局内重点软件企业；

（8）ISO 9001 体系认证；

（9）测绘科技进步一等奖；

（10）ISO 27001 体系认证。

（二）武汉佰钧成技术有限责任公司

1. 公司简介

武汉佰钧成技术有限责任公司（以下简称 "佰钧成"）是华中地区规模最大的服务外包供应商，总部位于中国的科教之城武汉。自 2006 年成立以来，佰钧成充分发挥武汉的人才、科教和地域优势，迅速成长为 IBM、HP、华为、Google、Microsoft 等全球著名企业的外包合作伙伴。佰钧成的外包业务涵盖通信、IT、能源、金融、制造等行业和政府部门等应用领域，并在北京、上海、深圳等我国主要城市和北美地区设立了分支机构。佰钧成以 "服务全球，交付信任"为宗旨,致力帮助客户提升核心价值。根据客户的不同需求,佰钧成可提供 IT Staffing、项目外包、ODC、BOT 等不同形式的服务,从而实现与客户的合作共赢。

佰钧成遵循全球最严格的管理体系和信息安全标准,重视知识产权保护,获得了 ISO 9001、ISO 27001 等一系列资质认证,并已通过 CMMI ML5 认证。此外,佰钧成还是火炬软件人才服务联盟常任理事单位、武汉服务外包协会(WSOA)理事长单位、武汉市云计算协会副理事长单位。

2. 主要服务

(1)IT

①计算机网络存储系统应用软件开发与测试;

②大型软件产品开发及测试;

③复杂 IT 系统的实施、部署与维护。

(2)电信/广电

①电信 OSS/BSS 系统开发;

②电信核心网系统应用测试与开发;

③电信移动软件终端及增值业务平台的测试与开发。

(3)能源

①"SG186 工程"中的各大业务应用系统的开发与实施;

②国家电网各省公司的数据中心服务与技术支持。

(4)金融

①境内外金融机构后台 IBM 大型机系统部署、维护及基于大型机平台的应用开发和维护;

②其他数据处理类服务;

③各大银行卡中心数据处理 IT 系统的开发服务。

(5)制造业

①信息化整体规划及方案定制;

②制造业业务规划与管理咨询;

③大型企业软件产品开发和测试;

④基于 SOA 架构的、可定制大型信息管理开发平台(IMDP);

⑤PLM/ERP/MES/PM 咨询开发实施培训服务;

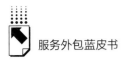

⑥基于三维的机械零部件设计、仿真、分析服务；

⑦数据中心（DC）/系统集成（ISI）方案规划、应用实施；

⑧商务智能（BI）与决策支持系统（DSS）开发实施；

⑨企业级门户开发实施。

（6）政府

以政府公共服务部门的业务价值管理为核心，采用ITIL的管理观点，结合丰富的IT资源与全面的技术能力，佰钧成为政府公共服务部门提供从电子政务规划咨询、建设到运维管理的全面服务，支持服务型政府建设。

3. 发展历程

2008年，中国软件企业外包第18名；

2009年，中国软件企业外包第17名；

2009年，TOP100中国服务外包成长型企业；

2009年，年度优秀服务外包企业；

2009~2010年，中国软件和信息服务业最具潜力企业；

2010年，中国服务外包企业排行榜第15名；

2010年，金蝶开发外包伙伴资质证书；

2010~2011年，年度湖北省优秀软件产品；

2011年，中国服务外包企业第10名；

2010~2011年，中国软件和信息服务业创新影响力奖；

2011年，最具创新企业；

2011年，最具社会责任企业；

2012年，快速成长型企业奖；

2012年，中国软件行业服务外包新锐奖；

2012年，武汉东湖新技术开发区管委会"瞪羚企业"；

2012年，武汉东湖新技术开发区管委会"3551光谷人才计划"荣誉证书；

2011~2012年，中国软件和信息服务业突出贡献奖；

2012年，商务部重点联系服务外包企业；

2012年，中国服务外包企业第九名；

2013年，中国软件和信息服务外包行业领军企业；

2013 年，中国服务外包领军企业；火炬软件人才服务联盟常务理事单位；武汉服务外包协会（WSOA）理事长单位；武汉市云计算协会副理事长单位。

（三）武汉厚溥教育科技有限公司

1. 公司简介

武汉厚溥教育科技有限公司（以下简称"武汉厚溥"）成立于 2005 年，公司总部位于武汉光谷软件园，一直致力于大学 IT 教育、软件开发、人力资源服务等业务。公司致力于为高等院校信息技术相关院系和国际、国内 IT 企业提供中高端人才解决方案。基于独创的 ECDIO 流程技术和项目驱动产品服务模式，公司开发完成了软件技术 JAVA、软件技术 DOTNET、移动互联技术、GIS 应用技术、物联网应用技术、网络营销与管理、企业信息化管理、动漫制作与设计等专业人才培养体系，并拥有完善的实施服务系统且随行业技术的发展定期更新。

迄今为止，武汉厚溥已与武汉大学、华中科技大学、湖北工业大学、武汉理工大学、湖北师范学院、重庆邮电大学、荆州职业技术学院、湖北国土资源职业学院、黄冈职业技术学院、湖北科技职业学院等 22 所高校开展了多种形式的合作，为华为、HP、IBM、联想、腾讯、阿里等 1600 余家企业输送了大量不同类型的软件及服务外包人才。公司在北京、深圳、上海、广州、杭州、南京等 IT 产业较发达地区均设有人才服务基地，是商务部指定的外包人才培养机构、工信部人才交流中心指定的大学生实习基地、教育部教育信息中心物联网技术湖北推广中心、"中国软件行业产学合作模式库"首批案例单位。

2. 主要服务

（1）校企合作

与高校联合进行 IT 互联网行业专业人才的培养：促进高校教学体系的改革、双方教学管理优势互补、增强专业特色和学校综合实力、解决学生实习实训难题、使学员就业率和就业质量得到完美提升；促进高校产、学、研一体化发展，教学与生产结合，校企双方互相支持、互相渗透、双方介入、优势互补、资源互用、利益共享，可以实现高校教育及企业管理现代化，使高校与企业实现双赢。

目前，武汉厚溥信息技术有限公司被中国软件行业协会教育与培训委员会

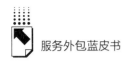
列为"中国软件行业产学合作模式库"首批案例单位。

（2）大学生实训

武汉厚溥开展大学生实训的背景主要有以下三个方面：大学生就业难、大学课程体系滞后、现行教育模式与企业用人单位冲突。

大学生实训未来的课程研发是"企业课程联合研发体系"，是在大学体制外所设的独立管理体系；实训教育的生源入口，是以基地校定向班为基石和辅以联建定向校的模式，形成生源进口的标准化和培养过程的标准化；实训教育的生源出口，是以课程实现企业需求模块化为路径，以课程的模块化带动人才培养的模块化，最终实现按模块打包输送给用人企业，实现模块定制化培养模式。

（3）就业服务

厚溥教育集团旗下所设人力资源服务公司武汉景宁人力资源有限公司，不仅为合作院校的毕业生实施就业指导，提供就业服务，还为很多大中型企业提供IT互联网人才猎头、劳动输出等服务，先后与国内外2000多家IT互联网企业建立了人才合作关系。公司目前在深圳、广州、北京、杭州、上海、大连等城市设立了就业办事处，推荐合作院校合格毕业生就业，推荐就业的毕业学生享有一年就业跟踪服务，公司定期对就业学生进行回访。

合作院校学生在入学后就会与公司签订就业协议，学生毕业后由企业方负责推荐就业，整个流程由合作学校审核监督。

（4）人才委培

惠普中心于2012年在重庆、武汉成功招募600名软件实习工程师，通过惠普公司专业化的业务培养和全面考核，此批实习生于2012年12月提前转成惠普正式员工，转正率高达90%。2013年武汉厚溥作为企业委培方，针对惠普"HP实习生计划"，为HP全国公司定向培养交付500人。

3. 荣誉与资质

（1）商务部指定外包人才培养机构；

（2）工信部人才交流中心指定大学生实习基地；

（3）教育部教育信息中心物联网技术湖北推广中心；

（4）"中国软件行业产学合作模式库"首批案例单位。

（四）武汉开目信息技术有限责任公司

1. 公司简介

武汉开目信息技术有限责任公司（以下简称"开目公司"）成立于 1996 年，是中国制造业企业信息化领域规模大、实力强的企业之一，与 UGS、PTC、SolidWorks、AutoDesk 等被共同列为中国制造业信息化的首选品牌。开目公司的目标始终不变——用最优秀的产品为客户的引领创新、智能制造提供优秀的产品和服务。

公司专注于制造业企业信息化建设，坚持以客户需求为导向，凭借雄厚的技术底蕴和丰富的行业经验，打造了拥有自有核心技术的完整 PLM 产品线。目前已拥有 CAD、CAPP、3DCAPP、MPM、PLM/MES 等 20 多款自主知识产权的工业软件产品，软件专利及著作权近两百个。通过为企业用户提供覆盖产品设计、工艺规划、加工制造、质量控制、维修服务等业务过程的产品全生命周期管理和企业应用集成一体化解决方案，帮助企业实现设计、工艺、制造一体化的数字化管理，为企业智能制造真正落地助力。

公司利用灵活、开放、技术先进的管理平台，帮助客户灵活创建符合企业特点的专业信息化产品组合：eCOL——面向跨越式发展的集团和大型制造企业的设计、工艺及制造一体化解决方案及服务；ePDM——面向稳健发展的中大型客户的 PLM 产品及服务；eNORM——面向创新成长的中小企业研发过程管理解决方案。

作为国内数字化工艺与制造领域行业标杆，开目公司始终将软件创新制造作为企业驱动力，不仅开创了工艺三维化的新时代，更在智能制造领域走在全国前列，拥有中国销量第一的 KMCAPP 系统、国内首创的三维装配工艺规划、仿真及培训软件 KM3DAST、3D 智能化机加工艺规划软件 KM3DCAPP－M 和可加工性分析软件 KMDFM，以及面向离散装备制造业的数字化车间解决方案等。

公司的产品及解决方案已在航空、航天、汽车、工程机械、装备、电子、船舶、机车等行业近万家企业得到了成功的实施和应用；并且已经帮助成千上万的企业优化产品生命周期流程、解决关键业务需求并创造出优秀的产品，从而支撑其更长远的规划和发展。

2. 主要产品及服务

（1）eCOL

eCOL 是一套集成应用软件，用来管理产品从概念到报废整个生命周期的数据和过程，包括平台一体化 PLM 解决方案和面向中小企业的 PLM 解决方案。eCOL 引领了管理开发平台技术的潮流，采用面向服务架构（SOA），率先实现了全程模型驱动开发（MDD）模式，从而保证快速、高效地部署产品信息应用软件，达到提高产品开发效率、降低集成和开发成本的目的。

实际解决方案包括平台一体化 PLM 解决方案等。

（2）需求与产品设计管理

需求与产品设计管理解决方案，是开目公司 PLM 整体解决方案的核心和平台，用于企业产品数据采集、统计汇总和数据分析等工作。通过组织和管理与产品相关的数据信息，实现企业技术部门和产、供、销部门之间信息的高度共享，是制造业企业数据分析的基础和信息集成的桥梁。系统具有较好的开放性，汇总规则定义和配置方便灵活，充分满足企业个性化需求。

实际解决方案包括开目 PDM、开目 CAD、开目 BOM、开目编码管理系统、开目技术档案分发管理系统、开目 TS16949 辅助管理系统等。

（3）工艺规划与过程管理

对于制造业企业来说，完善企业的工艺管理体系、提高工艺设计水平，有利于提升产品质量，为企业生产经营提供优化、规范、标准的工艺信息，从而提升企业的竞争力。开目公司的工艺规划与过程管理解决方案，正是为了解决企业信息化过程中的工艺短板，以提升工艺设计效率和质量、提高制造过程管理能力为宗旨。

实际解决方案包括开目 MPM、开目 CAPP、开目参数化 CAPP、开目工装管理系统、开目 3DCAPP－A 开目工艺管理系统、开目企业资源管理器、开目 3DCAPP－M、开目工时管理系统等。

（4）制造过程管理

开目车间制造执行系统解决方案实现生产过程的闭环可视化控制，减少错误，提高效率，持续改进制造过程的要求，为企业构建从工艺到制造的透明无间的车间，以减少"精益生产"理念中的等待时间、库存、过量生产等浪费。生产过程中采用条码、触摸屏、机床数据采集等多种方式实时跟踪生产进度。

实际解决方案包括开目 MES 和开目生产现场质量跟踪系统。

3. 发展历程

1996 年 12 月，武汉开目集成技术有限责任公司成立。

1997 年 4 月，开目 CAD 被全国软件行业协会评为 1996 年度全国优秀推荐软件产品。

1997 年 6 月，开目公司成功开发出开目 CAPP 软件和钣金 CAD 软件。

1998 年 3 月，开目公司成功开发出开目 MIS 软件，受到企业欢迎。

1998 年 3 月，开目公司挂牌成立全国机械工业先进制造技术培训中心。

1998 年 6 月，湖北省软件基地将开目公司列为基地的龙头企业。

1999 年 1 月，公司"基于 Intranet/Internet 网的企业级计算机信息集成系统"项目入选国家火炬计划。

2000 年 3 月，国家 863/CIMS 主题目标产品开目 CAPP 工具系统通过专家组验收。

2000 年 7 月，开目系列软件新秀——开目电气 CAD 问市。

2001 年 9 月 27 日，公司更名为武汉开目信息技术有限责任公司。

2002 年 8 月，开目公司"典型数据库应用软件系统研发"通过国家"863 计划"，获取国家科技部专项资助。

2003 年，开目公司的"基于知识的开目 CAPP 技术与系统"凭借领先的技术与成熟的可实施性，顺利通过专家审查，被列为 2003 年国家科技成果重点推广计划项目之一。

2004 年，开目公司正式通过 CMM L3 级认证，成为湖北省首家通过该认证的软件企业。

2008 年 12 月，开目公司经国家发改委等认定为 2008 年"国家规划布局内的重点软件企业"。

2009 年 9 月，开目 CAPP 被列入首批国家自主创新产品名单。

2010 年 9 月，开目公司通过中质协质量保证中心的 ISO 9000 第四次认证。

2011 年 10 月，开目公司正式成为中国工业软件联盟的常务理事会副理事长单位。

2013 年 11 月，开目公司首次公开发布开目三维机加工艺规划软件 KM3DCAPP - M。

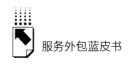

2014 年 11 月，"开目企业应用平台系统（开目 eCOL）V2.0"项目获 "2014 年度国家重点新产品"称号。

2015 年 1 月，开目公司正式入驻世界级创新服务基地——"武汉软件新城"。

4. 资质与荣誉

开目公司是 13 项国家"863 计划"、4 项国家火炬计划、4 项国家电子发展基金、1 项国家发改委重大专项项目的承担者，公司自主开发的多个项目系统被国家科技部列为"国家火炬计划项目"。此外，公司获得的主要资质与荣誉如下。

（1）CMM L3 认证；

（2）ISO 认证；

（3）高新技术企业；

（4）国家 863/CIMS 系统集成和咨询服务公司；

（5）国家制造业信息化培训中心授权业务中心（试点）；

（6）湖北创新型企业建设试点单位；

（7）计算机系统集成资质三级；

（8）中国制造业信息化工程十大优秀软件供应商；

（9）中国数字化制造解决方案杰出供应商；

（10）"基于三维产品模型的集成化 CAPP 系统"牵头研发单位；

（11）"基于三维 CAD 的产品数据管理系统开发及应用"牵头研发单位。

B.8
南京市服务外包企业发展综述

一 南京市服务外包发展概况

2014 年，南京服务外包执行额全国排名第一，全年执行额高达 114.5 亿美元，同比增长 32.3%（见表 1）。2014 年，南京服务外包发展的一大特征是抓住了"一带一路"机遇，全年南京企业在"一带一路"市场上签订合同 1500 笔，其中，独联体及东欧地区增长 106%，东盟地区增长 43%，中东地区增长 65%。南京市离岸外包执行额增加至 48.5 亿美元，同比增长 33.6%。

表 1 南京历年服务外包执行额

单位：亿美元

项目	2012 年	2013 年	2014 年	2015 年上半年
服务外包执行额	63.7	86.5	114.5	73.4
离岸外包执行额	27.6	36.3	48.5	32

目前，南京信息技术外包（IPO）、业务流程外包（BPO）、知识流程外包（KPO）占比呈现 7∶1∶2 的格局。信息技术外包仍是服务外包中的主要方向，如南京通信电子行业应用软件开发、技术研发设计外包领域服务外包额占全市执行额的 60% 以上。而动漫、生物医药、金融等领域也在"一带一路"背景下迅速发展，服务外包执行额占比已达 15%（见图 1）。南京市艾迪亚数字娱乐公司是动漫领域的榜样，全球排名前 20 的游戏、影视公司都是其客户，每年约 120 个大型游戏项目使艾迪亚数字娱乐公司成为业内"人/天"单价最高的公司，2014 年其外包合同额增长了 30%。

二 南京市服务外包企业介绍

作为服务外包额全国第一的城市，南京聚集了众多优秀的服务外包企业，

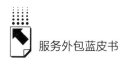

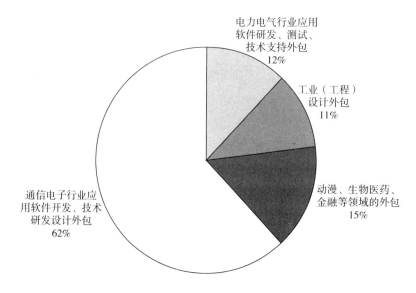

图1　2014 南京各领域服务外包额比重

截至 2013 年，南京共有服务外包企业 1619 家，部分服务外包企业见表 2。根据《2014 年中国服务外包领军企业名单》挑选出江苏润和软件股份有限公司作为南京领军企业代表，其 2015 年上半年服务外包执行额均超过 5000 万美元，对南京市服务外包指标起到重要支撑作用。同时，根据《2014 年中国服务外包百强成长型企业名单》挑选出南京擎天科技有限公司、南京富士通南大软件技术有限公司、南京中图数码科技有限公司、南京合荣欣业信息技术有限公司、南京金斯瑞生物科技有限公司作为南京成长性企业代表进行介绍。

表 2　南京部分服务外包企业

企业名称	企业名称
北大青鸟南京中博职业培训学校	南京华为软件技术有限公司
诚迈科技(南京)有限公司	南京慧松信息工程有限公司
大贺传媒股份有限公司	南京嘉环科技有限公司
迪比信可信息技术服务(南京)有限公司	南京嘉腾维新软件有限公司
福特汽车工程研究(南京)有限公司	南京锦创科技股份有限公司
富迪科技(南京)有限公司	南京凯盛开能环保能源有限公司
戈顿三希科技(南京)有限公司	南京朗坤软件有限公司
国电南京自动化股份有限公司	南京罗杰软件发展有限公司

续表

企业名称	企业名称
江苏蜂星电讯有限公司(华博集团)	南京迈特望科技有限公司
江苏海隆软件技术有限公司	南京南瑞继保电气有限公司
江苏猎宝网络科技有限公司	南京普天通信股份有限公司
江苏摩尔信息技术有限公司	南京擎天科技有限公司
江苏软件园科技发展有限公司	南京软通动力信息技术服务有限公司
江苏润和软件股份有限公司	南京软智科技有限公司
江苏省交通规划设计院股份有限公司	南京瑞科翻译有限公司
江苏省视讯传媒有限公司	南京睿恒智晟软件科技有限公司
江苏省舜禹信息技术有限公司	南京市艾瑞职业培训
江苏省通信服务有限公司	南京市测绘勘察研究院有限公司
江苏省邮电规划设计院有限责任公司	南京市外事服务有限公司
江苏苏微软件人才培训中心	南京市优壹职业培训学校(网博)
江苏外企人力资源服务有限公司	南京首屏商擎网络技术有限公司
江苏万和计算机培训中心	南京苏慧信息技术有限公司
江苏纬信工程咨询有限公司	南京腾楷网络股份有限公司
江苏享佳健康科技股份有限公司	南京文思海辉信息技术有限公司
江苏原力电脑动画制作有限公司	南京西普水泥工程集团有限公司
江苏中江信息技术培训学校	南京欣网视讯通信科技有限公司
江苏中虑律师事务所	南京新迪杰软件科技有限公司
凯易讯网络技术开发(南京)有限公司	南京新华电脑专修学院
联迪恒星(南京)信息系统有限公司	南京药石药物研发有限公司
南京贝龙通信科技有限公司	南京永创教育培训中心
南京波波魔火信息技术有限公司	南京中北友好国际旅行社有限公司
南京博兰得电子科技有限公司	南京中北友好国际旅行社有限公司
南京从一医药科技有限公司	南京中图数码科技有限公司
南京东软系统集成有限公司	南京中兴软创科技股份有限公司
南京烽火星空通信发展有限公司	南京中兴软件有限责任公司
南京富士通南大软件技术有限公司	三江学院计算机科学与工程学院
南京格安信息系统有限责任公司	三星电子(中国)研发中心
南京国图信息产业股份有限公司	亚信科技(南京)有限公司
南京皓都信息科技有限公司	英华达(南京)科技有限公司
南京合荣欣业信息技术有限公司	中博信息技术研究院有限公司
南京华苏科技股份有限公司	南京金斯瑞生物科技有限公司

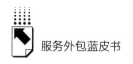

三 南京市服务外包企业简介

（一）江苏润和软件股份有限公司

1. 公司简介

江苏润和软件股份有限公司（以下简称"润和"）成立于2006年，专注为国内外客户提供高精端软件产品与信息技术服务，其总部设在南京，在北京、上海、东京、波士顿等地均设有子公司，因此具有全球软件交付能力。其产品包括"智能终端嵌入式软件及产品""供应链管理软件""金融信息化服务""智能电网信息化软件"等，以解决方案为基础，延伸到咨询、设计、开发、测试、维护等软件全周期业务，其客户来自多个行业，包括制造、零售、移动应用、金融服务、电力能源、公用事业等。多年的经验与口碑使润和成为业内标杆企业，成为高端软件提供商。润和已成为信息技术服务国家标准工作组（ITSS）全权成员单位、中国电子工业标准化技术协会信息技术服务分会理事单位，通过了CMMI L3、ISO 9001、ISO 27001、系统集成三级等多项资质认证，还获得了国家规划布局重点软件企业、江苏省技术先进型服务企业、江苏省服务外包重点企业、江苏省高新技术企业和中国服务外包成长型企业等多项荣誉。

2. 服务内容

软件设计开发与维护、独立软件测试、软件实施、信息化咨询规划、IT运维、离岸开发/质量中心。

3. 发展历程

2006年，江苏润和软件股份有限公司成立。

2007年，通过ISO 9001、CMMI L3资质认证。

2008年，成为国家规划布局内重点软件企业；东京润和成立。

2009年，通过ISO 27001国际信息安全认证；成为信息技术服务国家标准工作组全权成员单位。

2010年，国家规划布局内重点软件企业；新加坡润和与波士顿润和成立；润和数码成立；并购美国SRS2、香港SRS2以及上海丝略公司。

2011年，入选福布斯"2011中国潜力企业榜"。

2012 年，成功登陆深交所创业板；西安润和成立。

2013 年，入选福布斯"2013 中国最具潜力上市企业榜"；北京润和成立；收购并增资江苏开拓。

2014 年，入选福布斯"中国最具潜力中小企业榜"上市企业百强；上海润和成立；金融事业本部成立；收购北京捷科智诚。

2014 年，中国服务外包领军企业。

4. 资质与荣誉

（1）CMMI L3 软件能力成熟度认证；

（2）ISO 9001 质量管理体系认证；

（3）ISO 27001 信息安全体系认证；

（4）计算机信息系统集成三级资质；

（5）增值电信业务经营许可；

（6）网络文化经营许可；

（7）AAA 级资信企业；

（8）信息技术服务国家标准工作组（ITSS）全权成员单位；

（9）中国电子工业标准化技术协会信息技术服务分会理事单位；

（10）国家规划布局内重点软件企业；

（11）中国服务外包成长型企业；

（12）福布斯中国上市潜力企业榜20 强；

（13）商务部重点联系服务外包企业；

（14）工业与信息化融合示范单位；

（15）中国（南京）软件谷最具成长性软件企业；

（16）江苏省规划布局内重点软件企业；

（17）2014 中国软件和信息服务风云企业。

5. 案例分析

2014 年 6 月，国家主席习近平会见刚果共和国总统时强调了两国的合作共赢关系，推动中非形成新的战略伙伴关系。在此背景下，某国有银行看准时机，快速启动在刚果建立合资银行。作为该国有银行在刚果共和国的第一家分行，其信息系统的成功建立至关重要。润和金融事业部团队凭借公司强大的实力和细致入微的准备，经过为期一个多月的谈判，最终赢得竞争，拿下合作协

服务外包蓝皮书

议。这份协议是润和金融业务的第一份海外合同，标志着润和金融核心系统从此走出国门、迈向世界。

（二）南京擎天科技有限公司

1. 公司简介

南京擎天科技有限公司（以下简称"南京擎天"）创立于 1999 年，集团总部设在南京国家高新开发区，已在北京、苏州、上海、青岛，以及英国设立分支机构。作为第一家登陆英国资本市场的国内软件企业，其早在 2006 年就已经在伦敦交易所挂牌上市。公司作为中国领先的应用软件产品及解决方案供货商，主要专注于在江苏省开展业务，其业务包括开发及推广出口退税软件及相关服务、碳管理解决方案、电子政务解决方案、信息集成软件以及系统集成解决方案，致力于提高中国政府机构的行政流程以及企业的业务管理效率。

南京擎天是江苏省出口退税软件领域的领先企业，2010～2012 年是江苏省出口退税软件的唯一供货商。在电子政务解决方案领域，南京擎天 2010～2012 年的市场份额名列江苏省第一。同时，南京擎天也是江苏省电子碳管理解决方案的唯一供货商。南京擎天一直是国家规划布局内重点软件企业，承担了众多国家级项目，包括"国家核高基重大专项""国家现代服务业发展专项""国家信息安全专项""国家创新基金项目""国家重点火炬计划"等，此外，其诸多产品被列为"国家重点新产品""中国优秀软件奖""省市优秀软件产品奖""省市科学技术进步奖"等。

南京擎天如今已经形成了以信息安全及工具软件业务群（SUG）、数字通信业务群（DCG）、办公软件及电子政务业务群（OAG）、出口退税业务软件四大业务为核心的布局，数字语音处理技术、网络数据分析与还原技术、通信协议解析技术均处于世界领先水平，营销网络已经遍布国内和部分海外地区、产品与服务覆盖政府、部队、公安、税务及进出口型企业。截至目前，约有 10 万客户在使用南京擎天的产品，南京擎天也由此获得业内广泛好评。公司被评为中国软件业脊梁企业、高新技术企业、中国软件创新能力 20 强企业、中国软件业务收入百强企业、国家商务部重点支持的"软件出口工程（COSEP）企业"等。

098

2. 服务内容

（1）解决方案：司法、行政一体化解决方案；行业解决方案；低碳规划与咨询服务；税务行业云平台解决方案等。

（2）应用解决方案：政府重大项目管理解决方案；政务督察系统解决方案；信息报送与采编解决方案；擎天网站建设整体解决方案；外包服务解决方案等。

（3）产品：数字通信；电子政务；系统集成；税务信息化。

（4）服务：IT咨询服务；系统实施服务；技术咨询服务；培训指导服务；产品售后服务。

3. 发展历程

1998年，南京擎天科技成立。

2001年，研发出口退税管理系统、推出客户端ETM System One。

2002年，推出首个信息集成软件产品——天商2000。

2006年，前控股公司 Sinosoft U. K. 获授 CMMI Level 3。

2007年，取得计算机信息系统集成二级资质；取得 ISO 9001：2000 认证；入选江苏省国际服务外包重点企业。

2008年，取得 ISO/IEC 27001：2005 认证。

2009年，荣获"中国软件产业脊梁企业"。

2011年，阿里巴巴入股25%，成为策略性投资者。

2013年，成为国家规划布局内重点软件企业；擎天科技在香港联交所主板上市。

2014年，与中节能签订合作协议。

4. 资质与荣誉

（1）ISO 9001 质量管理体系认证；

（2）国际软件成熟度模型集成五级认证；

（3）ISO 27001 信息安全认证；

（4）国家规划布局内重点软件企业；

（5）中国软件业脊梁企业；

（6）中国软件业务收入百强企业；

（7）中国软件创新能力20强企业；

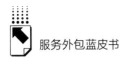
（8）国家信息技术服务标准工作组成员单位；

（9）国家商务部重点支持的"软件出口工程（COSEP）企业"。

5. 案例分析

2001 年，南京擎天为江苏省税务局研发出口退税管理系统并推出客户端出口退税申报软件 ETM System One；2009 年进行南京图书馆信息集成项目；2010～2012 年，南京擎天是江苏省出口退税软件的唯一供货商，南京擎天也是江苏省电子碳管理解决方案的唯一供货商；2012 年承建的武汉市纪委监察局廉政信息管理系统获得"湖北省 2011 年度全省纪检监察工作创新奖"；2013 年 11 月，国家统计局与南京擎天在北京签约《大数据战略合作框架协议》。南京擎天一直是国家规划布局内重点软件企业，承担了众多国家级项目，包括"国家核高基重大专项""国家现代服务业发展专项""国家信息安全专项""国家创新基金项目""国家重点火炬计划"等。此外，其诸多产品被列为"国家重点新产品""中国优秀软件奖""省市优秀软件产品奖""省市科学技术进步奖"等。

南京擎天所获成就不仅对其他企业是一个启示，也体现了南京擎天卓越的产品功能和专业技术水平。有实力又有良好合作关系是该公司长久发展之道。

（三）南京中图数码科技有限公司

1. 公司简介

南京中图数码科技有限公司（以下简称"中图"）成立于 2004 年，总部设在南京，已在成都、西安成立分公司。中图从建立之初就明确其定位："专注于客户的非核心业务，不做工程公司也不做设计院，以提高客户效率、缩短项目工期、降低工程成本、提升客户市场应变能力以及降低客户运营风险为目标，把中图建设成国际化的工程技术服务供应商"。作为一家国际性的提供工程技术服务的公司，中图以灵活快捷的数字化工程技术解决方案为客户提供高附加值的专业技术服务。

中图的特殊之处在于，始终针对客户的非核心业务提供专业的服务，让客户可以专注于核心业务的发展，而中图作为客户的供应商，能够成为客户的长期合作伙伴。截至目前，中图已为国内外数百家大中型工程公司和设计院提供过专业的服务和解决方案，其提供服务的客户遍及石油、电力、海洋、化工、制药、市政、环保、矿山等多个行业，并在业内享有优良的品牌声誉。

2. 服务内容

（1）解决方案

数字化工程设计解决方案；数字化工厂运营解决方案；数字化工程交付解决方案；数字化市政环保解决方案等。

（2）技术服务

三维管道的设计服务；工艺工程的设计服务；工厂静设备的设计服务；智能仪表的设计服务；智能电气的设计服务；工厂结构的设计服务。

3. 发展历程

2004年，南京中图数码科技有限公司成立。

2007年，荣获江苏省"国际服务外包重点企业"称号。

2008年，成为南京市服务外包理事会理事单位。

2009年，获得南京市信息化和工业化融合示范企业称号。

2011年，通过ISO 9001质量管理体系认证。

2012年，成为中国石油和化工勘察设计协会会员；挂牌江苏省国际服务外包人才培训基地。

（四）南京富士通南大软件技术有限公司

1. 公司简介

南京富士通南大软件技术有限公司（Fujitsu Nanda Software Technology, Co., Ltd, 以下简称"FNST"）成立于1999年，总部设在南京，同时在中国江阴与日本新横滨设有分公司，注册资金为123万美元，其中78.9%来自日本富士通株式会社，其余21.1%来自南京大学。截至2015年1月末，FNST公司拥有正式员工1125名，平均年龄不到27岁。

富士通是国际著名的IT解决方案和服务提供商，其与南京大学合资成立的FNST是富士通软件事业集团在中国的系统和基础软件研发中心，FNST拥有被世界认可的Linux开发专业团队及高端的嵌入式开发技术。其业务主要为云计算系统软件和平台软件的开发、富士通中间件的研发、嵌入式软件的研发等，其开发的车载系统已广泛应用于江苏、广州、陕西、内蒙古、黑龙江等地的多家物流企业。

FNST 作为软件技术公司中的领军企业，十分重视人才的保有及培养，公司已拥有众多在 Linux Maintainer、OSS Maintainer 等方面的精英，同时为员工提供良好的职业发展规划及晋升平台。此外，FNST 为员工提供业内高水平的薪资待遇以及优厚的员工福利。

2. 服务内容

FNST 主要开发服务器平台的系统软件，负责其所支撑软件的开发维护工作。具体包括 Linux 大型服务器平台；服务器硬件设备验证；服务器中间件，如 SystemWalker、intestage、Symfoware 的本地化以及国内的技术支持；嵌入式软件，如携带设备上的中文输入法、嵌入式操作系统 COS－X、车载软件、MPEG4 编解码等；系统与应用软件，如印刷电路板设计软件（Emagine）、软件编译与静态检测软件（PGRelief）、服务器系统远程运行及维护软件（SIRMS）、软件开发过程集成管理框架（SPIF）等。

3. 资质与荣誉

（1）信息安全管理体系 ISO 27001 认证；

（2）环境管理体系 ISO 14001 认证；

（3）软件企业产品成熟度 5 级认证（CMMI5 级）；

（4）国家规划布局内的重点软件企业；

（5）中国软件出口工程（COSEP）示范企业；

（6）江苏省国际服务外包重点企业；

（7）2014 年中国服务外包成长型企业。

（五）南京合荣欣业信息技术有限公司

1. 公司简介

南京合荣欣业信息技术有限公司总部位于江苏省南京市的江宁国家级经济技术开发区，建设有设施完善的软件研发和服务外包基地。总部设有软件工程技术研究中心、产品研发中心、客户服务中心、职业培训中心以及 IT 服务备件与技术支持中心，其分支机构遍布全国 70 多个大中城市，致力于服务国内商业银行客户。

合荣欣业信息技术有限公司（以下简称"合荣欣业"）提供各种各样的服务，包括软件与系统集成、IT 解决方案、ITO 与 BPO 服务、业务咨询与顾问等，已与国内多家大型银行建立业务关系，协助银行业务发展，让金融服务的运营更可靠、内容更丰富、渠道更便捷。作为国家高新技术企业与江苏省规划布局内重点软件企业，合荣欣业的"xBANK 易交易"系列软件产品是支撑自助银行业务处理、业务管理、业务监控、服务增值以及设备端软件跨平台统一的最佳 IT 解决方案。以"xBANK 易柜通"柜面系统为核心的柜面渠道 IT 解决方案，使"流程银行"建设的业务与技术需求得到了全面的满足，使银行的核心竞争力得以提高。

2. 服务内容

（1）IT 解决方案

银行柜面渠道的 IT 解决方案；自助银行渠道的 IT 解决方案；自助银行外包服务的解决方案；网点转型之快窗产品应用的解决方案；易交易云 ATMP 解决方案等。

（2）ITO 与 BPO 服务

银行软件开发的服务外包；自助银行的服务外包；现金清分整点的服务外包等。

（3）软件与系统集成

自助银行集成；易柜通柜面系统软件（xBANKTeller）；业务集中处理的中心系统（xBANKCenter）；智能排队系统（xBANKQue）；POS 前置系统；易交易多厂商自助设备的客户端系统（xBANKTerm）等。

3. 资质与荣誉

（1）质量管理体系 ISO 9001 认证；

（2）软件过程管理体系 CMMI3 级认证；

（3）国家高新技术企业资质认证；

（4）国家计算机系统集成三级资质；

（5）"现金管理与自助银行运营管理服务"经营许可；

（6）中国国际金融（银行）技术暨设备展览会优秀解决方案奖；

（7）首届"泛珠"区域优秀金融自助系统解决方案奖；

（8）十大金融科技企业创新奖；

（9）第七届江苏省优秀软件产品奖（金慧奖）；

（10）2010 年度中国信息化行业金钥匙优秀解决方案奖；

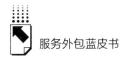

（11）2011 年中国服务外包成长型企业 100 强；

（12）2014 年全球最佳服务外包供应商中国 30 强；

（13）2014 年中国服务外包成长型企业 100 强；

（14）2014 年全球最佳服务外包供应商中国 15 强。

（六）南京金斯瑞生物科技有限公司

1. 公司简介

南京金斯瑞生物科技有限公司成立于 2002 年，是我国规模较大的生物医药研发外包服务企业（CRO）。公司总部坐落于美国新泽西州，分公司遍布中国、日本、欧洲诸国，我国南京金斯瑞生物科技有限公司便是分公司之一。金斯瑞致力于为全球科研机构提供最优质的研究服务，包括基因合成服务、生物研究和新药研发的技术服务，帮助科研人员加速合成生物学的研究与发展。

南京金斯瑞生物科技有限公司（以下简称"南京金斯瑞"）位于南京江宁高新技术开发区内，其注册资金高达 1 亿美元，拥有 74322 平方米的研发生产中心、员工 1300 余人、十多个生产部门。公司员工中 60% 具有本科学历、22% 具有硕士及以上学历、8% 是海外归国人才，其中多名专家具有丰富的服务和管理经验，并在相关领域内成果丰硕。

南京金斯瑞的管理体系通过了 ISO 9001：2008 认证，产品已经达到 cGMP 水平，且通过了 AAALAC 及 OLAW 认证。同时，南京金斯瑞针对不同的客户提供不同的商业合作模式，包括定向全时制模式、项目模式、战略合作联盟模式，且保证每一位客户资料的绝对安全。

2. 服务内容

（1）生物研究试剂服务

包括蛋白服务、分子生物学服务、多肽服务、细胞建立服务、抗体服务等。

（2）新药筛选服务

包括筛选模型构建、高通量筛选、抗体特性鉴定和特异性分析等。

（3）生物工程服务

包括稳定细胞系构建、顺转表达、生物工程工艺研发等。

（4）抗体药物研发

抗体人源化、抗体测序、抗体亲和力成熟、生物标志物研发、抗原表位绘图。

3. 发展历程

2004 年，金斯瑞中国分公司成立。

2008 年，金斯瑞成为美国最大的基因合成供应商。

2009 年，金斯瑞成为中国最大的生物医药 CRO 公司；金斯瑞成为世界最大的生物 CRO 公司。

2011 年，金斯瑞推出模式动物生产线。

2012 年，金斯瑞南京江宁研发生产基地正式启用。

4. 资质与荣誉

（1）金斯瑞动物设施获得 AAALAC 认证；

（2）通过 ISO 9001：2008 质量认证；

（3）获得 OLAW 批准的动物福利保证；

（4）获得第十届中国企业"未来之星"称号；

（5）技术先进型服务企业；

（6）合同研究组织（CRO）领袖奖（由 Life Science Leader 颁发）；

（7）2014 年中国服务外包百强成长型企业。

5. 案例分析

（1）金斯瑞快速基因合成助力 Novavax 28 天研发 H7N9 疫苗

2013 年，金斯瑞助力生物制药公司诺瓦瓦克斯（Novavax，Inc.）研发禽流感（H7N9）候选疫苗，在短短 6 个工作日内合成了 3 个含有编码关键疫苗蛋白的基因质粒。2013 年 5 月 10 日，Novavax 宣布仅用 28 天研制出了候选疫苗，并同期进入临床前试验。

Novavax H7N9 候选疫苗开发中使用的 3 个基因由金斯瑞利用快速基因合成服务合成，该服务最短能在 4 个工作日内合成客户定制的基因。金斯瑞还免费提供基因序列优化服务，由此可提高疫苗和蛋白生物制剂的产量。金斯瑞提供的一站式服务平台——基因优化、快速基因合成和定制克隆能极大地节省质粒构建时间，加快研发进程。

（2）金斯瑞胜诉金唯智，获赔千万美元

2014 年 12 月，美国金斯瑞生物科技有限公司及其关联公司（以下简称

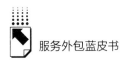

"金斯瑞")在针对美国金唯智生物科技有限公司及其关联公司（以下简称"金唯智"）的商业秘密诉讼中取胜。

基因合成技术是 DNA 技术领域的一项关键技术，多年来一直是金斯瑞的核心业务，目前金斯瑞已发展为基因合成技术领域全球最大的供应商，陪审团裁定，金唯智公司窃取并使用了金斯瑞公司的技术秘密，并授予金斯瑞超过千万美元的赔偿。

这个案例对于金斯瑞来说，是一个重大的胜利，是技术公司利用法律武器维护自身利益的典型案例。同时它也警告：商业秘密作为受法律保护的公司重要的资产之一，不能以不当手段获取。

杭州市服务外包企业发展综述

一 杭州市服务外包发展概况

杭州市是浙江省的省会城市，是浙江省的行政、经济、科教和文化中心，也是长三角中心城市之一。杭州有着悠久的历史，已有2200多年的建城史。它是五代吴越国以及南宋王朝两代的建都地，也是中国七大古都之一。杭州市有两个国家级自然保护区、两个国家级风景名胜区、四个国家森林公园、一个国家级旅游度假区和全国首个国家级湿地，这也使杭州成为世界著名的旅游城市。此外，杭州还有14个全国重点文物保护单位和5个国家级博物馆。

（一）总体情况

杭州是一个经济强市。2014年，杭州的地区生产总值为9201.16亿元，相比2013年增长8.2%，2014年财政收入首次突破1000亿元，居全国大中城市前列。

杭州十分重视知识技术产业的发展，浙江省80%以上的高等院校和科研机构集中于此，杭州拥有浙江大学、中国美院等38所高等院校，凭借其高端人才聚集和知识科技力量雄厚的优势成为国家软件产业基地、国家版权保护示范城市、国家动画产业基地、国家知识产权保护示范城市、国家数字娱乐示范产业基地和国家软件出口创新基地。

中国目前共有服务外包示范城市21个，杭州是其中之一。面对经济新常态，杭州市努力转变经济发展方式，大力发展服务外包产业，为打造"世界办公室"、增大离岸规模所做的各项工作和取得的各项成绩卓著。杭州市在服务外包产业方面迅速发展，稳步前进，逐渐向国内一流、国际知名的服务外包示范城市推进。

2014 年，杭州市服务外包合同总签约额约为 85 亿美元，服务外包合同执行总额约为 57 亿美元。离岸服务外包在其中占据了很大比重，离岸服务外包合同签约额为 54 亿美元，离岸服务外包合同执行额为 41 亿美元，同比增长 15%，顺利完成该年度计划任务。到 2014 年底，在商务部服务外包业务管理系统备案的企业有 1000 多家，从事服务外包的人员约达 31 万人。

2014 年浙江省服务贸易进出口总额为 380.96 亿美元，杭州市服务贸易额占浙江省服务贸易总额的 35.56%。杭州市服务贸易出口额占该市进出口总额的 62.86%；进口额占 37.14%。2015 年，全省服务贸易整体发展平稳，实现进出口总额为 442.16 亿美元（约合人民币 2747.84 亿元），同比增长 16.05%（17.39%），其中，出口额为 284.58 亿美元（约合人民币 1761.90 亿元），同比增长 16.48%（17.38%），进口额为 157.58 亿美元（约合人民币 976.71 亿元），同比增长 15.28%（16.30%）。2015 年杭州市服务贸易总额占全省外贸总额的 11.31%，同比提高 1.62 个百分点。

其外包产业的运行特点如下。

（1）产业规模不断扩大。杭州市 2014 年离岸服务外包合同执行额首次突破 40 亿美元，高达 41 亿美元，占浙江省服务外包合同执行总额的 72.63%，位居全省第一。

（2）产业质量日益提升。杭州服务外包产业业务着力于高附加值的软件研发，近年来产业创新能力不断增强，服务质量稳步提升。

（3）行业领域集聚。杭州服务外包产业中，通信服务、物联网研发和金融外包独具特色。2014 年杭州离岸服务外包合同执行额为 41 亿美元，其中，物联网研发和通信服务共占全市离岸总执行额的 35%，金融服务外包离岸执行额占全市离岸执行总额的 5%。

（4）大型企业离岸执行额比重高。2014 年，杭州市离岸执行额达 41 亿美元，这一数值在千万美元以上企业的离岸执行额占全市总额的 83.68%。有 4 家企业的离岸执行额在 1 亿美元以上，有 8 家企业的离岸执行额在 5000 万美元到 1 亿美元之间。

（5）美国、日本和欧盟是杭州承接国际服务的主要发包市场。2014 年，杭州承接美、日、欧的离岸服务外包执行总额为 24.91 亿美元，占离岸执行总额的 60.77%。

（6）"一带一路"沿线的主要国家服务外包合作获得深化发展。在"一带一路"战略的推动下，2014 年，杭州承接"一带一路"沿线国家和地区服务外包合同执行额比离岸服务外包整体增长率高 3.4 个百分点。

2014 年杭州市工作内容主要包括以下几点。

（1）做好服务贸易工作。为适应服务贸易产业发展需求，将服务出口和文化产品作为突破口，对全市文化产品和服务出口情况开展深入的调研，并随后出台了《关于加快文化产品和服务出口的实施意见》，推动杭州文化产品和服务出口，致力于使杭州文化贸易走在全国前列，并坚持做好服务贸易统计月报和监测点分析工作，在全省服务贸易工作考评中获一等奖。

（2）调整和修改服务外包考评办法。2014 年，杭州根据各区县意见和 2013 年服务外包综合考评实际情况，考虑到 2014 年杭州发展服务外包的方向，对杭州市服务外包考评办法进行了调整和修订。

（3）主办第六届中国国际服务外包交易博览会。杭州于 2014 年 9 月 25～26 日主办第六届中国国际服务外包交易博览会。第六届服博会注重提升全球服务外包行业论坛关注度、创新商务活动形式、提高买家和服务供应商匹配度、关注并开发本土买家市场、丰富展览内容。来自国家部委和 21 个服务外包示范城市商务主管部门的领导，以及国内外买家、行业专家、服务供应商代表共计 800 余人参加会议。

（4）加快推进金融服务外包发展。根据"杭改十条"关于加快发展金融服务外包、推进区域性金融服务中心建设的要求，积极构建金融外包招引平台，向客户提供专业的金融信息服务。

（5）实施绩效管理。在杭州市财政局的配合下，由第三方会计师事务所对 2010～2013 年四年服务外包专项资金的使用、服务外包扶持政策的效果进行全面的绩效评估，获得 95.86 分的成绩，被评价为优秀。

（6）组织企业开拓国际、国内市场。杭州市积极组织企业参加京交会、上交会和软交会。其中，在第三届京交会上，杭州市通过浙大网新软件园等 5 家服务外包园区展示了自己在服务外包方面取得的骄人成绩。

（7）组织企业兑现各级财税政策。2014 年以来，组织企业、培训机构申报中央和市有关奖励政策，共兑现奖励资金 4173 万余元。

（8）加快搭建服务外包人才交流平台。2014 年 8 月 5 日到 8 日，"2014 年

（第二届）中国大学生软件服务外包大赛"在杭州举行。4 月 28 日，第二届"发现杯"全国大学生软件设计大奖赛总决赛在杭州经济技术开发区服务外包大楼隆重举行。

（9）注重品牌宣传塑造城市形象。加强与《服务外包》杂志的合作，实现杭州服务外包产业发展宣传。继续与杭师大合作出版《杭州服务外包》杂志。与中国国际投资促进会和中国服务外包研究中心进行积极的沟通，努力准确、全面地展示杭州市服务外包产业在国内服务外包市场上的发展情况。

（10）成立国际服务贸易协会。杭州国际服务贸易协会于 2014 年 6 月 13 日经民政部门批准正式成立。

（二）企业列表

杭州市开发区的服务外包企业外包类型基本覆盖三个大类：BPO、ITO 和 KPO，相关服务外包企业已成为国内同类企业中的佼佼者。典型企业如表 1 所示。

表 1　杭州市服务外包典型企业

企业名称	企业名称
杭州中肽生化有限公司	东芝信息机器(杭州)有限公司
艾博生物医药杭州有限公司	杭州士兰集成电路有限公司
杭州绅和信息系统运营维护有限公司	品智网络科技(杭州)有限公司
杭州松下家用电器有限公司	浙江浙大网新科技股份有限公司
会达服务外包(杭州)有限公司	杭州银钻金融服务外包有限公司
杭州绿野服务外包有限公司	杭州中瑞福凯金融服务外包有限公司
杭州隆廷金融服务外包有限公司	杭州韦柏网络有限公司
杭州通澜金融服务外包有限公司	杭州乾沣金融服务外包有限公司
杭州玄微子金融服务外包有限公司	杭州群锦金融服务外包有限公司
杭州同帆科技有限公司	杭州宏嘉金融服务外包有限公司
杭州令得清金融服务外包有限公司	杭州石头金融服务外包有限公司
杭州诚兑金融服务外包有限公司	橙天(杭州)金融服务外包有限公司
杭州欣信金融服务外包有限公司	杭州钱塘金融有限公司
杭州丰联金融服务外包集团有限公司	杭州元畴科技有限公司
杭州仁和泰润服务外包有限公司	杭州仁本人力资源有限公司
杭州宜投金融服务外包有限公司	杭州全速网络技术有限公司
杭州银信金融服务外包有限公司	杭州搜钱金融服务外包有限公司

企业名称	企业名称
杭州九桥金融服务外包有限公司	杭州双展科技有限公司
杭州佰奕金融服务外包有限公司	一抹绿网络杭州优化公司
杭州政通服务外包有限公司	杭州维仕金融服务有限公司
杭州东部信必优服务外包有限公司	杭州新浙金融外包服务有限公司
杭州翼牛金融服务外包有限公司	杭州领骏汽车服务有限公司
杭州国汇金融服务外包有限公司	杭州名风汽车服务有限公司

二 杭州市服务外包企业简介

（一）杭州中肽生化有限公司

1. 公司简介

杭州中肽生化有限公司是一家以研究、开发和生产多肽类医药产品和医药中间体为主的外商独资企业。公司成立于 2001 年 8 月，位于杭州经济技术开发区新药港内。厂房占地面积 20 亩，有公司科研大楼、多肽及相关产品的生产车间。

公司建立了一整套现代化的多肽制备管理体系，对从原料采购到产品生产的各个环节进行总体调控和质量跟踪。公司配备了国际先进的多肽合成仪、高压液相色谱仪、质谱仪等进口制备和分析仪器，企业中直接从事产品研究开发的技术人员占半数以上，员工最低学历为大学本科，还拥有多名具有资深专业背景的博士和硕士。

2. 服务内容

公司主要生产各种客户指定序列的多肽，并能大批量提供各种用于多肽药物生产的原料。截至 2004 年 4 月，公司已经合成上万种多肽产品，初步建立容量为 5000 个多样性特征的组合肽库。凭着完整的销售渠道和优质品质，公司生产和开发的各种多肽产品已经快速地影响和占领了国内外市场。目前，产品主要销往美国、日本、欧洲各地。公司与国内的各大科研机构及知名药业公

司也建立了良好的合作关系。

3. 发展历程

2001 年，中肽生化有限公司成立。

2004 年，公司多肽研发中心被评为"省级高新技术企业研究开发中心"。

2005 年，公司获得"外商投资先进企业"证书，获评年度出口企业。

2005 年，公司通过 ISO 9001：2000 质量管理体系认证。

2006 年，公司获得国家药监局 GMP 认证。

2007 年，诊断试剂分部成立。

2008 年，公司获得医疗器械生产许可证。

2009 年，公司通过 ISO 13485：2003 质量管理体系认证，并成立博士后工作站。

2009 年，产品醋酸亮丙瑞林获得国家药监局颁发新药证书和 GMP 生产批件。

2010 年，公司通过 ISO 27001：2005 信息安全认证。

2010 年，公司荣获"杭州市技术先进型服务企业"。

2010 年，公司荣获"杭州市服务外包成长前十企业"称号。

截至 2010 年底，公司共获得发明专利授权 3 项；受理发明专利 6 项；实用新型授权专利 3 项，新药证书 2 项，医疗器械证书 2 项；承担省部级项目 3 项；获得省市科技奖励 5 项。

2011～2012 年，公司先后两次以零缺陷通过了美国 FDA 审查。

2012 年，公司 GMP 生产大楼新建工程动工。

2012 年，礼来亚洲基金成为公司的战略投资伙伴。

4. 资质与荣誉

公司自主研究开发并申请专利的"高通量医药多肽的合成技术"已达到世界先进水平，被国家科技部列为 2002 年度"科技型中小企业技术创新基金"项目。另外，公司的"复合多肽系列药物"技术已在 2002 年 5 月被杭州市科委认定为高新技术成果。2003 年，公司被评定为浙江省高新技术企业，系列多肽产品被评定为浙江省高新技术产品。

（二）浙大网新科技股份有限公司

1. 公司简介

浙江浙大网新科技股份有限公司（以下简称"浙大网新"）确立的远景目

标是"打造软件与网络业航母"，是依托浙江大学综合应用学科优势由浙大网新集团有限公司控股组建的高科技软件产业公司。

浙大网新拥有日、美两个软件外包市场上的稳定的高端客户，并且浙大网新在软件出口产业链中处于上游。公司与多个大型世界级外企进行战略合作，与日本日立和美国道富进行战略投资合作，并同微软公司签署了谅解备忘录，双方成为全球战略合作伙伴，在人才培训、技术支持、软件外包和未来战略投资等多个领域逐步展开全面合作。浙大网新的4个核心业务——IT应用服务、移动数字娱乐、软件出口和机电总包，在业内广受好评。

浙大网新以"创新、健康、睿智"为理念，与世界十多家知名企业建立了战略合资、合作关系，在IT应用服务和软件出口方面已经位居国内前列。

浙大网新的战略决策层中有多名硕士、博士，以及1位院士；基层员工80%以上为大学本科及以上学历，有75%的人员从事科研和销售。在从事技术服务与研发的员工中，具有中高级技术职称的有1200余人，获得各类认证工程师资格的员工有700多人。员工的高学历背景为公司的发展提供了极好的人才保障。

2. 服务内容

浙大网新的经营范围包括咨询服务、IT服务、服务外包、培训服务。咨询服务主要是浙大网新针对行业变革趋势，帮助企业和组织梳理IT战略、业务流程与数据信息及管理需求，提供管理模式设计、业务流程重组、信息化解决方案设计与管理软件系统实施应用等服务，以支持各类企业和组织的业务发展需求；IT服务是指浙大网新以自身的信息处理能力配合相关渠道，整合高科技，向客户提供信息服务和其他相关技术服务；服务外包和培训服务包括应用软件的开发和维护、软件系统集成以及大学生培训和其他人才培训服务。

3. 发展经历

2001年，浙大网新信息控股有限公司组建。

2002年，网新科技第三届董事会第14次会议召开。

2002年10月12日，浙大网新"网络创新应用"战略在深圳第四届中国国际高新技术成果交易会上正式发布。

2003年，道富公司与网新旗下子公司——网新恒宇签订全面技术服务协议，目标是以信息技术推动全球金融业务的发展。

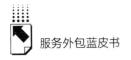
2004 年，网新机电与广东广合电力有限公司签约沙角 C 项目。

2004 年，中国电子政务 IT 百强榜名列第八。

2005 年，入选"2005 年（第 19 届）电子信息百强企业"，名列第 49。

2005 年，股权分置方案正式实施，公司简称变更为 G 网新。

2005 年，入选"2005 年中国最具竞争力上市公司百强企业"，居第 72 名。

2005 年，决定将其控股子公司浙江浙大网新恒宇软件有限公司 90% 的股权折合 408 万美元，通过股权转让协议转让给 SSIH 道富集团，在此基础上成立道富技术中心，以加强其技术储备，从而实现维护信息安全的目的。

4. 资质与荣誉

浙大网新是唯一为华尔街市场持续提供软件服务的中国企业，在全球金融软件外包领域享有美誉。以浙江大学道富技术中心为依托，浙大网新与美国道富集团建立了良好的合资、合作关系。道富集团是浙大网新的长期战略合作伙伴，在全球金融资产服务业中处于领先地位，是美国第一大公共基金公司，第一大养老基金管理和服务公司。浙大网新承担了道富集团一系列的核心业务系统开发项目，开发了面向国际市场的金融证券信息系统。

三 杭州市服务外包发展展望

杭州作为中国服务外包人才培训中心（商务部和教育部授予），是中国 21 个服务外包示范城市之一。近年来，杭州牢牢把握转变经济发展方式的战略目标，积极发展服务外包，其离岸规模及其他外包发展工作位于中国示范城市前列，并积极奋斗，努力成为国内一流、国际一流的服务外包示范城市。杭州 9 个省级服务外包示范园区的建设集中了大量的人才和设施，也把市场集聚在此。当地外包企业利用利好政策，积极整合资源，大力发展 BPO、ITO 和 KPO，逐步稳定逐步拓宽海外市场。

同时，我们也发现，杭州市实力较强的外包企业多为外资企业，它们利用当地的地理优势和劳动力成本优势建立其海外加工厂。但是，中国的劳动力成本在逐年提高，尤其是最近几年，劳动力成本的提高让很多外资撤离至其他发展中国家，这种资本外逃的现象也威胁着杭州的服务外包产业，当最重要的劳动力成本优势弱化的时候，其将面临更大的外资企业的撤资风险。所以，政府在鼓励外资投资的同时，不能忽视对当地中小外包企业的支持，鼓励更多的当地企业创新，吸纳和培养更多的技术人才，凝聚本地的资本核心竞争力，以替代原来的劳动力成本优势。此外，政府与当地企业，也需要强化本地资产注资，防止外资撤资带来的风险。

B.10
成都市服务外包企业发展综述

一　成都市服务外包发展总体概况

根据成都市商务局 2014 年的商务统计数据，2014 年成都市第三产业增加值为 5124.7 亿元，同比增长 8.6%，占全年成都市地区生产总值的 50.95%。同时，在投资方面，2014 年，成都第一产业完成投资额下降 14.2%，第二产业完成投资额下降 13.4%，只有第三产业完成投资额保持增长，完成投资 5150.9 亿元，同比增长 8.6%。由此可以看出，服务业已成为成都市经济增长的重要支柱。良好的产业发展趋势，加之政府的政策支持与投资青睐，为成都服务外包的发展奠定了良好基础。

成都是中国 2008 年以来相继批准的 21 个服务外包示范城市之一，也是中国西南部地区少有的示范城市，服务外包行业的兴起为深处内陆的成都市提供了新的发展方向，现已逐步成为成都经济的“绿色引擎”。位于成都高新区的天府软件园是中国大型专业软件园区，也是国内发展快速的服务外包基地，其自 2005 年运营以来吸引了大批国内及境外的服务外包企业，成为成都市服务外包的核心聚集区。

（一）成都市服务外包总体规模

从总体规模上看，截至 2014 年底，成都市提供服务外包业务的企业超过 1300 家，提供服务全面覆盖 ITO、BPO 和 KPO 各类服务外包业务。目前，全球服务外包商前 100 强中有 21 家在成都设有分支机构，其中前 10 强中的 IBM、埃森哲和维普斯均在成都设有研发中心。另外，中国国内的十大服务外包领军企业中也有 6 家已经进驻成都。在新兴接包企业中，成都颠峰软件有限公司、成都维纳软件有限公司、音泰斯计算机技术（成都）有限公司、成都迈思信息技术有限公司、日本兼松电子（成都）有限公司等 9 家企业脱颖而出，在 2013 年度的评选中被列为中国服务外包成长型百强企业。成都在服务外包领域已经形成了以跨国企业为风向标，以国内龙头企业为支持，本土中小企业聚集发展的行业态势。

（二）成都市服务外包业务结构

从接包业务类型来看，成都市离岸服务外包业务总量中，KPO 业务与 ITO 业务占比超过 95%，相比于 BPO 业务的市场空间，占有绝对优势。如图 1 所示，根据 2013 年成都市服务外包的行业研究报告，KPO 业务在成都市离岸外包合同金额中占比为 63.13%，不仅处于主体地位，而且增长迅速，所占比例较 2012 年增长了约 19 个百分点。另外，ITO 业务在离岸合同金额中占比为 34.15%，BPO 业务占比为 2.72%。

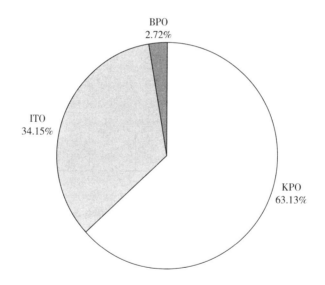

图 1 2013 年成都市服务外包离岸合同金额各类业务占比

（三）成都市服务外包行业分布

从行业分布来看，中国服务外包行业的兴起很大程度上有赖于软件及信息技术的带动作用，成都市作为示范城市很好地体现了这一点。成都市的接包业务大体可以分为八个行业，其中的信息服务业涵盖了软件、通信和游戏动漫

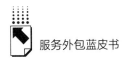

等，在市场中始终处于主体地位。金融及保险作为第二大权重行业也占有至关重要的地位，并在近年来发展迅猛。相比起来，能源、交通、医疗、政府与教育、制造、零售六大服务外包行业的市场空间相对较小。

（四）成都市服务外包市场分布

从发包方的分布来看，成都市服务外包的发包方主要集中在亚洲，如图2所示，其中来自我国港澳地区和日韩的业务增长较为明显，占比分别为7.19%和4.3%，其他亚洲市场占比为45.46%，是境外市场的主体。另外，虽然2013年来自美国及欧洲的服务外包合同占比较2012年有所下降，但仍然较高，分别为17.07%和14.47%。

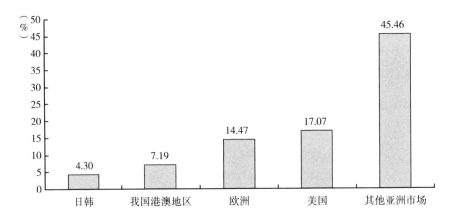

图2　2013年成都市离岸服务外包业务主要发包方市场分布

（五）成都市服务外包产业布局

从战略布局来看，成都市的服务外包行业分布遵从"一个中心，多点聚集，梯度转移"的整体结构。"一个中心"指位于成都高新区的天府软件园区，吸引了国内外250多家知名的网络通信和信息技术企业，是产业资源和高素质人才的集中区，成为成都市服务外包的核心。"多点聚集"是指除天府软件园区以外，成都市中心的五大区域——锦江区、武侯区、金牛区、青羊区和成华区，也分别利用自身的产业优势及接包业务的行业类型形成了地区内部的服务外包集中区域，加强了服务外包的聚集效应。"梯度转移"是指了为充分发挥服务外包对成都市经济和就业的带动作用，企业和政府都在积极引导部分基础性外包业务向西部郊区，如郫县、温江区和崇州市，进行有层次的转移，将市中心的产业技术优势逐步向外扩散。

二　成都市服务外包企业名录

成都市服务外包企业名录见表1。

表1　成都市服务外包行业协会理事单位及部分会员单位

理事单位	会员单位	会员单位	会员单位
音泰思计算机技术(成都)有限公司	成都聚思力信息技术有限公司	成都索智科技有限公司	成都达内科技有限公司
股瑞特(成都)科技有限公司	成都楷码信息技术有限公司	成都晟峰软件有限公司	优特力成都软件有限责任公司
成都颠峰软件集团	四川语言桥信息技术有限公司	成都中立数据科技有限公司	迈普通信技术股份有限公司
成都万创科技有限责任公司	成都骏恒信息技术有限公司	四川省天光科技实业有限责任公司	四川省凯特科技有限公司
成都维纳软件有限公司	成都创思立信科技有限责任公司	中国成达工程有限公司	勇敢软件(成都)有限公司
成都迈思信息技术有限公司	电子科大科园教育中心	联发芯软件设计(成都)有限公司	四川精锐动画有限公司
成都兴斯普数字媒体软件有限公司	成都盈风信息技术有限责任公司	成都音和娜网络服务有限公司	成都视魔数码有限公司
四川国信安职业培训学校	成都卡莱博尔信息技术有限公司	莱茵技术监督技术服务有限公司	成都飞翼数字科技有限公司
成都融微软件服务有限公司	成都风之翼动画制作有限公司	成都金山互动娱乐科技有限公司	成都天荣北软信息技术有限公司
电子科大科技创新服务有限公司	安科思软件(成都)有限公司	四川易思维软件有限公司	成都柯诺维企业管理有限公司

资料来源：成都服务外包行业协会官方网站。

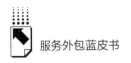

三 成都市典型服务外包企业

（一）音泰思计算机技术（成都）有限公司

1. 公司简介

音泰思（Intasect）是成都市 IT 服务行业中较为典型的成长型品牌，公司坐落于成都市高新技术开发区的科技工业园，其自 2002 年成立十余年来，通过不断发展国际合作项目，在服务外包 ITO 领域发展迅速。该公司业务主要集中于软件研发外包以及相关的信息技术研发，覆盖咨询、软件定制、方案设计、集成服务和运行维护等产业链中的多个环节，涉及金融、交通、烟草和汽车制造等众多行业。截至 2015 年，作为成都市服务外包行业协会的理事单位，音泰思已经连续 6 年入选中国服务外包成长型企业 100 强，自 2006 年起，该企业始终名列中国软件外包及出口 20 强，并在 2013～2014 年度入选国家规划布局内重点软件企业。

音泰思计算机技术有限公司的竞争优势主要体现为其国际化和稳定的客户资源。该企业的软件开发体系符合国际通用标准，另外，其取得了 ISO 27001 安全认证，信息安全管理达到世界级标准。在业务方面，经过多年的国际业务积累，其拥有稳定的发包客户，建立了长期的合作关系，这也是该企业作为成长型企业能够保持业务量稳定增长的决定性因素。音泰思坚持客户导向，将 IT 产品与客户需求进行有效结合，尊崇"踏实、拼搏、责任"的企业精神，致力于打造行业领先的 IT 服务与解决方案的供应商。

2. 企业业务分类

（1）IT 培训服务及其他服务

音泰思的培训服务与 BPO 业务是企业的拓展性业务。其培训体系依托于专业机构——成都英才软件职业技能培训学校，企业通过与学校建立合作关系，依靠自身的专业技术优势及行业经验，实现招生、培训和就业的一体化服务。企业不仅能借此丰富业务模式，更重要的是保证人才的专业化供给。另外，音泰思除了集中于 ITO 领域的业务外，在 BPO 领域也有开拓，如其为国内外制造业、金融业、交通、教育等众多领域的企业和政府机构等提供业务流程外包服务，为企业后续发展开辟了更广阔的成长空间。

（2）IT 运行维护

IT 运行维护是企业的辅助性业务。音泰思运维服务主要包括应用程序开发、定制软件的系统维护和管理、应用程序移植等。公司在传统运维服务中融入公司多年来国内外项目经验和业务知识，不断实现贴合业务、具有针对性的专业化服务，并通过服务工程师将运营和咨询价值落实到具体的运维服务过程中，增强了软件定制的质量优势。

（3）解决方案

方案设计是公司核心软件开发业务的载体，旨在基于客户的需求信息，提供从软件设计、开发、测试、实施到后期的培训、运维和业务咨询等全面的解决方案，以全面实现用户的内部信息化，提高内部信息流的效率和稳定性。此类业务主要集中于制造业、政府机构以及金融领域。

以制造业为例，音泰思可以根据职能将部门按照生产系、管理系和销售系进行划分，基于软件的开发和实施设计用户内部信息的流通模式，提供较为高效的信息化解决方案，具体如图 3 所示。

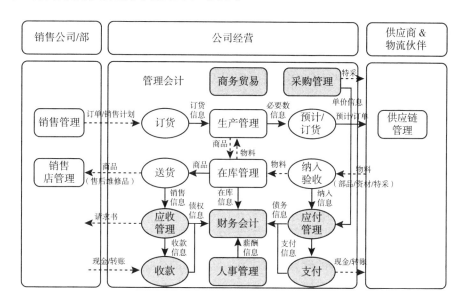

图3　制造业工厂业务流程

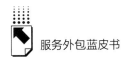

（4）软件定制开发

软件的定制开发是音泰思的核心业务，也是体现其行业竞争力的重点。音泰思以 CMMI（软件开发能力质量成熟度）体系为基准建立的技术开发体系是其产品的品质保证。公司对于品质的追求体现于 4 个方面：一是稳定性，避免程序问题导致的系统异常；二是安全性，从硬件、软件、代码等多个方面保障信息安全；三是可扩展性，便于投入使用过程中的系统维护和试用后的功能完善；四是可操作性，既能充分发挥软件系统的功效，又要兼顾客户既有的操作习惯。另外，音泰思通过多重系统估算体系保证费用预算和研发期限的准确性，保障接包业务顺利完成。

（5）IT 咨询与规划

IT 咨询与规划是音泰思的终端业务，在实施过程中引入行业权威的方法论和范式，同时结合公司多年经营的经验，帮助企业获得突破性的机构优化。在这一领域，公司的服务特点是：第一，前瞻性，注重企业未来业务的发展，保障方案的灵活性；第二，力推信息化，通过信息化提高效率；第三，统筹一致，咨询价值与软件开发业务匹配，综合组织、技术、流程；第四，可操作，基于客户实际，保障工作顺利开展。

3. 企业管理体系

（1）项目及质量管理体系

音泰思计算机技术有限公司已经取得 CMMI3 级证书，产品交付质量在国际业务中得到认可，其业务的流程管理也是基于此体系。音泰思软件的定制开发具有标准化的内部流程，分为七个阶段：项目启动、需求开发、技术解决、产品测试、验收交付、项目结算和产品维护。为了保证项目的质量与可行性，与流程相匹配的管理过程被分为项目策划、需求管理、配置管理、项目监控、质量检测、组织培训、验证确认、运维保障。

（2）信息安全管理体系

音泰思的信息管理通过了 ISO 27001 的国际安全体系认证，公司致力于建立可实施、可持续改善的信息管理体系。其架构的核心在于通过访问控制实现资产管理过程的安全和组织信息的安全。信息安全管理的重点是物理与环境安全、人力资源权限管理、通信与操作安全以及系统开发维护安全。另外，公司通过对安全事件和连续性业务的专项管理，全面保障安全目标的实现。

（3）人力资源体系

音泰思的人力资源管理以 P – CMM 的思想为基础。关键的过程可以分为人力资源规划、薪酬管理、绩效管理、能力开发和培训管理，在招聘管理中将人员定位与试用过程和考核制度充分结合，日常管理注重绩效激励与能力培养。为了规范人力系统，制定了一系列制度，包括框架管理制度、招聘管理制度、日常人事制度、福利薪酬制度、员工职业发展管理制度等。

（4）服务管理体系

音泰思的服务管理体系基于国际 IT 服务管理标准 ISO 20000，包含 5 个领域的流程管理，分别是服务实施流程、服务控制流程、信息发布流程、突发事件解决流程和业务关系流程。该体系的服务管理理念在于将管理人员与流程工具相结合，通过人员实现体系化和专业化，通过工具实现流程化和自动化。

（二）成都颠峰软件集团

1. 公司简介

颠峰软件集团（Sofmit Group）于 2002 年在中国成都创立，专注于从事软件、信息服务、业务流程的外包业务，是成都市一家拥有丰富的海外接包经验的集团型龙头公司。颠峰软件的经营以"做您最擅长的，其余的外包"为理念，业务规模较大。在规范性上，企业遵循 CMMI、ISO 9001、COPC 等国际通用规范流程，以保障外包服务的质量、进度和成本的可控性。目前，颠峰软件是商务部指定的服务外包重点企业，科技部出口试点企业，中国软件外包/出口 10 强，中国服务外包企业最佳实践 15 强。

在全球分布上，颠峰软件集团在中国拥有以成都为中心的全球交付中心和以上海花桥为中心的长三角全球交付中心。另外，颠峰软件于 2006 年和 2010 年分别在美国纽约和日本东京开设子公司和运营团队，为集团的海外业务奠定了基础。其在全球市场的发展速度迅猛，拥有大量日本和欧美发达国家的成功案例，还成功拓展了东南亚市场，业务遍及全球。颠峰软件集团在业务拓展过程中，为海内外的客户提供了多种软件和业务流程外包服务形式，如离岸开发服务、在岸开发服务和开发中心建设等。

在业务创新上，颠峰软件是行业中率先以 OBC 模式提出服务外包理念并付诸实践的公司。基于 OBC 模式，颠峰软件以"消化、吸收、再创新"的方

式，整合全球领先的产品、技术和解决方案，结合其行业经验与专业服务能力，通过各种技术手段，如云计算、物联网、移动互联等，在细分市场的智慧园区、智慧旅游、智能交通、银行金融等领域形成了七类具有知识产权的 IT 解决方案，确保了企业的竞争优势。

2. 企业业务分类

（1）ITO 业务

ITO 业务是颠峰软件集团发展最早，也是目前最核心的业务模块。凭借多年发展形成的软件技术、测试能力以及项目过程控制能力，颠峰集团的 ITO 业务充分利用成本、质量控制、市场渠道、政府资源等优势，协助全球客户快速实现目标 IT 运营战略。利用内外资源的整合，企业能够有效地实现从"软件工厂"向"整体解决方案提供商"的转变，提升企业在产业价值链中的地位。

颠峰软件的技术能力体现在开发、测试和项目管理 3 个结点上。开发过程涉及 Java 及相关技术、嵌入式开发技术、SAP 开发技术及 IBM 开发工具系列。测试环节包括软件功能测试、软件系统性能测试、软件系统压力测试和硬件测试。项目管理包括 17 个 PA 的项目过程控制、配置以及 QA 管理和项目度量管理。

在 ITO 业务流程规范性方面，颠峰软件集团正在建立以数据说话的管理规范，内部已经通过 CMMI4，正准备 CMMI5 工作。另外，在 ISO 体系方面，公司整体通过了 ISO 9001 质量体系认证，获得 ISO 27001 信息安全认证，公司支持部分员工拿到 COPC 证书。

（2）BPO 业务

BPO 业务流程外包是通过 IT 技术以及数据加工处理等 IT 服务能力，帮助客户进行业务流程再造，进而提高效率、降低成本的业务版块。颠峰软件通过多年的实践，在中、英、日文数据处理、图文数据加工、档案信息化外包服务平台、教育考试评测、人事考试处理平台和整体电子商务外包等方面具备了竞争优势，业务涉及金融、教育、医疗、政府、出版等领域，拥有稳定的海外客户。在 BPO 业务方面，颠峰软件已经形成了以解决方案为核心的竞争力，这是其未来发展的创新型增长点。

（3）ODC 业务

ODC，即离岸开发中心，是一种新型的外包服务模式。ODC 根据发包方的需求提供专门的场地和专业化团队，协助客户减少运营开支、控制成本，从而提高生产效率。颠峰软件集团在 ODC 服务方面拥有成熟的管理体系和技术团队，具备丰富的经验。

目前，其 ODC 业务可以根据不同层次、不同领域的客户的不同需求提供对应等级的标准化服务，并利用颠峰软件所特有的人力资源优势和全球化交付能力，帮助客户更快速地实现其全球化战略。

（4）OBC 业务

OBC，即离岸商业中心，是颠峰软件率先在业界发起的创新型外包模式，其通过服务外包帮助全球企业在中国创建离岸运营中心。离岸商业中心主要包括中国境内的离岸 BPO 服务中心、离岸解决方案中心和技术支持中心。

离岸 BPO 中心针对客户的业务流程进行设计，将部分流程的运转和操作转移到中国，建立起基于中国的客户服务中心或业务流程外包中心，为发包企业提供全球化服务管理。离岸解决方案中心利用颠峰软件的本地化优势和强大的营销渠道，帮助客户将先进的解决方案及产品引入中国。离岸技术支持中心凭借云计算服务和远程网络，通过设立在中国的技术团队与现场服务的配合，实现对发包企业的远程技术指导与技术培训，推进客户的 IT 管理效率。

3. 服务保障体系

（1）人力资源保障体系

颠峰软件集团具备合理的金字塔人才结构，其国际化专家团队拥有丰富的行业经验和海外工作经验，以便服务于全球的客户。在对基层人才的培养方面，集团公司有专业化的培训体系，包括 ITO 和 BPO 专业培训、定制化教育、内部人才资源库和员工国际化培训与再教育。在优秀人才引进方面，除与主流招聘渠道合作外，其同时通过猎头及行业内推荐获取优秀人才。颠峰软件也与一流大学建立了人才合作关系，吸收院校优秀人才并与高校合作研发项目。

（2）安全保障体系

首先是法律保障，颠峰软件集团在国际业务中建立了以国际法为基础的司法裁定机制，涉及敏感信息签订保密协议，合同明确规定商业秘密及 IP 相关事宜。其次是技术措施，企业对敏感数据进行多重加密保护，引进网络防火墙、VPN、加密、入侵检测及反病毒等网络安全措施，对数据库进行备份，建立容灾系统。再次是物理安全，企业通过员工保密协议及劳动合同加强员工保

密意识，并定期组织保密培训，员工的数据使用及控制权在雇佣关系终止后将全部关闭。最后，企业配备 24 小时安全警卫和监控系统，保障硬件系统安全。

（三）成都融微软件服务有限公司

1. 公司简介

成都融微软件服务有限公司（以下简称"融微软件公司"）于 2004 年成立，注册资金 300 万元，公司曾用名包括成都微软信息安全技术中心有限公司、成都微软技术中心和成都微软技术中心有限公司。其是全国首家合作技术服务机构，是根据国家发展和改革委员会于 2002 年与微软公司签署的"加强软件产业合作的谅解备忘录"精神，在省、市、区三级政府的大力支持下，成立的中国电子科技集团公司控股的下属单位。经国家发改委批准，融微软件公司于 2010 年升级为国家发改委 – 微软软件创新中心成都分中心。

作为国家首个微软技术中心，该公司在推动"区域技术中心模式"方面做出了巨大的贡献。融微软件公司的业务涵盖基于微软技术架构的咨询规划、专业培训、技术支持，基于微软平台的本地研发、定制应用开发，以及 IT 服务和解决方案的外包。

在技术方面，其借助微软技术架构和解决方案框架，辅以国家信息安全产业基地的技术资源优势，秉承"融会贯通，细致入微"的服务理念，形成了行业顶尖的研发、项目实施和项目管理团队。公司现拥有 40 多名认证专家，包括微软各类认证专家、IT 管理专家、网络与安全专家等。

通过十余年的奋斗和发展，融微软件公司造就了具有典范性质的项目和案例，在电子政务、行业应用、企业管理等领域形成了竞争优势。先后研发出众多拥有自主知识产权的软件产品，如文档护航、校园即时通、数字资产管理、教育信息化综合服务平台等，在业界引起了较大反响，是成都市具有代表性的创新型服务外包商，树立了良好的商业信誉。

2. 企业产品典范

（1）无忧安全信息管理系统

为了有效地保证军工单位涉密信息系统的安全性和日常运行，国家要求所有军工单位必须达到保密资格才能进行军工研制工作。因此，对于涉密军工单位来说，满足涉密资格成为生产环节的重中之重。融微软件为军工单位总结了一套包括六个模块的信息管理系统以满足其保密需求。

第一，信息资产台账库对保密资格标准要求中的4类台账（计算机、网络设备、安全保密产品、存储介质）的配置项进行集中管理。第二，涉密文件库用以完成对文件的强制标密、在线预览、分类下载、全文搜索、版本控制和安全审计。第三，涉密集中审批平台实现了可视化的流程审批，可对线上流程进行跟踪、监控。第四，运维管理系统可以实现事件管理、工单管理、台账管理、保密审批、配置管理、计划任务等功能。第五，信息安全集中管理系统对多种军工单位的信息操作行为和信息载体进行集中管理控制。第六，文件交换系统用以对用户之间交换过程中的涉密、非密信息进行集中管控。

（2）无忧电子交易系统

该系统是针对文化产权交易而设计的电子交易系统。经济市场的发展极大地带动了文化事业的发展，使其逐步呈现出一种产业化发展模式。我国市场化程度比较低的文化市场正处于起步阶段，很多运作机制都不是很健全，而文化产权交易所的产生，可以有效缓解政策与文化机制对文化产业发展产生的负面效应。文化产权交易所创新性地实现了文化资源与市场的对接。举例来讲，我们将数件艺术品组合成一个资产包，然后将资产包的所有权"切"成10000份，普通投资者可以通过购买"份额"，获取艺术品增值带来的投资回报，同时，这些"份额"可以在文交所的交易平台上随时流通，流通中同样可以获得"价差"带来的回报。

一方面，无忧电子交易系统提供标准化与非标准化的合约自助切换撮合算法，借此可以让文化产权交易在1对1、1对多、多对1、多对多4种典型模式下进行切换，给予市场充分的灵活性，并且密切跟进国内政策。另一方面，融微软件公司采用增量更新压缩传输的方式，使传输过程的速度高于市场平均水平。同时，系统制定了行情数据标准，为随后的多方合作做好了铺垫。可扩展多实例分布式云计算架构帮助交易系统实现了交易模块多实例同时运行并行计算的需求，同时保护已有IT投资，降低后续IT投入。

（3）无忧网络运维系统

该系统是融微软件公司为符合军工单位信息保密要求而设计的运维系统。与普通用户有所不同，由于军工单位的系统中存在大量涉密信息，为实现在网络、数据、系统等方面的运维管理需求，其运维系统必须围绕涉密信息资产进行。

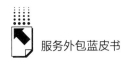

由融微软件开发的无忧网络运维系统包括 8 个组成模块，分别是信息资产库、自助服务门户、事件管理、工单管理、保密审批、计划任务管理、知识库和数据分析。信息资产库可实现对保密标准要求中的计算机、网络设备、安全保密产品、存储介质 4 类台账进行集中管理，同时支持分类及属性扩展。用户可以通过自助服务门户查询知识库，自助处理问题，也可以进行信息资产维护。事件管理模块可对相关用户提交的问题依据流程进行处理。工单管理用以实现对不同的事件进行派单，也可以通过多个派单来解决同一事件。保密审批对各类涉密信息的日常维护进行审批，并可以根据用户需要进行扩充。计划任务管理可订制针对每类或每项信息资产的维护计划。知识库可以将各种常见的问题进行整理。数据分析可提供灵活、定制化的数据分析和统计功能。

3. 服务保障体系

（1）质量保障

融微软件公司对质量的管理具有较为严格的要求，这也是其认为的最重要的服务保障要素。2006 年，融微软件公司顺利通过了 CMMI2 认证，成为成都市首批通过 CMMI 认证的企业之一。2007 年，通过 ISO 9001：2000 质量体系认证，且同年被评为成都市首批软件行业"诚信之星示范单位"。2008 年，融微软件公司通过 IT 服务管理规范 ISO 20000 - 1：2005 国际认证，是中国西部首家通过该认证的机构。2009 年公司荣获四川省首批"技术先进型服务企业"称号。

（2）安全服务体系

融微软件公司的服务理念是"深度安全，深度服务"，基于公司所提出的"安全融入应用，可信承载 IT"的发展策略。公司提倡安全性能要深入用户的业务和应用，为软件或解决方案的连续性和可拓展性服务，同时安全服务还要兼顾用户信息系统的生命周期，具备较高的匹配度。

融微软件公司提供的服务内容包括安全咨询、安全评估、风险评估、渗透测试、安全加固、漏洞扫描。公司的信息安全系统分为几个阶段，第一是准确认识信息系统的风险漏洞；第二是采取有效的安全技术措施并采购与之相匹配的产品；第三是构建合理的信息安全管理体系；第四是进行安全运行与维护，并完善应急响应机制；第五是定期进行安全加固、安全培训等。

（3）运维服务体系

融微软件公司的运维服务包括资产清册与配置服务、迁移与升级服务、远程监控、产品安装、备份与恢复、问题诊断与调优、现场补丁、特殊时日保障、应用数据配置。服务方式有驻场值守、预防性巡检、远程技术支持和应急响应。公司的运维服务优势在于丰富的经验优势、本地化响应优势、规范化管理、标准化服务、平台优势和战略伙伴提供的坚实的技术后盾。

四　成都市服务外包企业竞争力分析

服务外包作为成都市新兴的产业，逐渐成为成都市经济发展的"绿色引擎"，其发展有赖于成都在区位、资源、人力和政策等众多方面的优势和支持，同时也存在诸如企业规模、研发能力等众多阻碍因素。面对全球的外包需求，成都无论是在拓宽海外市场还是在优化自身产业结构方面都有巨大潜力，但同时也面临着国内其他城市以及境外，如印度市场的同业竞争。这里我们将采用 SWOT 分析方法来详细描述成都市服务外包的竞争力情况。

（一）成都市服务外包的发展优势

1. 优良的产业发展环境

首先，成都市在中国西部地区具备天然的区位优势，是交通及通信枢纽，为新兴产业发展提供了便利。其次，城市在打造科技中心、金融中心、商贸中心的定位设计上，为信息技术及网络科技的发展提供了良好的基础设施和市场支撑。在产业政策上，为推进服务外包产业发展，成都市政府建立了专项服务外包推进机制，从宏观层面进行产业规划，并给予相关政策支持。政府自 2007 年以来用于推动服务外包产业发展的资金每年均高于 2 亿元，支持的领域包括人才培养、税务优惠、资质认证、市场拓展等多个方面。在政府的主导下，成都天府软件园区的建立，更是吸引了众多外商投资进入，园内有近 180 家世界 500 强企业建立的分支机构，有 3 家世界排名前 10 的服务外包企业在成都建立了交付中心。

2. 人力资源优势

成都市是中国西部地区高等教育人才的集聚地，拥有高等院校共计 42 所，每年走出校园的大学毕业生超过十万人，在基础性人才的数量和质量上有充分优势。在服务外包专项人才的培养上，成都市也逐渐形成了自己的人才供应链。目前已认定的服务外包人才培训机构共计 24 所，其服务外包人才培训体

系由政府部门、职业技术学校和企业培训机构三方逐步搭建起来，其中，四川大学和电子科技大学的软件学院被列入 35 所国家级示范性软件学院行列。另外，政策层面关于高新技术产业的人才奖励计划也吸引了大批人才加入软件开发与平台设计的工作中来，成为成都服务外包行业的后备军。

3. 生产成本优势

成都市在与中国一线城市的产业竞争中具备较低的综合成本，这不仅有利于吸引更多的服务外包企业向西部地区进行产业转移，同时凭借价格优势也可以吸引更多国内和国际的业务订单。据相关机构分析，成都市服务外包行业的人力成本在中国 21 个服务外包示范城市中处于中等水平，同一线城市相比，其 IT 人员劳动力成本平均比一线城市低 30% ～ 40%。与此同时，其办公场地成本也具有优势，办公用楼和土地的租金成本明显低于一线城市。另外，成都政府为支持服务外包制定的优惠税收政策进一步降低了企业的运营成本。

（二）成都市服务外包的限制性因素

1. 高层次人才比例偏低

成都市虽然在一般性人才上具备一定优势，但外包企业在承接服务时真正的短板在于高层次人才的缺失。成都外包企业，特别是数以百计的小微软件企业，极度缺乏兼具技术背景、客户业务知识与目标市场经验的高级国际营销人才。成都服务外包行业人才的跨企业流失，甚至是跨城市、跨国界流失给企业造成了不可估量的损失。因此，企业在人才专项培养和人才引进方面需要继续加大力度，同时能否吸引并留住这些关键人才也是决定成都市服务外包行业成败的关键因素。

2. 缺乏核心竞争优势

成都市的宏观环境优势是所有企业所共享的，而在行业竞争加剧的趋势下，独特的竞争优势才是占领市场的关键。就目前的发展情况来看，成都市众多的服务外包商面临核心能力不突出的事实，不具备自主开拓新的业务渠道和维护持续性订单的能力，所提供的服务极少能够使发包企业收获技术性优势。而根据行业协会的调查，企业的服务外包需求来自 4 个方面：实施价格优势；优越的质量与维护；企业本身的技术缺陷；能够获得更高的匹配度。其中，除了价格优势，其他都要求接包企业在技术上具有核心竞争优势，这也正是成都市服务外包企业所缺乏的。

3. 国际营销能力薄弱

在国际市场中，成都市的服务外包企业还有众多领域没有涉足，原因在于，不仅缺乏业内关键人的推荐和引领，同时由于缺少重大项目的成功案例，也不具备市场号召力。在这方面，相比海外竞争者，成都市处于明显劣势。以印度为例，其外包企业通过三维式全面渗透的多种营销手段与国际发包商建立了稳定的合作关系。成都的服务外包企业如果在国际营销上没有较大进步，则交流的机会以及得到国际大额订单的机会就更加有限了。

（三）成都市服务外包发展的潜在机会

1. 大型企业的号召力与示范效应

如上文所述，目前已经有众多世界 500 强企业在成都天府科技园区建立了分支机构，其中更是有世界服务外包的龙头企业。首先，大型集团企业的进驻会在长期的发展中对中小型企业形成技术外溢，促进企业进行技术改造与升级，有利于成都本土服务外包企业实现更高层次的国际化。其次，大型企业的示范效应会吸引更多国际成功企业的产业转移，推动成都市产业的繁荣。最后，成功企业的市场号召力将弥补成都市国际营销能力薄弱的缺陷，吸引来自世界各地更多的关注，带来更大的市场需求和拓展空间。

2. 众多新兴产业的发展带动需求

服务外包不是一个独立的产业，其在于寻找最佳的资源嵌入模式，融入各行各业中去。全球服务外包业务除大量来自金融、电信及政府公共事务等成熟领域外，同时，中国雄厚的制造业基础，以及信息技术的推广将催生国内庞大的科技外包需求，其所能释放的外包潜能是非常巨大的。另外，电子商务领域、物流领域、智能医疗等新型产业的快速蓬勃发展都将是外包市场来源。近年来，成都市电子制造业、现代服务业都呈现较好的发展态势，电子政务、电子商务、医疗信息化、工业信息化等都在成都稳步推进，将为未来成都服务外包机会的扩大奠定扎实的产业基础。

（四）成都市服务外包面临的威胁

1. 外部环境的威胁

在国际业务拓展中，当发包商与接包企业处于不同的国度，即涉及离岸外

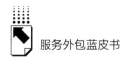

包的时候，存在多方面的威胁因素，除双方的沟通成本上升以外，还存在诸如汇率风险、人民币升值造成的劳动力成本持续上涨的风险，以及全球经济动荡的风险等。另外，国际金融危机也对外包产业造成了重大的冲击，以 2008 年金融危机为例，其致使 2009 年全球服务外包产业的总合同额下降了 22%，成都的服务外包企业也无法置身事外，市场需求大幅缩减。

2. 海内外其他服务外包城市发展所带来的威胁

首先是来自国内的竞争，国内 21 个服务外包示范城市各具特点，越来越多的软件工业园区在各地兴起，使得整个行业的市场竞争逐年加剧。以西安为例，由于其服务外包产业的市场定位和区位特点与成都市极为相近，并且西安市在人才供给方面在一定程度上优于成都，再辅以政府同样的支持政策与税收优惠，使西安成为成都市服务外包在国内最主要的竞争对手。另外，面向国际市场，来自海外的竞争压力也不可小觑，印度和爱尔兰等几个国家外包行业的技术优势与国际营销手段，既是成都应该大力引进学习的，又是应该引起足够重视的市场威胁。

B.11
天津市服务外包企业发展综述

一　天津市服务外包发展总体情况

天津市是全国首批服务外包示范城市之一，依托滨海新区，利用优越的地理优势、政策支持、人才培养机制和成熟的制造业发展优势，主动加强与世界经济的接轨，提高自主创新能力和经济发展水平。天津市的服务外包已经在软件、金融、生物医药和物流服务外包等领域取得了很好的成绩。面对产业转移的大趋势，天津市有关部门先后制定了《天津市服务外包产业发展"十二五"规划》《天津市服务外包资金管理办法》《天津市服务外包公共服务平台认定暂行办法》《关于加快本市服务外包人才培养的若干意见》等18项相关政策以扶持天津服务外包企业的发展。

2014年，天津服务外包产业围绕创新驱动、结构调整和转型升级，实现了较快发展。全年新增服务外包企业147家，服务外包执行额增长29.8%；服务外包合同额为28.2亿美元，增长18.7%；执行额为23.0亿美元，增长29.8%，其中，离岸执行额为13.0亿美元，增长39.0%。2015年天津市招商引资成效显著，新批外商投资企业1035家，合同外资额为313.57亿美元，同比增长37.4%；实际直接利用外资211.34亿美元，增长12.0%。其中，服务业实际直接利用外资99.64亿美元。2015年天津服务外包行业围绕打造产业新优势，着力在调整结构、促进发展，创新驱动、提升能级，产业对接、开拓市场，政策落实、营造环境四个方面下功夫，促进了本市外包产业的创新发展，全年服务外包执行额近22亿美元，同比增长7.1%。截至2015年末，在天津投资的国家和地区达到134个，世界500强企业达到163家。

2013年天津知识流程外包国际业务额为5.1亿美元，所占比重为全市国际业务总量的48.1%，领跑全市服务外包业务领域，信息技术外包和业务流程外包国际业务额占全市国际业务总量的比重分别为34.9%、17.0%，在软

件技术研发、金融服务和物流管理等方面拥有较强的优势和潜力。

2016 年天津服务外包行业将认真贯彻国务院《关于促进服务外包产业加快发展的意见》和本市商务工作部署，将"创新驱动、调整升级"作为工作主线，大力推动资源整合，提升外包企业发展环境，积极助力企业开拓市场、产业对接、跨界融合，努力融入"互联网＋""双创"活动，打造线上、线下结合的服务企业公共平台，努力促进天津服务外包产业新发展和提升整体竞争力。

2016 年，天津市服务外包产业创新发展，将积极推动本市外包产业打造一批"专、精、特、新"服务产品和具有一流水平的"整体解决方案"，树立"天津服务"的品牌形象，搞好供给侧的改革。同时，助力企业开拓国内外市场，巩固传统市场，开辟"一带一路"新兴市场，在服务天津工业 2025，参与流通现代化，服务医药、大健康产业和金融外包等方面，做好产业对接、融合发展。积极助力外包企业开展"双创"，增强企业创新活力，在"互联网＋"、大数据、物联网、云计算、人工智能应用等方面加强产、学、研合作，不断创新外包商业模式。努力建设服务企业、服务区县的公享平台。天津市服务外包公共服务平台正式上线运营，平台除发布产业新闻资讯外，还将提供外包项目发布、产业融合对接、技术创新、金融需求、人才交流等 7 个方面的核心服务。

二　天津市服务外包企业简介

截至 2016 年 4 月，天津已有 854 家服务外包企业，已承接 72 个国家和地区的服务外包业务。天津市已出台多项举措促进服务外包企业发展，建立了服务外包企业园区，给予企业租金减免。在人才培养上，政府每年都拿出专项资金，为高校与企业之间搭建桥梁。下面简单介绍南开创元信息技术有限公司、天津药明康德新药开发有限公司和天津恩梯梯数据有限公司。

（一）天津南开创元信息技术有限公司

1. 公司简介

天津南开创元信息技术有限公司（以下简称"南开创元"）是于 2000 年

合资创办的高新技术企业，合资方由归国留学生和南开大学允公集团组成。公司拥有 3000 万元人民币的注册资本，现有 520 名员工，在北京和郑州设有分公司。公司聘用在美国、日本等国家有十年以上实际软件开发经验的人才组成主要技术骨干，他们洞悉国际软件技术的发展趋势，熟知目前全球软件技术的应用情况，具有很强的软件技术指导及开发管理能力。南开创元的主线技术是开发专用数据库，同时将专业的管理和资源整合技术解决方案提供给网络信息管理、电子政务、电子商务、信息安全等领域。南开创元以其开发的目录服务系统 ITEC－iDS 成功打破外国厂商在目录服务领域的技术垄断，提供给中国的信息安全厂商以安全可靠、高效自主的目录服务基础设施，给国内电子政务等领域中保密性、敏感性较高的信息提供了数据整合、存储和管理的方案，这也是中国首套拥有完全自主知识产权的 LDAP 目录服务系统。

南开创元产业化的目录服务系统被列为信息安全专项项目、国家级高新技术产业化示范工程等，得到了国家发展和改革委员会、国家工业和信息化部、国家科技部、天津市科委及天津市发展和改革委员会的资金支持，得到了国家公安部和国家保密局的相关资质证书；南开创元被认定为 2010 年度国家规划布局内重点软件企业。

南开创元以"创新、服务、回报"为理念，以开发国内具有自主知识产权的基础软件为核心业务，同时也结合自身优势制定了海外发展战略。长达两年多的努力让其成功开拓了日本市场，与 7 家来自日本的大型软件公司缔结了战略合作伙伴关系，自身也建成了一支管理水平高、技术能力强的开发团队。

2. 服务内容

（1）iSales 销售支持系统

基础功能：用户管理、机构管理、权限管理、日志管理。

投保管理：建设书制作、投保进度、投保单管理。

客户管理：客户信息、客户保单、缴费情况。

个人管理：个人信息、分类统计、保单信息、佣金考核、续期信息、团队信息、日程管理。

信息平台：信息发布、论坛、微博。

其他管理：节假日管理、帮助。

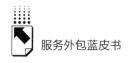

（2）销售管理系统

系统功能：机构管理、中介渠道管理、中介网点管理、销售团队管理、销售人员管理、基本法管理、指标项管理、指标算法管理。

（3）短信通平台

主要功能：多线程服务、引擎分层、安全检查、用户权限检查、黑白名单检查、应用系统开发接口。

（4）电子商务平台

前端服务：全方位推广、需求分析工具、维度检索、购物车、客户服务、智能推荐、专题发布、快捷支付。

后端服务：在线投保、营销辅助、智能分析、产品管理、系统管理、参数管理、日志管理、安全管理、国际化、寄送管理。

技术组件：集成接口、数据访问、作业调度、监控日志。

（5）风险分析与决策支持系统

风险要素管理：风险业务线、风险诱因管理、风险分类管理。

风险事件管理：风险事件维护、风险事件统计。

风险决定分析：贝叶斯网络生成、网络生性分析、诱因定量分析、模拟场景概率调整。

系统管理：密码修改、用户管理。

（6）续期业务管理信息系统

全面分析与客房的接触点；客房交费习惯的全面分析；量化续期人员工作，可扩展的信息交换平台；稳定、高效、灵活多样化的接口实现。

3. 资质与荣誉

（1）国家级高新技术企业证书；

（2）天津市科技型中小企业认定证书；

（3）技术先进型服务企业证书；

（4）中国服务外包成长型企业证书；

（5）天津市外包创新型企业证书；

（6）ISO 27001；

（7）ISO 9001；

（8）CMMI3；

(9) HISOL 合作伙伴认定。

4. 成功案例

(1) 国内金融行业案例：国内某合资保险公司综合 IT 支撑服务

基于保险公司的业务和管理流程，对某合资保险公司提供综合的 IT 支撑服务，在核心系统领域，提供 INGENIUM 系统的功能开发和改造，满足不断发展的业务需要和保监合规要求。采用前台 Java 语言，后面采用 Cobol 语言进行开发，利用驻场结合 ODC 的工作优势，连续四年提供核心系统服务，高质量完成客户的业务核心系统功能的建设和改造。在应用及运维方面，提供应用系统维护，解决生意环境下的相关问题，快捷响应内部需求，同时还承担应用账号配置管理、批处理操作和桌面维护等工作，为客户提供不间断的 IT 服务。

(2) 对日外包案例：日本某大型证券公司业务开发

利用 Open TP1 技术，前台 Java 语言、后台使用 Cobol 语言在 Unix 服务器平台上开发证券保管系统。该项目根据日本某大型证券机构多年使用的证券保管纸媒体进行电子化作业系统的开发，增加了信息查询、用户登录、信息变更、收集检索等功能，从而使系统能够满足业务需要。

(3) 对日外包案例：日本两大证券公司的系统合并

利用 Cobol、Oracle 技术在 Unix 服务器平台上开发某大型证券系统。该项目开发成功后，系统能承受证券中心业务量的扩大，针对业务的变更对系统进行保守性、扩张性、可用性方面的功能改善，使系统在继承现有功能的同时，与其他证券系统进行重新构筑，对用户界面的认知性、可操作性、舒适性进行美化升级。

（二）天津药明康德新药开发有限公司

1. 公司简介

天津药明康德新药开发有限公司成立于 2006 年 6 月 5 日，其药品研发基地符合国际同类标准，设施一流，是天津市经济技术开发区内的亮点企业。公司将"研发新药"和"产业化科研成果"两手齐抓，主要将优质且高效的新药研发产品以及服务提供给世界各地的制药和生化公司，同时积极与海外的药品制造商共同研发和创新药物。从数据上来看，公司的主要客户是来自海内外多个国家和地区的 100 多家制药公司和生化公司，其中涵盖了全球排名前 20 位中的 19 家大型制药公司和全球排名前 10 位中的 8 家生物制药公司。

药明康德在天津经济技术开发区建设有 12610 平方米的办公、实验场地，其基础设施国际一流，同时配有大量的进口精密仪器设备，例如，ARRAYSCAN 全自动高内涵药物筛选分析系统、VARIAN 400MHZ 核磁共振仪、高效液相色谱、液相色谱、气相色谱、液质联用仪等，同时还配有组合化学专用设备，如快速浓缩干燥系统、高通量平行合成仪等。除此之外，药明康德还购买了天津开发区中近 100 亩土地，给未来的扩张和发展做足准备。

天津药明康德新药开发有限公司的宗旨是"为全人类新药研发提供知识服务"，努力拓展业务技术领域，将化学服务业务做大做强，目标是建设成为国际一流的综合性新药研发服务平台，平台将囊括药物分子设计及筛选、药物靶点研究、药物模板设计、先导化合物生成和优化、化合物库产业化等各项技术，为海内外制药企业提供前临床研究服务。同时，药明康德将利用在制药领域所拥有的国际影响力，扩大自身的研发规模，加快提高新药研发服务的质量和能级，与上海药明康德形成"南北优势互补、共同发展"的战略格局。

2. 资质与荣誉

（1）2006 年，荣列全国 103 家"国家级创新型企业"之一；

（2）2006 年，被礼来授予"化学品研发最佳合作伙伴奖"；

（3）2006 年，被默克授予"杰出战略合作伙伴奖"；

（4）2007 年，被辉瑞公司选为"年度最佳化学外包供应商奖"；

（5）2008 年，公司亚特兰大运营分部被波士顿咨询集团（BCG）评为"本土企业 50 强"；

（6）2008 年，名列"中国创新型企业 20 强"；

（7）2008 年，被评为"弗若斯特沙利文最佳制药和生物技术研发外包奖"；

（8）2009 年，被巴斯夫授予"优质服务奖"；

（9）2009 年，被礼来授予"全球供应商奖"；

（10）2009 年，在由《快速公司》杂志评选出的"年度世界最具创新力企业 50 强"中，药明康德居第八名；

（11）2009 年，被评为第七届"中国大学生医药行业十佳最佳雇主"之一；

（12）2009 年，被评为"中国十大服务外包领军企业"之一；

（13）2005～2009 年，连续五年入选"德勤中国高科技高成长 50 强"；

（14）2004～2009 年，连续六年入选"德勤亚太地区高科技高成长 500 强"。

（三）天津恩梯梯数据有限公司

1. 公司简介

2007 年 1 月成立于天津市高新区华苑软件园的天津 NTT DATA 有限公司（成立初期名为北京 NTT DATA 天津分公司），是日本 NTT DATA 的全资子公司。

日本 NTT DATA（NTT 数据）是世界 500 强企业 NTT（日本电信电话株式会社）集团旗下的五大核心集团之一，早已在东京证交所上市，位列世界 IT 服务企业排名前十强，为日本信息产业协会（JISA）会长单位，在日本 IT 服务企业排名中居前。

天津 NTT DATA 作为 NTT DATA（中国）信息技术有限公司（简称 NCIT）集团的一员，秉承 NCIT 的企业文化和经营理念，95% 以上的业务都是对日软件外包业务。公司凭借雄厚的技术实力，在政府、交通、电信、金融等领域开展应用软件系统研发。

公司以日本 NTT DATA 集团为强力后盾，在销售额和人员规模两方面每年均能保持高速且稳定的成长，目标是跻身中级软件外包企业的行列。

2. 发展历程

2007 年 1 月，北京 NTT DATA 天津分公司成立；

2008 年 8 月，变更为天津 NTT DATA 有限公司，员工人数达到 100 人；

2010 年 6 月，取得天津市技术先进型服务企业证书；

2010 年 12 月，员工人数达 220 人，取得信息安全体系 ISO 27001 认证；

2011 年 12 月，员工人数达 240 人，销售额突破 5000 万元；

2012 年 12 月，员工人数达 300 人，销售额近 6000 万元，取得 CMMI3 认证；

2015 年 1 月，加入 NCIT 集团。

3. 资质与荣誉

（1）软件企业；

（2）技术先进型服务企业；

（3）天津市技术型中小企业；

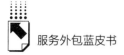

（4）CMMI3 软件工程认证；

（5）ISO/IEC 27001 管理体系认证；

（6）世界 500 强入驻园区政府资助企业；

（7）2014 年天津市成长型企业；

（8）天津市服务外包协会理事单位；

（9）天津市科技协会会员；

（10）天津市软件协会会员；

（11）天津市科技服务业协会会员；

（12）中国日本商会会员；

（13）2012 年度中国最具活力服务贸易 50 强；

（14）2013 年度中国服务外包企业 50 强。

B.12
苏州市服务外包企业发展综述

一 苏州市服务外包发展总体情况

（一）苏州市服务外包产业保持快速增长

苏州作为国务院自 2009 年起相继认定的 21 个中国服务外包示范城市之一，设立了"中国服务·苏州创新"的外包理念，服务外包产业不断快速增长，逐渐由弱变强、由点到面，实现了量的增长和质的突破。

2014 年，苏州市全部公司负责的服务外包项目值接近 104 亿美元（见表 1），其中实施总值近 77 亿美元，相比于 2013 年的 86.4 亿美元接包合同额和 46.24 亿美元离岸完成额，同比分别提高 20.3% 和 22.5%。其中，对外（离岸）的服务外包项目总值近 69 亿美元，实施总值近 55 亿美元，同比分别提高 12.9% 和 18.7%，且均达到了全国总值的 1/10 上下。到 2014 年末，苏州总计 2658 家服务外包公司，从事服务外包总人数超过 26 万人，服务领域扩张到美、日、德等 118 个国家和地区。

2015 年，苏州市新登记服务外包企业 198 家，完成接包合同额 119.3 亿美元，离岸执行额 62.66 亿美元，同比分别增长 14.8% 和 14.2%，主要指标继续保持稳定增长态势。苏州市进一步推进服务外包产业发展，在市场开拓、层次提升、产业集聚和人才培养上取得了新进展。

表 1　苏州近几年的接包合同额和服务外包从业人数

单位：亿美元，万人

项目	2008 年	2009 年	2010 年	2011 年	2012 年	2013 年	2014 年	2015 年
接包合同额	6.3	13.9	22.7	35.7	55.9	86.4	103.9	119.3
从业人数	3.6	8.8	12	16	18.5	22	26	—

资料来源：苏州市统计局。

（二）接包市场与业态分布多元化

苏州服务外包注重转型发展，业务领域向高端延伸。苏州不断加速企业转型，逐渐由主要以成本优势获利，发展为通过着重开发智力领域获利，形成工业设计、生物医药研发、信息技术服务、软件研发、产品技术研发、供应链管理服务六大服务外包优势业态。2015 年离岸 ITO、BPO 和 KPO 占总量的比例分别为 24.9%、14.6% 和 60.5%，其中，KPO 占比较上年提高了 3.5 个百分点，同比增幅达 21.2%，比离岸总额的同比增幅高出 7 个百分点，以产品技术研发、生物医药、工业设计等为主的 KPO 已在全市外包业态中占主导地位，服务外包高端业务比重进一步提高。先进科技和附加值大的外包项目比重持续上升，服务外包局势不断优化。发包市场主要为美国、欧洲、日本、中国香港和中国台湾等国家和地区。苏州市已有 100 多家公司获得 CMM/CMMI3 等级或更高级别的国际资格质量认可，包括获得 CMMI5 级认可的 8 家公司，以及获得 ISO 27001 国际认可的 163 家公司。

苏州市利用制造业强力集中的特点，将全球企业研发及共享中心引入苏州，例如，丰田公司、松下集团的研究与开发项目和阿克斯诺贝尔、强生的金融共享中心已在苏州建立。迄今为止，工业设计、软件开发、动漫创新、生物医药、供应链管理以及金融数据分析六大服务外包行业集群整体上已经建立起来。

（三）服务外包园区以形成品牌效应

苏州通过积极构建"一轴两翼"实现了对服务外包产业的规划引导，"一轴"贯穿苏州市工业园区、苏州市高新区以及昆山市，"两翼"是指张家港市、太仓市、常熟市以及吴中区等地区。其中，苏州市工业园区已得到领先全国进行放宽高技术服务外包公司审核条件政策试点的许可，目前，园区试点经验已获国务院批准将推广至全国其他示范城市。

（四）地方出台政策推动服务外包不断发展

2014 年 10 月，国务院公开宣布允许苏州南京国家级自主创新示范园区（以下简称"苏南示范区"）的创建，这是国内第一个把多个城市集体作为目标单位的国家级自主创新示范园区，覆盖了南京、苏州、无锡、镇江、常州五大城市，包括苏州工业园区以及 8 个国家高新区。苏南示范区设计的"8 + 1"总体格局里包括苏州的工业园区、苏州高新区和昆山高新区，苏州三区是示范区的核心部分。国务院公开宣布后，苏州市就加快创建苏南示范区进行了全方面安排，而且设计颁布了相关指导意见，创建了苏南示范区创建项目领导团队，各地方有关部门立即开展实施，成功拉开了序幕。

苏州市为了使苏州能够在苏南示范区中获取核心地位，致力于从以下四个方面进一步完善自身：一是进一步加强公司创新和市场需求的融合，不断向公司注入创新理念、创新服务和创新资源，苏州目前有超过 2900 个高新技术公司，民营科技公司有 10000 多个，全面推进高新技术企业研发费用加计扣除、所得税减免等政策的落实，2016 年科技税收减免将超过 80 亿元；二是加强技术创新成就和经济发展的连接，把苏州自主创新广场和苏南国家技术转移中心作为主体，推出知识产权、技术服务、技术转移 3 个版块；三是加强科技创新和金融资产的连接，增加科技信用贷款额度，整合创新融资平台，完善创新技术保障体系，2015 年扩大省级和地方合办信贷风险资金总额度至 10 亿元人民币，使合作金融机构达到 100 亿元人民币的科技贷款支持；四是加强自主创新和对外发展的连接，继续加强与中国科学院的战略伙伴关系，深入与上海的产、学、研交流，推动苏州的科技创新不断向国际化发展。

地方政府出台一系列政策，目的在于：一是在进一步加强苏州高新园区的核心地位、推动三园区共同发展的同时，强调苏州工业园区的带头作用、苏州高新区转型任务和昆山高新区的创新，并从中心向四周加强示范发展，鼓励达到标准的地方开发园区升级为省级高新园区，而达到标准的省级高新园区进一步升级为国家级高新园区；二是进一步加强创新经济体制和机制改革，加速完成加大经济体制改革力度的 3 年实施方案，让资本、人才和技术等因素完全融合并能够灵活运用，同时加速法治改革，使政府的职能有效利用；三是进一步增强公司的创新能力，不断向科技公司注入创新理念、创新服务和创新资源，重点发展以高新技术公司为核心的创新型公司团体；四是带动社会整体的创新积极性，集中打造一个重心明确、资源融汇、业务规范、风格独特的共同创新平台，以创建"创客天堂"的形式，加强科技和金融的结合。

建立苏南示范区的最终目的是创新推进发展布局，加快地方转型改革；总

体路线是稳固高新园区的运行，运用其示范引领效应，推动示范区整体建设；主要推动力是技术创新，从提升劳动生产效率的可持续性以及有较大附加价值从业工作的扩建方向考虑，有效利用政府和市场"两只手"的职能，引进更多的资金。具体来讲，要完成创新资源的融合汇集，加大科技教育资本投入，推进先进产业整合交流，加速产业、学术、研究的结合，化解科技投资风险与收益的冲突，全面开展群众创业、全民创新等计划。

二　苏州市服务外包企业介绍

截至2014年底，苏州市共有服务外包企业2658家，2015年新登记服务外包企业198家，进一步推进了服务外包产业发展，服务外包企业积极参与国际分工，不断积累行业经验，承接、交付和管理流程能力大幅提升。三星半导体（中国）研究开发有限公司、昭衍（苏州）新药研究中心有限公司、苏州工业园区凌志软件股份有限公司、苏州西山中科药物研究开发有限公司、松下电器研究开发（苏州）有限公司、苏州金唯智生物科技有限公司、新电信息科技（苏州）有限公司、中美冠科生物技术（太仓）有限公司共8家企业入选"2015中国服务外包百强成长型企业"。

苏州市主要服务外包企业见表2。

表2　苏州市主要服务外包企业名单

企业名称	企业名称
苏州工业园区迪锐信信息科技有限公司	江苏国泰国际集团新技术有限公司
宏智科技（苏州）有限公司	苏州恒莱国际货运有限公司
新电信息科技（苏州）有限公司	苏州得尔达国际物流有限公司
网进科技（昆山）有限公司	万宝盛华人力资源有限公司苏州分公司
佳能（苏州）系统软件有限公司	苏州药明康德新药开发有限公司
苏州工业园区维信科技有限公司	苏州泰山动画有限公司
方舟信息技术（苏州）有限公司	苏州众勤会计师事务所
苏州道鑫供应链管理有限公司	苏州西山中科实验动物有限公司
新宇软件（苏州工业园区）有限公司	苏州市超维空间信息技术有限公司
科纬隽（苏州）信息咨询有限公司	昆山中创软件工程有限责任公司

（一）宏智科技（苏州）有限公司

1. 公司简介

宏智科技（苏州）有限公司（以下简称"宏智科技"）成立于 2001 年，地处长三角地区中心城市——苏州。宏智科技是国际优秀的企业信息化解决方案供应商和 IT 技术外包服务提供商，是苏州市重点的软件骨干企业之一。

公司注册资金 120 万美元，总人数近 300 人，其中研发团队人员数量占公司总人数的 92%。

宏智科技以"积极、团结、坚韧、敬业"为理念，为国际多家知名企业提供独特的、适合该企业实际运营情况的信息化解决方案，用信息化的手段帮助客户实现高效、透明、低成本的管理；同时，公司也为客户提供 IT 技术外包服务，从技术专家的角度帮助客户提高非核心业务的运营效率。

2. 服务内容

（1）软件系统信息化外包

软件整体外包：承担整个软件系统的研发，综合运用多种技术、工具及第三方软件，在与客户探讨的基础上，提供适合客户需求的系统解决方案，并在此基础上提供软件系统的设计、研发、测试、运营等全方位服务。

软件系统升级：针对企业的现有 IT 资产，结合企业的最新实际，对原有系统做一定程度的修改与功能增强，以更加符合企业管理流程，达到提高企业工作效率、增强企业竞争力的目标。

系统二次开发：针对系统购买的第三方软件产品或者系统，结合企业的实际需求，基于所购系统做功能增强或者修改等二次开发。

本地定制化研发：帮助客户将使用其他语言（如日语、英语等）研发的系统进行本地化转换，并针对国内的文化、市场等进行定制化研发与运营。

电子商务平台研发：提供电子商务平台的研发与合作运营服务。

人员外包：面向各类企业，提供 IT 人员、软件研发工程师、高级研发工程师、项目经理、测试专员等多方面的人员外包服务。

（2）信息化系统咨询服务

宏智科技拥有专业的企业信息化系统专家团队，这支团队的每一位成员都

拥有多年丰富的信息化系统开发与实施经验。这些专家将为需要提供专业化建议的企业客户解答在制定或者实施信息化方案过程中所遇到的风险与问题。我们的专家将尽职尽责地帮助企业客户发现信息化系统实施过程中所存在的风险和问题，并针对所发现的风险和问题给企业客户提供专业的建议并与企业客户一起规划制定解决方案及措施。

企业在信息化的过程中，必然会出现一系列的风险与问题，如果解决得不好，可能会阻碍企业信息化步伐的前进，更严重者会使企业信息化项目实施失败乃至使企业遭受损失。宏智科技的咨询专家团队针对这些可能发生的风险和问题与企业客户共同组建信息化风险防范与控制措施实验室，使用 PDCA 循环模型，与企业客户一起寻找和发现信息化系统在部署实施过程中存在的风险与问题，并用模拟真实环境的实验数据去验证这些问题与风险的存在，共同制定有效的风险防范措施和问题解决措施，帮助企业客户积累沉淀这些知识经验，使企业客户的信息化系统能够顺利部署和无障碍应用。

（3）商业服务

企业客户随着业务范围不断扩展、壮大，需要向海外市场扩展。宏智科技则为想要业务国际化的企业客户提供帮助，协助企业客户进行海外市场考察，帮助企业客户掌握海外市场的情况；同时，也能为企业客户在海外投资提供咨询服务。

3. 发展历程

2004 年 7 月，与卡内基梅隆大学软件工程研究所签订"CMMI 集成能力成熟度认定"协议。

2004 年 8 月，荣获江苏省信息产业厅软件企业认定证书。

2005 年 12 月，正式通过 CMMI2 级评估。

2007 年 4 月，正式通过 CMMI3 级评估。

2007 年 4 月，被评为苏州市服务业发展重点企业（服务外包）。

2007 年 4 月，荣获由江苏省科学技术厅颁发的高新技术企业认定证书（技术先进型服务企业）。

2007 年 5 月，成为江苏省信息化协会会员单位。

2007 年 7 月，荣获 2007 软件外包"十强企业"的殊荣。

2007 年 12 月，获得由中华人民共和国科学技术部、火炬高技术产业开发中心评定的"中国软件出口工程企业"称号。

2007 年 12 月，苏州科技学院与公司建立校企合作关系，截至 2007 年 12 月，已有 11 所院校与公司结成了校企合作伙伴。

2008 年 1 月，公司被评为由江苏省对外贸易经济合作厅颁发的"江苏省国际服务外包重点企业"。

2008 年 2 月，公司被评为由苏州市人民政府颁发的"2007 年度苏州市国际服务外包先进企业"。

2008 年 4 月，被评为"2008 年江苏省软件服务外包十强"。

2008 年 5 月，列"2007 中国软件企业出口 25 强"第 17 名和"2007 中国软件企业外包 25 强"第 16 名。

2008 年 10 月，荣获由江苏省科学技术厅颁发的"2008 年江苏省高新技术企业"称号。

2009 年 4 月，正式通过 ISO 27001 信息安全管理体系的评审，并取得证书。

2009 年 5 月，入选"2009 年江苏省软件服务外包十强"。

2009 年 6 月，被评为首批 100 家中国服务外包成长型企业。

2009 年 9 月，通过 CMMI5 级评估，成为江苏省目前唯一一家 CMMI1.2 版本 5 级认定的企业。

2009 年 10 月，正式被认定为"江苏省 2009 年度第一批技术先进型服务企业"。

2010 年 5 月，被认定为"2010 年江苏省规划布局内重点软件企业"。

2010 年 6 月，被评为第二届 100 家中国服务外包成长型企业。

2010 年 8 月，被认定为"江苏软件外包服务产业联盟发起单位和盟员单位"。

2010 年 9 月，被认定为"苏州工业园区软件行业协会首届理事单位"。

2010 年 10 月，被江苏省经济和信息化委员会评为"江苏省规划布局内重点软件企业"。

2010 年 11 月，被认定为 2010 年苏州市服务外包领军企业。

2011 年 1 月，获苏州国际科技园管理中心"十年创业成长伙伴奖"。

（二）昆山中创软件工程有限责任公司

1. 公司简介

昆山中创软件工程有限责任公司（以下简称"昆山中创"）2002 年创建于中国经济发展迅速的长三角经济圈，建筑面积达 10 万平方米，业务包括软件设计、开发、测试以及业务流程外包、IT 技术指导和知识讨论等，是国内规划部署中的主要软件公司。昆山中创顺应云计算、大数据、物联网、移动互联等信息行业的新趋势，面向国际化和产业化转型，集中投入大型软件技术现代化改进和服务中心的建设。昆山中创是江苏省规划布局内重点软件企业、江苏省高新技术企业、江苏省国际服务外包重点企业、江苏省创新型试点企业，是江苏省第一个"云计算创新服务平台"，并且数年来一直获得中国软件行业协会"中国软件行业最佳外包服务公司"称号，被中国电子商务协会认定为"电子商务软件推进中心"，同时还是国内首家"IBM 授权软件测试中心"。

昆山中创有着 20 多年的信息化服务以及软件工程业务经验，借鉴境外领先的质量控制、项目控制和信息安全控制技术，获得了 CMMI3、ISO 9001、ISO 27001 等全球认可，创立了中国第一个以 IBM rational 为本的多领地共享研发平台，组成了一个专业的、正规的技术支持小组，设定高质量、高效率、高管制的服务标准和稳定完善的交付流程。客户分布于国内各大城市、港台地区以及其他亚洲、北美、欧洲城市，含全球 500 强公司、全球银行百强以及世界大型电子通信设备公司等。公司积极开展国内外交流与合作，与国家 CSIP 赛普评测中心合作，建立了 CSIP 软件评测昆山分中心；与 IBM 公司、威睿公司、泰雷兹集团、雅各布森国际等外国公司达成长期合作，在物联网、云计算、软件工程方面开展合作研究。

昆山中创大力开展产学研合作，与南京大学、南京信息工程大学、苏州大学、国防科技大学、北京大学在软件工程、软件前沿技术、软件测试、人才培养等方面深入合作。昆山中创与拥有"中国气象人才摇篮"称号的南京信息工程大学建立战略合作，共同创建了南京信息工程大学—中创软件技术与工程研究院，在物联网、云计算、国产基础软件等技术研究及应用方面展开合作，为海量气象信息数据的采集、存储、整合、共享、分析和协调提供信息化支撑。

2. 服务内容

（1）软件开发服务

软件外包是昆山中创的服务特色，在长期软件开发实践基础上，昆山中创立足于国际规范和标准，在 ISO 9001 质量管理体系和 ISO 27001 信息安全体系平台之上，结合 CMMI L3 软件成熟度模型，建立了跨区域协同开发平台和软件统一过程，对软件开发从计划、需求、设计，到研发、测试、部署实现全过程覆盖，通过迭代开发模式实现软件过程的持续改进，进一步加强了软件设计研发流程技术，推动创新高质量、高技术软件。

迄今为止，昆山中创软件在软件外包服务领域已经拓展至电信、银行、证券、担保、保险、交通、物流、零售、制造、教育、公共事业等方面，为中国建设银行、交通银行、丹麦银行、法国泰雷兹银行、澳大利亚麦格理银行、中国华为、梅赛德斯·奔驰、通用等众多世界 500 强企业、世界银行百强企业提供服务。

在电信领域方面，昆山中创与电信解决方案供应商华为持续合作超过 5 年，业务范围不断扩大，规模高速增长，提供的开发服务已伴随华为业务拓展至亚洲、非洲、欧洲等地的数十个国家。在金融方面，昆山中创与欧洲合作伙伴的开发服务合作超过 5 年，开发的网上信贷及风险管理系统已成为欧洲高效的个人信贷系统解决方案。

（2）软件测试服务

功能测试：捕获项目过程中的缺陷，提高系统质量，保障系统与需求的符合度。

性能测试：利用性能测试工具，分析系统性能瓶颈，配合系统调优，验证满足系统上线运行的性能需求。

自动化测试：利用已有或自主开发的自动化测试框架，融入 CI 思想，促使测试工作高效、稳定、可持续进行。

验收测试：从最终客户角度出发，保证开发方交付的系统满足客户的系统需求。

第三方软件评测：赛普评测中心是专业评测机构，为各行业提供软件产品级、系统级等测试服务，出具权威的 CNAS、CMA 的盖章测试报告。

（3）业务流程服务

随着互联网技术的发展和网络基础设施的提升，越来越多的企业将非核心业务委托给外部的专业服务组织，以便集中精力和资源强化其核心业务，提高

核心竞争力。昆山中创依托长江三角洲地区良好的软件产业环境、对外交流环境、完备的基础设施、先进的技术平台、专业的人才队伍，努力为客户提供高品质的业务流程外包服务。

（4）IT培训服务

昆山软件园服务外包人才中创培训中心是昆山软件园服务外包人才培训中心和教育实训产业基地的依托单位，旨在面向长三角地区软件和现代服务业发展需求，通过与高校和相关培训机构合作，整合资源，培养专业化、国际化的服务外包人才，支撑昆山乃至长三角地区现代服务业的发展。

3. 成功案例

（1）智慧园区

"智慧园区，小手指大园区。"它因打造无人化管理的智能园区应运而生，内部由8个子系统构造而成，不但让生活变得高效而且绿色节能，而且为用户提供了安全、舒适、智能的工作空间和生活环境。

（2）智慧交通

"畅行南通"是目前江苏省业务领域最为全面的出行交通软件，包含公共汽车、出租车、长途汽车、高速列车以及飞机等众多出行方式。该软件实现了实时公交，准确查询公交位置；汽车订票，不用排队轻松购票；出行规划，避开拥堵畅享自由。此外，还添加了路况信息、出行通知、节点录像、实时路况、交通时间表、服务电话和招领启事等十多项栏目，全面而丰富的交通服务业务应有尽有。

（3）智慧家庭

智慧家庭，本着"科技改变生活"的目的，融合物联网、云计算、移动互联技术，将技术、产品、服务和家庭、个人、生活融为一体，体现科学创新对于提高生活水平、推动人文生活进步的巨大力量。在智慧家庭的设计中，针对社会老龄化加剧的问题，提供了家庭养老服务方案。并且，智慧家庭大力推广家庭的智能化改进，这将显著加快扩大内需、信息利民的全面发展。

（4）智慧医疗

智慧医疗，结合现代互联网技术、物联网技术、移动通信技术，以基层医院信息管理系统为服务基础，为用户提供方便、有效、权威的医疗服务；通过蓝牙协议获取健康设备数据，利用云存储、智能分析实现预警提醒、快速预约就诊、健康数据档案、病历数据共享、远程医疗服务、健康跟踪等功能。

具体优势有：减轻人口老龄化日益严重对医疗需求的压力；改善医疗资源供给严重短缺问题，尤其是在偏远地区；解决社会大众"看病难、看病贵"的问题；满足用户对健康数据关注的需求，进行慢性疾病的监控和预防。

（5）智慧城市

"i–City智慧城市"市民公共服务系列APP是为市民提供新闻热点、交通出行、政务公开、医疗教育、文化娱乐等多领域信息和一站式互动服务的移动互联网应用平台。

4. 资质与荣誉

（1）国家"双软"认证企业；

（2）国家金卡工程"金蚂蚁自主创新奖"；

（3）国家赛普评测中心昆山分中心；

（4）中国软件行业最佳外包服务企业；

（5）中国软件行业协会"云计算创新服务平台"；

（6）中国电子商务软件推进中心；

（7）江苏省高新技术企业；

（8）江苏省优秀民营企业；

（9）江苏省认定软件企业技术中心；

（10）江苏省国际服务外包重点企业；

（11）江苏省AAA级劳动保障信用等级单位；

（12）江苏省年度行业优胜企业；

（13）江苏省软件与集成电路产学研联合培养研究生示范基地；

（14）江苏省及苏州市"研发服务外包"名牌产品；

（15）CMMI3国际软件能力成熟度认证；

（16）ISO 9001国际质量体系认证；

（17）ISO 27001国际信息安全体系认证。

（三）苏州得尔达国际物流有限公司

1. 公司简介

苏州得尔达国际物流有限公司（以下简称"得尔达"）由苏州物流中心有

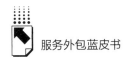

限公司、苏州工业园区股份有限公司共同投资组建,于 2005 年 4 月 18 日注册于苏州工业园综合保税区内。

作为苏州工业园综合保税区内第一批注册的物流公司之一,得尔达拥有一支具有丰富行业经验的管理和运作队伍,并见证了苏州工业园区物流业的发展轨迹:从最早的陆路口岸、公共型保税仓库、出口监管仓库,至 2002 年建立虚拟空港,再到 2004 年获批国内第一家保税物流中心(B 型),直至如今中国第一个综合保税区。在发展的历程中,得尔达始终担当着物流创新先锋和领头雁的角色。

得尔达拥有各类仓库总面积约 100000 平方米,并拥有完善的仓库配套设施和 24 小时监控、保安系统。此外,还拥有 200 辆各类运输服务车辆,其中包括海关监管车、集装箱车、栏板车、恒温恒湿车,为客户提供安全优质的运输服务。得尔达致力于现代化信息技术应用领域,加强信息化网络系统管理,通过 CCSS、WMS、TMS 等系统为客户提供全方位的服务。

2. 服务内容

得尔达的主营业务是为企业提供保税与非保税仓储、货物运输、分销配送、货代报关、物流增值服务等物流运作管理,并结合资金流提供离岸外包、物流金融等整合的一体化物流服务。

3. 资质与荣誉

(1) ISO 9001 认证;

(2) 苏州市服务业发展重点企业称号;

(3) 通过国家高新技术企业认证;

(4) 江苏省国际服务外包重点企业称号;

(5) 通过 AAA 级物流企业认证;

(6) 与苏州科技大学签署物流实习基地协议;

(7) 2007 年江苏省物流企业 50 强;

(8) 苏州市十强物流企业;

(9) 江苏省重点物流企业称号;

(10) 苏州市外贸出口先进企业称号;

(11) 江苏省物流企业技术中心称号;

(12) 全国制造业与物流联动发展示范企业称号。

B.13
青岛市服务外包企业发展综述

一 青岛市服务外包发展总体情况

（一）服务外包规模迅速扩大

青岛市服务外包网的数据显示了青岛市离岸服务外包的发展情况，2013年合同额达到了23.3亿美元，为该市合同额首次突破20亿美元，同比增长118.9%；执行额首次突破15亿美元，达到16.3亿美元，同比增长98.3%，实现自2008年以来离岸服务外包执行额连续五年倍增。而在2014年，服务外包合同额和执行额分别为29.4亿美元和24.6亿美元；离岸外包合同额为26亿美元，离岸外包执行额突破20亿美元，达到21.8亿美元（见表1）。截至2014年底，注册服务外包企业达759家，其中新增200家；服务外包合同的来源地达91个，在离岸服务外包执行额超亿美元的来源地有日本、美国、中国香港和韩国等多个国家和地区。"十二五"期间，青岛市服务外包执行额年均增长80%，2015年，全市登记服务外包执行额29.9亿美元，同比增长21.7%。离岸服务外包执行额24.2亿美元，同比增长11.2%。

表1 2013~2014年青岛市服务外包合同金额

单位：亿美元

年份	外包合同额	外包执行额	离岸外包合同额	离岸外包执行额
2013	24.4	17.1	23.3	16.3
2014	29.4	24.6	26	21.8

资料来源：青岛市服务外包网。

（二）服务外包结构逐步高端化

青岛的服务外包结构已经逐渐从低端的技术外包向业务流程外包、高端的研

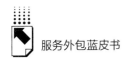

发外包延伸。离岸知识流程外包业务正逐步发展为服务外包的新增长点,该业务的主要特征在于以知识和研发为主。2015 年,离岸 BPO 执行额同比增长 90.4%;KPO 执行额同比增长 12.3%。业务以后台数据服务、技术研发、工业设计为特色,工业设计、产品设计、研发检测等高端业务比重逐步提高。知识密集型外包的比重不断上升,反映出了青岛市服务外包产业结构逐步高端化的趋势。

(三)服务外包产业集聚效应

青岛目前的服务外包园区中,面积达到 10 万平方米以上的有 9 个,已建成国际动漫产业园、青岛软件园等园区,服务外包在此基础上呈现出"品"字形的发展格局。青岛北部正式启动了青岛软件科技城的规划建设工作,青岛软件科技城作为核心区域占地面积达到 30 平方千米,园区自身的特色则是通过青岛网谷等细分园区的建设显示出来的。青岛国际创新园落户在崂山区,占地面积 177 亩,一期已投入使用,使用面积为 12 万平方米。武汉光谷软件园落户在黄岛区,占地面积 500 亩,一期也已交付,交付面积 16 万平方米。

(四)服务外包人才实力雄厚

2015 年,青岛市服务外包产业累计吸纳从业人员 23.4 万人,大学(含大专)以上学历的占就业人数的 60%,对于企业和高校的合作,政府予以积极支持和引导,支持高校的课程改革以培养更加适应企业对于人才的要求。而且,青岛市具有较强的人才培养能力,36 家服务外包培训机构年培训能力过万人。

二 青岛市服务外包企业分析

截至 2015 年底,青岛市注册服务外包企业已达到 913 家。2013 年公布的"中国服务外包百家成长型企业"中,入选的有中盈蓝海、一凌网、优创、百灵信息、德林科姆 5 家企业。在"中国业务流程外包企业 20 强"的榜单中,优创、中盈蓝海两家企业再次入选。①

青岛市部分服务外包企业名单见表 2。

---

① 资料来源:http://news.hexun.com/2015 - 07 - 08/177382721.html。

表2　青岛市部分服务外包企业名单

企业名称	企业名称
青岛海尔软件有限公司	阿尔卑斯科技(青岛)有限公司
青岛大手海恩信息技术有限公司	青岛富博系统工程有限公司
浪潮世科(青岛)信息技术有限公司	青岛恒远天地软件技术有限公司
青岛东合信息科技有限公司	青岛日松数码信息有限公司
青岛中科管理咨询有限公司	青岛海信网络科技股份有限公司
青岛易科德软件有限公司	软脑离岸资源(青岛)有限公司
优创(青岛)数据技术有限公司	青岛浩海网络科技有限公司
青岛保税物流园区第四方供应链有限公司	北京世联互动技术开发有限公司青岛分公司
青岛四维空间动漫科技有限公司	青岛百灵信息科技有限公司
青岛朗讯科技通讯设备服务有限公司	卡特彼勒技术研发(中国)有限公司青岛分公司
烟台创迹软件有限公司青岛分公司	青岛萨纳斯科技有限公司
青岛中科软件技术有限公司	青岛中盈蓝海创新技术有限公司
青岛市德林科姆电子科技有限公司	青岛一凌网集成有限公司
青岛炎煌信息科技有限公司	山东中地进出口有限公司
(青岛)信息技术服务有限公司	中智青岛经济技术合作有限公司
青岛鼎海网络科技有限公司	茌原电产(青岛)科技有限公司

资料来源：青岛市服务外包网。

本报告挑选了青岛市德林科姆电子科技有限公司、青岛一凌网集成有限公司、青岛百灵信息科技有限公司、青岛海尔软件有限公司、优创（青岛）数据技术有限公司等最具代表性和成长性的企业进行详细介绍和说明。

（一）青岛市德林科姆电子科技有限公司

1. 公司简介

2010年1月，青岛德林科姆电子科技有限公司成立，坐落于青岛市市北CBD核心区，注册资金1000万元人民币。公司的主要业务集中于工业机器人、产业设备的系统集成及销售、服务机器人销售和软件外包，是一家高新技术公司。在成立之时，公司便十分注重自主知识产权和技术开发，如今已申请2项专利、3项实用新型专利、5项软件著作权，正在申请中的专利及实用新型专利有10项。此外，公司已经与诸多国内外大学、研究中心建立了合作关系，如日本立命馆大学、天津大学、沈阳自动化研究所、中国海洋大学等，以保障对公司的人才和技术支持。"支持多平台和多操作系统的嵌入式图形用户界面支撑软件"是

青岛德林科姆公司自主研发项目，获得了国家科技部中小企业创新基金立项支持。

公司具有以客户需求为中心的经营理念，不断进行产品创新，并提供更高品质的服务。对于客户而言，公司的价值在于提供先进技术及优质的服务，在任何时候都会重视与客户的互动，从而取得客户的充分信任。对于员工而言，公司提供足够的自主性和创造性，让员工在这里充分发挥自己的才华。同时，公司重视自身的社会责任，用行动及技术对社会做贡献。

2. 产品和服务

公司提供的产品主要有能够实现点胶、锁螺丝、PCB 切割、锡焊等功能的桌面机器人，水平多关节 SCARA 机器人。

（1）桌上机器人点胶及自动拧螺丝功能

以高精度的 JANOME 桌上机器人为平台，采用专门软件（JR C – Points）中的涂胶应用或拧螺丝应用，安装点胶器组件或拧螺丝组件，轻松实现涂胶功能或自动拧螺丝功能。

（2）SCARA 机器人应用

主要应用于点心、零食等装箱，HEV 磁性装置搬运生产线，模块化 SCARA 机器人工作台以及全自动上下料生产线。

3. 资质与荣誉

（1）2011 年青岛市发展服务外包产业突出贡献企业；

（2）青岛市服务外包协会理事单位；

（3）2012 年山东省服务外包成长型企业；

（4）2013～2015 年青岛市技术先进型服务企业；

（5）2013 年中国服务外包成长型企业；

（6）2012 年青岛市创业明星。

（二）青岛一凌网集成有限公司

1. 公司简介

青岛一凌网集成有限公司的注册资本为人民币 1500 万元，雇用员工近 300 人，设有培训中心、财务、行政人事、销售、国内事业研发、平台运营、项目咨询管理和海外事业研发等部门。公司以 ITO、平台运营和软件研发等为主营业务。客户来源广泛，既有来自金融、物流、制造等行业的合作者，也有来自政府部门等的合作者。此外，公司产品全部拥有自主知识产权，且不断进行技术创新，已通过质量体系认证中的 ISO 9001 认证、信息安全管理体系认证中的 ISO 27001 认证以及国际管理体系 CMMI3 的认证等。

2. 产品和解决方案

（1）产品种类

通用型软件：凌云销售过程管理、凌云 OA 协同、凌云进存销、凌云会员管理、凌云仓库管理。

行业型软件：凌云 ERP 旗舰、凌云人力资源、凌云智慧社区、凌云物业管理、凌云物流管理。

移动端软件：定制设计版面，PC 网站和手机网站共享数据、同步更新，网站打开速度快，用最少的代码完成所需功能。

（2）解决方案

通用解决方案：财务管理、协同管理、商业智能管理、供应链管理、人力资源管理、产品周期管理、系统集成管理、生产制造管理。

行业解决方案：零售与连锁房地产行业、汽车 4S、餐饮及娱乐行业。

3. 资质与荣誉

（1）CMMI3 国际管理体系认证；

（2）质量管理体系中 ISO 9001 认证；

（3）信息安全管理体系中 ISO 27001 认证；

（4）青岛市软件行业协会常务理事；

（5）青岛市"双软"认证企业；

（6）青岛市高新技术企业；

（7）中国国际软件博览会创新奖；

（8）青岛市最具融资价值中小企业；

（9）山东省服务外包成长型企业；

（10）青岛市中小企业公共服务社会专业化平台；

（11）青岛市技术先进性企业；

（12）16 届中国国际软件博览会创新奖；

（13）科技部中小企业创新基金立项支持企业。

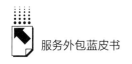

（三）青岛百灵信息科技有限公司

1. 公司简介

青岛百灵信息科技有限公司（以下简称"百灵科技"）是百灵集团旗下一家高科技公司，主要业务是向众多世界500强企业及国内大中型企业提供软件产品及研发服务，拥有青岛、上海两大研发基地，在芝加哥、北京、广州、深圳、济南等地设有分支研发机构。此外，百灵科技与阿尔卡特朗讯、日本电气股份有限公司、海尔、海信等多家集团公司建立了长期的战略合作关系。百灵集团拥有雄厚的研发实力，研发工程师队伍已达600余人，取得了100余项发明专利，并获得CMMI L3、ISO 9001、ISO 27001、ISO 14001、ISO 18001等多项国际资质认证，以及国家高新技术企业、"双软"、计算机系统集成三级等级等国家资质认证。集团先后荣获了青岛市服务外包百家成长型企业、青岛市发展服务外包产业突出贡献企业、青岛市领军软件企业、青岛市高成长性软件企业、青岛市服务外包十大运营企业、青岛市企业研发中心、首批青岛市软件上规模企业奖励等多项荣誉。

2. 产品和服务

百灵科技的产品涉及医疗、健康和养老领域。

其服务涉及通信业、互联网电商平台、制造业（互联网＋工业4.0）、云计算解决方案、基于大数据的信息化服务、项目合作方式和外包业务服务等。

制造业（互联网＋工业4.0）：为企业定制工商一体化C2M平台，以实现个性化和柔性制造，从而大幅度增加企业利润，降低企业成本。基于大数据的信息化服务对象包含了建筑流通、制造业、金融电信、政府互联网企业等。项目合作方式涵盖了离岸研发中心、现场外包服务、技术咨询以及人员外派。电信业务中的服务范围包括网络管理系统（NMS）及电信业务运营系统技术服务，核心网及应用服务，固网、宽带及高清视频服务，电信增值业务系统（VAS）技术服务，网络安全产品技术服务，云计算平台技术服务。

解决方案包括固定资产管理解决方案、百灵科技视频会议解决方案、百灵科技统一通信系统、智能楼宇可视对讲系统、智慧教育云解决方案、物流E通解决方案、数字化医院解决方案、养老院智能管理解决方案以及井下定位与生命体征监测解决方案。

3. 资质与荣誉

（1）计算机信息系统集成企业资质证书；

（2）软件企业认定证书；

（3）青岛百灵 ISO 27001 国际中文证书；

（4）医疗器械经营企业许可证；

（5）青岛百灵 2012 年 ISO 9001 中文版证书；

（6）青岛百灵 ISO 27001 国内中文证书；

（7）青岛市软件企业上规模奖励；

（8）青岛市企业研发中心；

（9）中国服务外包百家成长型企业；

（10）青岛市服务外包十大运营企业；

（11）青岛市高成长性软件企业；

（12）青岛市发展服务外包产业突出贡献企业；

（13）青岛市高校毕业生就业见习基地。

（四）青岛海尔软件有限公司

1. 公司简介

青岛海尔软件公司（以下简称"青岛海尔"）成立于 1998 年，是一家软件企业和高新技术企业。目前企业已通过了 ISO 9001 认证、ISO 27001 认证和 CMM3 认证，获得了国家系统集成二级资质。青岛海尔软件具有 3 个业务部门，分别是系统集成部、国内软件部和日本业务部，从事系统集成服务、企业管理信息化服务及日本软件外包服务。"高标准、精细化、零缺陷"是公司一直秉承的质量理念，通过对公司内部管理体系的不断完善，形成了一套严密的质量保障体系。此外，以发展日本业务为窗口，构建了软件外包产业国际化的平台，是青岛市软件外包骨干企业。

2. 产品和服务

（1）U 店是青岛海尔推出的移动端电商平台产品，具有 PC 端电商系统，主要为社区店及连锁超市提供电商服务平台，创建 O2O 商业模式发展的基础。

（2）物业管理信息系统：具备功能全面、系统稳定以及可持续开发等特点，主要为物业公司提供有效的信息化管理服务。

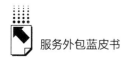

（3）个性化定制执行系统：用户在网上可以直接下达个性化定制订单，并实时监控。

（4）临床输血管理系统：主要用于各大血站与医院输血科的血液跟踪管理，是实现医院信息一体化、输血流程标准化、信息管理网络化的临床用血工作管理平台。

（5）生物样本库资源管理信息系统：一款基于云模式的生物样本库信息化管理产品，主要用于科研、医疗、制药类用户。

（6）生物样本库资源管理信息系统：为客户提供有效的标准化样本管理流程，被成功运用到全国各地百余家三甲级医院、科研机构、学校、疾控中心以及制药公司等。根据不同的用户，分为企业版、标准版、简约版和移动版。

（7）冷链监控信息系统：主要功能是采集并监控目标样本库的温度、湿度等指标，当温湿度超限时，能够确保在第一时间以短信、电话、邮件等多种形式进行预警，以便目标客户能够对样本库进行实时监控，主要用于医院、疾控部门、制药和生物公司等。

（8）微彩页公众平台：借助微信的平台，青岛海尔为个体经营机构和企业提供完整的微信营销解决方案。客户仅仅需要关注微彩页公众平台，便能在手机端管理微信公众号，方便快捷地在线营销，降低了人力和资金成本，从而增加了企业的经营效率。

3. 资质与荣誉

（1）2003 年，通过 CMM2 级认证；

（2）2003 年，获得青岛市信息工程资质 A 级证书；

（3）2003 年，"基于 INTERNET 的条形码数据采集终端"荣获高新技术产品证书；

（4）2003 年，获得 ISO 9000：2000 质量管理体系认证证书；

（5）2004 年，"基于 INTERNET 的条形码数据采集终端 DCT－RB3071"荣获青岛市重点新产品荣誉；

（6）2004 年，通过 ISO 9001 质量认证；

（7）2005 年，"海尔便携式条码数据采集终端 HDT－200"荣获青岛市重点新产品荣誉；

（8）2005 年，通过信息产业部计算机信息系统集成三级资质认证；

（9）2005 年，获得青岛市高新技术企业证书；

（10）2005 年，通过 CMM3 级认证；

（11）2005 年，成为"中国自动识别技术协会"理事单位；

（12）2006 年，"便携式数据采集终端""手持数据采集终端""红外串口转换电路""3G 移动通信终端"等 11 款产品获得专利受理证书；

（13）2006 年，海尔数据采集终端 HDT‐300L 获"中国自动识别行业年度优秀新产品奖"；

（14）2006 年，获"中国自动识别行业年度优秀企业奖"；

（15）2006 年，入选"2006 条码自动识别行业十大民族品牌"；

（16）2006 年，入选"中国软件自主创新 100 强"；

（17）2007 年，国家系统集成二级资质（国家信息产业部在计算机信息系统方面的认证）；

（18）2007 年，获"中国软件业务收入前百家企业"称号；

（19）2007 年，获山东省"优秀软件企业"称号；

（20）2007 年，"数据采集终端的研究与开发"获得青岛市科技进步二等奖；

（21）2008 年，"海尔车载定位 GPS 系统"被评为"2008 中国创新软件产品"；

（22）2008 年，获"2007 年度青岛市优秀系统集成企业奖"。

三　前景展望

首先，青岛的网络基础设施完善，管线网络覆盖全市，总里程达 20 万公里。并且作为中国北方唯一大型国际海底光缆登陆站，吸引了亚太新国际海缆、中美国际直达海缆、亚太国际海缆 3 条国际海缆在该市登陆，这为青岛服务外包的数据传输奠定了坚实的基础。

其次，青岛的高素质人才储备充足。青岛市内现有 32 万名全日制普通高校在校生，而每年有 2.8 万名服务外包相关专业毕业生进入服务外包工作中，人才供给得以高质量地保障。加之青岛市的服务外包培训机构数量已经达到 36 家，培训的服务外包人才年均达到了一万多人，人才供给保障了产业发展

对人才的需求。

再次,青岛的地理位置十分优越,经济区位优势强。青岛是中国五大贸易口岸之一,现有万吨级以上泊位 68 个。青岛流亭国际机场已开通 15 条国际航线,可直航东京、纽约、名古屋、大阪、法兰克福、新加坡、曼谷、香港、澳门、台湾等地区,对外交流与沟通十分便捷。优越的地理位置使得青岛发展服务外包国际业务十分便捷。

最后,青岛市政府出台了一系列政策意见,如《关于进一步加快服务外包产业发展的意见》《关于实施"走出去"与"引进来"相结合发展战略进一步提升对外开放水平的若干意见》《软件和服务外包产业发展规划(2012~2016)》《青岛市国际贸易中心城市建设纲要(2013~2020 年)》,勾绘了"三城联动、蓝色跨越"的发展蓝图,对服务贸易的跨越发展制定了具体措施和可行的行动计划,在完善的基础设施、高素质的人才储备、优越的地理位置以及政府的大力支持之下,相信青岛服务外包行业未来发展将十分具有潜力和后劲。

B.14

西安市服务外包企业发展综述

一 西安市服务外包发展总体概况

（一）高速增长态势

2015 年，西安市承接服务外包合同额已达到 14.93 亿美元，同比增长 29.85%；执行额为 8.27 亿美元，同比增长 12.34%。服务外包合同金额是 2010 年的 5.1 倍，"十二五"期间年均增速达 38.6%。可见，西安服务外包产业继续保持高速增长态势。2015 年 11 月，西安市入选"中国服务外包中西部最具竞争力城市"。

（二）鲜明的高附加值特色

近年来，国际知名企业如中软国际、三星数据、思特沃克、爱立信等纷纷在西安建立其自身的研发中心，技术的外溢效应显著提升了西安研发设计外包的水平，高附加值外包业务也受到联动影响而增长强劲。数据显示，2015 年西安信息技术外包（ITO）合同金额为 11.6 亿美元，占总合同金额的 77.78%，执行金额达到 5.3 亿美元，占总执行金额的 64.02%；知识流程外包（KPO）合同金额为 2.82 亿美元，占总合同金额的 18.89%，执行金额 2.54 亿美元，占总执行金额的 30.72%。ITO 和 KPO 业务占总合同金额的 96.67%，传统的业务流程外包（BPO）合同金额仅占 3.33%，可见西安的服务外包具有较为鲜明的高附加值特色。

（三）龙头企业的带动

西安已经形成了以八大示范园区为核心、以龙头企业为引领、以高附加值业务为主导、离岸市场多样化发展的新格局。2015 年，西安全市服务外包

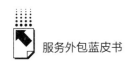
业务排名前 10 企业的服务外包合同金额合计达到 11.9 亿美元，占西安服务外包合同金额的 79.64%，合同金额超过 5000 万美元的企业有 5 家，超过 100 万美元的企业有 35 家。可见，在西安的服务外包业发展中，龙头企业的带动作用十分明显。西安市将充分发挥现有龙头企业规模大、人才集中优势、技术优势和市场信誉优势，带动中小服务外包企业协同发展。同时，西安市根据企业规模、增长速度和发展前景共同评定了全市龙头企业 50 强，对龙头企业给予重点扶持。①

（四）示范园区的集聚效应

从 2007 年初至今，园区的产业发展空间已由不到 0.4 公顷发展为 17.5 公顷。2015 年，西安市形成了西安高新区软件园、经开区服务外包产业园、航天基地、航空基地、碑林科技园、浐灞金融商务区、国际港务区、曲江文化发展区八大服务外包产业集聚区，各园区均发挥各自的区位优势，实现差异竞争，错位发展。据统计，2015 年示范园区完成了西安合同金额和执行金额的 95% 以上，集聚效应明显。由于产业聚集度的逐步提升，世界 500 强项目和众多国内外知名企业选择在西安落户，这其中既包括马来西亚云顶集团软件研发创新中心、汇丰银行软件研发中心、法国互联企信公司（其呼叫中心业务全球排名第一）等跨国企业，也有奇虎 360、阿里巴巴和腾讯、易迅等国内企业。

二　西安市服务外包企业分析

2015 年底，西安拥有软件和服务外包企业 1500 多家，从业人员达 14 万余人，全市 1000 人以上规模企业有 9 家，承接的离岸外包业务来自 76 个国家和地区。西安聚集了 IBM、微软、艾默生、施耐德、高通、GE 等世界 500 强企业，以及华为、中兴、金蝶、TCL 等众多国内龙头企业，产业发展已经形成了以研发设计和软件开发为主、以跨国公司和国内知名大企业为龙头、本土企业竞相发展的服务外包产业格局。

西安市部分服务外包企业名单见表 1。

① 资料来源：http://www.xasourcing.gov.cn/390/3/166/58902.shtml。

表1 西安市部分服务外包企业名单

企业名称	企业名称
西安炎兴科技软件有限公司	陕西山利科技发展有限责任公司
爱默生网络能源(西安)有限公司	西安华讯科技有限责任公司
陕西高新商务进出口有限公司	无敌科技(西安)有限公司
陕西中盈蓝海创新技术股份有限公司	陕西新北邦高科技开发有限公司
盛普软件(西安)有限责任公司	迈隆(西安)电子技术有限公司
西安卡罗科技研发有限公司	陕西丰业咨询发展有限公司
西安华美海润软件工程有限公司	新蛋信息技术(西安有限公司)
奥博杰天软件(北京)有限公司	西安雅图网络科技有限公司
西安诺赛软件有限公司	西安宏烨软件有限公司
力新国际(西安)科技有限公司	英飞凌科技(西安)有限公司
西安凯翔计算机软件有限责任公司	西安迪辅数字技术有限公司
陕西方位市场信息咨询有限公司	西安曼迪软件科技有限
西安活跃网络有限公司	横河电机(中国)有限责任公司
Platform软件(北京)有限公司西安分公司	赛贝斯软件(中国)有限公司西安分公司
富士通(西安)系统工程有限公司	西安葡萄城信息技术有限公司
西安丝路软件有限公司	北京索浪计算机有限公司西安分公司
西安凌安电脑有限公司	力新国际(西安)科技有限公司
上海裕日软件有限公司	西安日资倍丽软件有限公司
西安比特速浪科技有限公司	马普软件(西安)有限公司
西安筑波科技有限公司	岗山软件开发(西安)有限公司
西安泰托软件有限公司	西安秦思软件有限公司
西安拥有软件工程有限公司	西安森特信息科技发展有限公司
太平洋信息系统工程(西安)有限公司	日电卓越软件北京有限公司西安分公司
西安新致信息技术有限公司	西安千睦数据科技有限公司
美林电子有限公司	交大博通国际软件有限公司

资料来源：西安服务外包网。

（一）陕西中盈蓝海创新技术股份有限公司

1. 公司简介

陕西中盈蓝海创新技术股份有限公司成立于2006年，是一家专门从

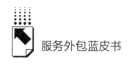

事业务流程外包的服务外包公司。公司所在的国家火炬计划软件产业基地位于西安软件园，是国家级十大软件出口产业基地之一，公司注册资本4500万元，是国家科技主管部门认证的"高新技术企业"。2008年分别通过了 ISO 9001 质量管理体系认证和 ISO 14001 环境管理体系认证。2014年，公司被誉为"中国服务贸易（行业）最具影响力十大品牌"。

2. 服务内容

陕西中盈蓝海创新技术股份有限公司（以下简称"中盈公司"）向通信、金融、保险、教育、制造、零售等行业以及政府和公共事业部门提供优质的服务。服务内容涵盖数据录入、OCR 扫描、图像处理、数据转换、在线数据处理、CAD、网页制作等。

（1）权威认证

中盈公司通过了质量管理体系中的 ISO 9001 认证和环境管理体系中的 ISO 14001 认证。这两项认证作为国际上通用的质量体系认证，在全球具有广泛的影响。

（2）基础设施

中盈公司拥有超过2000平方米的办公场地、500多个工作席位，有600多名全职员工每天三班作业进行数据处理，并配备数据备份、项目运行、网络连接等所需服务器、路由器、交换机、磁盘阵列等设备，与3个互联网服务提供商签订协议，确保网络24小时不间断连接。公司距离飞机场不到30分钟车程，交通便利，门禁24小时监控，具有防入侵系统和多重安全防卫。

（3）安全和保密措施

为了保护客户的数据安全与保密，中盈公司采用多种安全和保密措施来保护客户的数据安全。安全措施包括：24小时监控、门禁、消防和安全警报系统、经客户同意定期销毁文件和数据、系统和网络服务器访问控制、定期升级杀毒软件和防火墙。保密措施包括：员工背景调查，网络和信息安全岗前和持续性培训，签订保密协议和反竞争协议，互联网、邮件、内网、文件的访问权限设置等。

3. 公司优势

（1）质量管理

成立之初，中盈公司便将质量管理视为客户服务的生命线，并借鉴了国际企业的质量管理方法，建立了多层次的质量保证体系；而且建立了质量评估体系，对每个项目都进行质量评估，包括校验、随机抽查、内部核查、错误跟踪、质量报告等环节，并由专门的质控人员进行项目总结和评估。

（2）价格优势

首先，西安拥有众多低成本、高素质的劳动力，人才流动率低，人力资源成本较低。其次，西安的物业和能源成本较低且质量优越。同北、上、广等一线城市相比，西安的人力资源具有成本较低的优势。2007年，国际数据公司发布了相关行业的信息数据，若是取西安市计算机服务和软件业职工的平均工资与其他城市对比，可以看到其平均工资仅为北京的70.4%、上海的72.4%、广州的80.1%。低人力和物业成本为中盈公司的发展提供了强有力的保障和支持。同时，中盈公司拥有灵活的报价模式，客户可以享受到满意的价格。

（3）信息安全

公司专门设立了信息安全管理组织机构，制定信息安全措施，明确了信息安全的管理职责。同时，中盈公司采用先进的设备和技术处理、传输、储存和保护信息。在员工入职之前，中盈公司会对员工进行岗前培训，增强员工的信息安全意识和能力，针对老员工也进行持续性信息安全教育和培训。此外，公司具有多个用于数据备份的服务器和存储设备以进行日常数据存储，并将所有的客户资料交于专人保管。

（4）技术优势

中盈公司十分注重自身技术的创新和发展，摸索出一套独特的技术思路。在数据加工方面，打破传统思路的束缚，通过可定制的数据录入平台，加速应用程序的开发，通过项目的分解、工作流程的优化，间接提高生产效率。同时，中盈公司还具有自主研发的OCR软件、图像图形处理软件，为公司的数据加工提供可靠的技术支持。

4. 公司发展规划（见表2）

表2　中盈公司发展规划

时间	前期	中期	后期
目标	打好基础，成为专业的BPO服务提供商	快速发展，确立在BPO行业的龙头地位	实现腾飞，跻身世界知名BPO企业行列
内容	完成股份制改造，实现海外上市，同时扩张国内业务网络	陆续建设海外分支机构，大规模扩展海外市场，构建海外BPO营销体系	将公司建设为拥有员工5万人，具有先进技术和设备的"中盈蓝海BPO产业出口基地和BPO人才培训中心"。

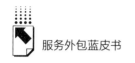

（二）西安炎兴科技软件有限公司

1. 公司简介

西安炎兴科技软件有限公司（以下简称"炎兴科技"）自成立以来一直致力于发展北美及欧洲的金融保险业务流程外包服务，客户有包括渣打银行、福特金融、好事达保险公司等世界 500 强公司在内的多家客户。炎兴科技被国家科技部认定为"中国软件欧美出口工程"重点企业。同时，炎兴科技是国内唯——家进入国际外包专业联合协会（简称 IAOP）公布的"全球外包 100强"名单的 BPO 企业。2007 年，炎兴科技在中国外包网"中国服务外包企业最佳实践 50 强"中居第八位。此外，公司还通过了 ISO 9001 和 ISO 27001 等国际信息安全资格认证，是美国工作流程改进协会 TAWPI、美国信息与图像管理协会 AIIM、国际外包专业联系协会 IAOP 等的会员。2006 年，《经济学人》杂志曾报道炎兴科技是中国最具实力的 BPO 企业。2008 年，《全球外包》将炎兴科技公司作为服务外包案例公司进行介绍说明。这说明炎兴科技的业务处理能力已具备国际化运作的水平，同时公司正努力将境外先进的商务流程知识以及技术应用引进国内，以提供更好的金融业服务。

2. 服务内容

炎兴科技主要以技术贸易的形式帮助全球客户建设、管理、优化和运营后台业务。

技术服务：在客户不限制使用流程和技术的前提下，为客户提供"图像转换数据"、信息采集及数据分析的服务，服务内容主要包括使生产质量和效率满足双方约定的标准，降低生产成本，提高信息安全；服务内容不涉及专有技术权属的变更。

技术开发：基于客户不掌握的知识和经验，以实现图像转换数据、信息采集、数据分析等项目达到某一确定的质量、效率和成本为目标，进行技术开发或技术改造。

技术转让：将公司拥有的技术专利、技术秘密及其他知识产权成果进行技术转让和技术入股。

技术咨询：针对客户的图像转换数据技术项目及数据分析技术项目，以统计学、数学等科学知识和流程工艺技术、质量控制技术等手段，进行分析、论证、评价和预测。

3. 企业优势

(1) 人才优势

服务外包产业属于知识密集型的产业，形成创新优势的关键在于人才培养。西安市是中国重点高等院校集中的城市之一，拥有高等院校 76 所，博士点 334 个、硕士点 826 个，国家级重点学科 60 个、省部级重点学科 385 个，另外，有 8 所军事院校。而且在校学生人数居全国第三位，仅次于北京、上海，最近 10 年来，西安市高等教育人才总量逐渐上升，西安市企业人才储备较为充足，具有人力资本总量上的优势。此外，西安市商务局认定西安深蓝软件开发实践培训中心、西安长城职业技术培训中心、西安雁塔尚学堂计算机学校等 21 家培训机构为西安市服务外包培训机构，为服务外包产业培养更多的专业人才。

炎兴科技现有员工 1000 多人，公司管理层具有丰富的行业经验，能够保证企业的发展和与国际市场对接的能力。此外，公司还拥有熟悉中西商业文化的留学生团队，能够结合成熟的国际市场，直接参与国际竞争，走国际化发展的道路。

(2) 技术储备

炎兴科技的技术基础扎实，实力雄厚。拥有自主知识产权的"炎兴智能图形图像处理软件系统"已经获得软件产品登记证书（证书编号：陕 DGY－2003－0022）；"数据录入系统 V1.0"已经获得计算机软件著作权证书（软著登字第 008538 号）。以上两项项目在数据安全的实时接收和分发、非规范文本数据自动识别、数据的检索、过滤、OCR 技术等方面已经应用成熟。

(3) 公司战略

炎兴科技定位为国际化企业，并将以商业流程外包为主导的软件出口作为公司的发展路线，遵循架构中美 IT 桥梁的发展思路，充分发挥国际桥梁及纽带作用，以先进的市场运作经验和管理理念引领中国企业提高国际竞争力，加快国际化步伐。

（三）西安活跃网络有限公司

1. 公司简介

西安活跃网络有限公司（以下简称"活跃网络"）成立于 1998 年，2011

年在纽约交易所上市。总部位于美国加利福尼亚州的圣迭戈，是全球领先的互联网在线产品及服务的软件及解决方案提供商。公司主要向体育组织、公益组织、高等教育机构、政府机构、社区组织提供服务，满足这些组织对协同化商务软件的需求，提供相应解决方案。其业务范围涉及体育、健身、商务、休闲、社交、日常生活等各类活动的信息管理，以及活动组织管理、在线注册报名、数据库管理以及跟踪服务等。公司在全球拥有30多个分公司及办事处，分布在美国、加拿大、澳大利亚、中国、德国、新西兰、新加坡、英国等地，共有员工3300多名。活跃网络于2005年底入驻中国地区，在西安成立了活跃网络（西安）有限公司，这是该公司在中国成立的第一家研发中心。活跃网络（西安）有限公司目前已拥有310多名员工。此外，活跃网络还有成都、上海等分公司，涉及软件开发、测试、市场拓展、客户服务等多个业务。活跃网络（成都）有限公司目前已经有110名员工，是活跃网络在中国战略中的重要一环，公司欲将活跃网络（成都）有限公司打造成为其全球重要的研发中心之一。

2. 服务内容

西安活跃网络主要服务于体育活动、社区组织、户外活动、商务会议活动等。

体育活动软件主要为耐力赛（指跑步、骑自行车、游泳及多项混合体育赛事）、团队体育及竞技项目、高尔夫运动、露营等活动提供专业的服务。

社区组织软件主要服务于政府部门、高等学府、幼儿园和中小学教育机构，以及青少年教育活动及慈善机构等。

户外活动软件主要服务于狩猎垂钓活动（为国家野生动物保护机构提供狩猎及捕捞许可证管理）、露营场地管理、码头船舶管理、温泉度假村及高尔夫球场等活动场所管理、滑雪场及旅游景点管理等。

商务会议活动软件主要服务于企业大型会议管理、中小企业会议及研讨会管理、会议策划、行业协会贸易会展管理等。

3. 资质与荣誉

（1）活跃网络入列2014年中国服务外包成长型企业名单，成为一家十分具有成长性的服务外包企业。

（2）被德勤会计师事务所评为2012年发展速度最快的500家公司之一，在科技类公司中排名第一。

（3）在 2012 年的《信息周刊》500 强榜单中，活跃网络排名第 29，在信息技术领域排名第一。

（4）活跃网络自主研发的"Couch‐to‐5K（跑步控）"手机 APP，获得"WebAward 2012 年最佳移动应用程序"，以及"最佳医疗保健和健身应用程序"称号。

（5）2011 年，活跃网络被提名为增长最快私营企业 500 强。

4. 企业愿景

活跃网络秉承全民参与的理念，希望将网络和软件作为人与人之间连接的纽带，推动健康理念的传播，提高人们日常生活休闲活动的丰富程度；服务于广大体育赛事及会展会议的参与者和组织者，帮助人们发现和参与到自己喜欢的活动中，同时也帮助各种机构吸引更多的参与者加入他们所主办的会议及活动中。用科技创建社区，用社区引领需求。活跃网络希望能够将"最大化参与"这一理念引入中国，服务中国社会。

三　西安市服务外包发展展望

中央政府和地方政府大力支持服务外包产业的发展，国家在"十一五"规划纲要中明确表示鼓励外资参与物流服务、跨境外包、软件开发，通过服务外包基地的建设，和国际服务业转移形成有序承接。北京、天津、上海、西安等 5 个城市获批成为中国软件服务外包示范城市，从而促进了中国软件服务外包产业的快速发展。而西安作为西北地区的门户，成为西北地区服务外包产业发展的引领者。

陕西省政府逐步推出海关和税收等方面的优惠政策，以增强其服务外包产业的国际竞争力。2014 年，为了支持陕西省服务外包产业持续发展，陕西省政府重点对新设服务外包企业进行奖励、支持服务外包公共服务平台及相关配套设施建设、支持服务外包企业研发和技术改造项目、支持服务外包培训机构培训国际服务外包人才等。陕西省服务外包企业可获得专项资金补助，对以贷款为主的投资项目，采取贴息方式给予补助[1]。同时，从 2011 年至今，西安

---

[1]　资料来源：http：//www.xasourcing.gov.cn/390/3/166/58492.shtml。

市在人才引进"5235计划"中的投入每年均不低于1亿元，并确保在现代服务业、生物医药、先进制造、高新区电子信息四大主导产业领域中，该专项基金能够发挥促进人才发展的作用，把西安高新区打造成为中国中西部地区最具影响力的人才高地。可见，西安市服务外包企业在未来十分具有发展潜力和动力。

然而，随着全球环保意识的加强，高污染、高耗能产业的发展受到了逐步的限制和替代，而低污染、低耗能的服务外包产业越来越受到国家和企业的青睐。因而，西安服务外包企业在国际市场和国内市场上都面临着竞争，这其中既有来自爱尔兰和印度等国家企业的竞争，也有来自前文所述服务外包基地所在城市企业的竞争。面对如此激烈的行业竞争，西安要争得服务外包更多的份额，任务十分艰巨。

B.15
哈尔滨市服务外包企业发展综述

一 哈尔滨市服务外包发展总体情况

哈尔滨市是国家服务外包示范城市，其地理位置的特殊性使其服务外包产业的发展与其他城市略有不同。一方面，其位于中西部内陆地区，缺少深圳、大连等沿海城市的海口优势，因此哈尔滨市非常注重城市光缆骨干传输网络的建设，通信网络和交通建设成为哈尔滨市服务外包企业发展的重要支持设施。另一方面，由于哈尔滨市邻近俄罗斯，对俄服务外包成为哈尔滨市的特有优势，这也是为什么最近5年来，哈尔滨市的服务外包离岸执行额可以以年均30%以上的速度增长，离岸外包成为黑龙江省服务外包产业的支柱。

同时，哈尔滨市对服务外包的政策支持力度在全国也是首屈一指。2014年6月，哈尔滨市关于电子商务发展的"1141"工程出炉，计划打造一个电子商务特区，一个电商巨头东北运营中心，扶持农业、医药、旅游、服务四大重点产业和一个对俄贸易电子商务运营中心。其中，在电子商务服务产业方面，东北运营中心将促进电子商务外包服务产业的发展，支持"中国云谷"服务全国电商，鼓励高技术服务业面向电子商务需求研发产品。2014年9月，哈尔滨市首家涉外服务外包学院正式成立。2014年11月，《哈尔滨市国民经济和社会发展信息化"十二五"规划》也明确指出，应重点发展地理信息资源开发和数据加工处理信息服务外包，并提出采用虚拟的方式建立服务外包人才培训中心，建立企业、人才、项目、信息发布、通知等统一管理的服务外包公共服务平台。2015年1月，哈尔滨市商务局副局长季国强在接受采访时表示：作为中国服务外包示范城市，哈尔滨在全国首推支持服务外包发展"上不封顶"的政策，以推动服务外包产业的发展。

哈尔滨服务外包企业名单见表1。

二 哈尔滨市服务外包企业概况

本报告选择《2013年中国服务外包企业五十强》中哈尔滨唯一入选企业——

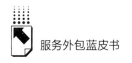

表1 哈尔滨服务外包企业名单

企业名称	企业名称
北京铭世博国际展览有限公司	黑龙江东讯科技信息咨询有限公司
北京西达信息技术有限公司	黑龙江海康软件工程有限公司
诚德软件开发	黑龙江华夏千博科技有限公司
东方月神外包服务有限公司	黑龙江黄金谷农业科技发展有限公司
共友科技	黑龙江惠业人力资源有限责任公司
哈尔滨博扬电子公司	黑龙江朗讯科技开发有限公司
哈尔滨博扬电子有限公司	黑龙江龙德天合动漫有限公司
哈尔滨博扬科技有限公司	黑龙江龙德天合职业培训学校
哈尔滨电气国际工程有限责任公司	黑龙江绿盾计算机技术开发有限公司
哈尔滨鼎鑫数据科技有限公司	黑龙江魅尔网络开发有限公司
哈尔滨东建机械制造有限公司	黑龙江米禾文化传播有限公司
哈尔滨沣飞信息技术有限公司	黑龙江劝业科技股份有限公司
哈尔滨枫芝信息技术有限责任公司	黑龙江省公众信息产业有限公司
哈尔滨工业大学软件工程股份有限公司	黑龙江省海天地理信息技术股份有限公司
哈尔滨海航地理信息工程有限公司	黑龙江省延寿希望电子工程有限公司
哈尔滨黑大伊思特软件有限公司	黑龙江盛世达仁科技开发有限责任公司
哈尔滨恒游网络技术有限公司	黑龙江思特软件技术有限公司
哈尔滨华强电力自动化工程有限公司	黑龙江外商企业咨询服务有限责任公司
哈尔滨极光文化传播有限公司	黑龙江网达科技有限公司
哈尔滨嘉鸿科技开发有限公司	黑龙江协成科技有限公司
哈尔滨凯赛科技有限公司	黑龙江一点通科技开发有限公司
哈尔滨昆仑同创科技发展有限公司	黑龙江亿科软件有限公司
哈尔滨兰诺数码有限公司	黑龙江亿林网络技术服务有限公司
哈尔滨朗亿科技发展有限公司	黑龙江英特瑞驰科技开发有限公司
哈尔滨乐辰科技有限责任公司	黑龙江永上进出口有限公司
哈尔滨联创科技有限责任公司	黑龙江邮政易通信息网络有限责任公司
哈尔滨联德信息技术有限公司	黑龙江智帝科技发展有限公司
哈尔滨零距离科技有限公司	黑龙江中软计算机股份有限公司
哈尔滨龙鑫炎科技开发有限公司	劲楫信息
哈尔滨美服国际商务服务有限公司	龙德天合动漫有限公司
哈尔滨米卜科技开发有限公司	铭世博展览有限公司
哈尔滨明拓电气科技发展有限公司	伟光软件开发有限公司
哈尔滨品格文化传播有限公司	用友软件股份有限公司黑龙江分公司
哈尔滨七剑数字动漫科技有限公司	中国哈尔滨服务外包网
哈尔滨奇安科技发展有限公司	中国铁通集团有限公司

企业名称	企业名称
哈尔滨乾之泰科技发展有限公司	哈尔滨中和信息技术有限公司
哈尔滨润博网络技术服务有限公司	哈尔滨卓创科技开发有限公司
哈尔滨塞柏达科技开发有限公司	黑河市掌尚电子科技有限公司
哈尔滨三六九科技开发有限公司	黑龙江傲立信息产业有限公司
哈尔滨世纪龙翔科技开发有限公司	黑龙江财纳康姆斯网络技术有限公司
哈尔滨世纪腾宇科技开发有限公司	黑龙江创力信息技术有限公司
哈尔滨市新金电子有限公司	哈尔滨易昌科技发展有限公司
哈尔滨市中孚伟业科技有限公司	哈尔滨益进信息技术有限公司
哈尔滨万博天地科技发展有限公司	哈尔滨翼鹏科技有限公司
哈尔滨新海德科贸有限公司	哈尔滨银滔电子设备有限公司
哈尔滨新中新星光科技股份有限公司	哈尔滨英立科技开发有限公司
哈尔滨鑫恒益科技发展有限公司	哈尔滨中北蓝域数码科技有限公司
哈尔滨鑫时空科技有限公司	哈尔滨中和科技开发有限公司
哈尔滨信通科技发展有限公司	哈尔滨兴业宝科技有限公司
哈尔滨信息有限公司	哈尔滨亚远景信息技术有限公司

哈尔滨新中新电子股份有限公司作为成功企业代表，其也曾入选 2013 年中国业务流程外包企业 20 强；选择 2012 年中国服务外包百强成长性企业——哈尔滨奇安科技发展有限公司作为黑龙江本土软件和信息服务外包企业代表；选择黑龙江省互联网十强企业之一、2013 年度中国数据中心最具成长力企业——黑龙江亿林网络股份有限公司作为"中国云谷"① 企业代表进行介绍。

（一）哈尔滨新中新电子股份有限公司

1. 公司简介

哈尔滨新中新电子股份有限公司（以下简称"新中新集团"）成立于 1988 年，目前注册资金 5000 万元，总资产 6 亿元。集团总部位于黑龙江省哈尔滨市高新技术开发区，在北京、上海、珠海、武汉设有独立法人单位。新中新集团主营业务主要涵盖软件服务外包产业、智能交通产业、第二代居民身份证产业、智

---

① "中国云谷"位于哈尔滨市南部，聚集了全国云计算产业优势资源，是省、市重点发展的云计算数据中心产业基地。

能控水控电等卡应用产业和金融卡及数字化校园产业。集团具有销售管理、市场推广、技术支持与客户服务的完整销售体系。作为技术型企业，新中新在号牌识别技术、视频检测技术、射频技术和软件技术等方面都具有优势，并与高校、研究机构保持密切合作关系。集团目前有员工1000余人，代理商4000余家，已连续多年被评定为国家高新技术企业、国家规划布局内重点软件企业。

安畅ITS品牌是新中新集团的下属品牌，其在城市智能交通领域可以完成ITS相关技术解决方案的构建、工程实施、产品研发和市场推广等业务，是集团主导产业之一。安畅ITS曾推出业内领导产品——电子警察系列产品、交通控制信号灯和系列交通信号机，成为城市道路交通管理整体解决方案的知名供应商。

2. 服务内容

新中新集团涉及业务非常广泛，主要从事服务外包业务的是集团第五产业群事业部，即哈尔滨新中新星光科技股份有限公司，其在哈尔滨和北安设有研发、交付中心，服务内容如下。

（1）业务流程外包

其业务流程外包涉及多个领域，包括医院、档案馆、公检法、政务部门和金融、保险等行业及领域客户。

（2）信息技术外包

包括应用软件的开发和网站设计开发等。

（3）其他

包括嵌入式开发、系统集成服务与测试、数据录入与数据迁移、信息咨询等。

3. 发展历程

1988年，新中新集团成立。

2001年，"金龙卡集团电子现金交易系统成套装置"成为国家重点新产品。

2002年，城市交通智能网络疏导系统进入2002年国家重点新产品计划。

2005年，"金龙"注册商标成为黑龙江省著名商标。

2012年，入选2011哈尔滨年度最佳雇主。

2013年，入选国家规划布局内重点软件企业。

2013年，入选2013年中国服务外包企业50强。

4. 资质与荣誉

（1）国家信息系统集成二级资质；

（2）涉及国家秘密的计算机信息系统集成资质；

（3）CMMI 软件能力成熟度三级资质；

（4）ISO 9001 质量管理体系认证；

（5）ISO 14001 环境管理体系认证；

（6）ISO 18001 职业健康安全管理体系认证；

（7）ISO 27001 信息安全管理体系认证，哈尔滨市"诚信之星"企业；

（8）2004 年度国家规划布局内重点软件企业；

（9）黑龙江省优秀软件企业；

（10）第八届中国国际软件博览会金奖；

（11）中国年度最佳雇主（2012）；

（12）2013 年中国服务外包企业 50 强。

5. 公司经验

新中新集团的成功与其对数字时代的精确把握密不可分，可以说，新中新创造了很多里程碑式的产品。

新中新的研发团队发明了三代系统产品：金龙卡食堂就餐系统、金龙卡集团电子现金交易系统、金融化一卡通系统产品。每一个系统产品都符合时代发展的方向，给大众生活带来便利。目前，新中新正在智能交通、智慧城市领域不断探索，这也符合我国"互联网＋"时代的需求。

（二）哈尔滨奇安科技发展有限公司

1. 公司简介

哈尔滨奇安科技发展有限公司（以下简称"奇安"）建立于 1997 年，是目前黑龙江唯一一家本土软件企业，其专注医药软件已超过 15 年。此外，企业还从事商品流通企业的 ERP 研发、推广、销售和服务。奇安善于利用自身所具备的高尖端软件技术、丰富的经验和专业服务，向客户提供经营管理解决方案，同时，其预留的二次开发接口可以充分满足不同企业的个性化要求。

目前，奇安凭借其高水平、高质量的服务，市场占有率居全国医药软件企业前三名，在黑龙江省医药管理软件企业中居第一名。其客户数量超过千家，

遍及医疗、医药、银行、物流、教育、电信、服务行业等。凭借多年丰富的理论研究和行业实践经验，奇安形成了极具市场竞争力的产品体系。

2. 服务内容

（1）针对医药企业的解决方案

其产品包括 ERP 管理系统 – S + 版、ERP 管理系统 – S9 版、ERP 管理系统 – Q 版。

（2）认证咨询服务

提供专业团队，全面指导客户 GSP 认证过程。

（3）药监管理系统

奇安药监管理平台，是国家食品药品监管服务平台，是可以同时实现信息监测、决策支持、公共服务、行政执法、内部管理和应急管理等多功能的公共服务性平台。

3. 资质与荣誉

（1）ISO 27001 认证；

（2）CMMI3 级认证；

（3）互联网药品信息服务资格；

（4）软件行业协会会员单位；

（5）2012 年，中国服务外包百强成长型企业；

（6）2009～2010 年，中国软件和信息服务业最具潜力企业奖；

（7）2010～2011 年，中国软件和信息服务业最具竞争力产品奖；

（8）2011～2012 年，中国软件和信息服务业突出贡献企业奖；

（9）2012～2013 年，中国软件和信息服务业最具竞争力产品奖。

4. 公司经验

哈尔滨奇安科技发展有限公司作为黑龙江省唯一一家本土的软件公司，拥有强大而专业的研发团队，能很好地满足客户的需求。综观该公司的新闻，可以发现奇安非常善于利用国际服务外包交易博览会、中国国际软件和信息服务交易会这类活动，并且每次均满载而归。在第十一届软交会上，奇安自主研发产品获得"2012～2013 年中国软件和信息服务业最具竞争力产品奖"，这是奇安第四次在软交会上获奖。在第三届中国国际服务外包交易博览会中，奇安更是先后与新加坡杭州科技园、杭州市对外贸易经济合作局、安徽服务外包产业园、日本简柏特株式会社、波特斯公司以及高德纳咨询公司等进行会谈，并在外包人才培养、医药物流外包等方面达成合作意向。由此可以看出，作为一家黑龙江本土软件企业，地理位置上的劣势可以通过积极参与业内交易会、博览会来弥补，以争取合作机会。

（三）黑龙江亿林网络股份有限公司

1. 公司简介

黑龙江亿林网络股份有限公司（以下简称"亿林"）成立于 2008 年，于 2013 年改为股份制公司并于同年在天津交易所上市，目前其注册资本达到 1000 万元。亿林以 IDC 为主打产品，同时从事 IDC 增值业务及 IAAS 业务、信息咨询管理、通信服务、ITO 服务外包等多项业务，是哈尔滨市迅速发展的互联网企业、黑龙江省互联网十强企业。

亿林生产及办公面积超过 4000 平方米，配有专业云计算研发实验室，4星级数据中心，可提供年 200G 互联网出口带宽及 800 面机柜租用。2014 年 2 月，"中国云谷"数据交换中心在公司内投入使用。

亿林在不断发展的过程中，已将客户范围扩展到我国辽宁、山东、天津、香港以及美国等地，2011 年，亿林数据成为黑龙江省内最大的中立接入服务商。

2. 服务内容

亿林提供多种软件系统与高级服务器，其服务内容包括：服务器租用、服务器托管、云主机、机柜带宽、虚拟主机和数据库、增值服务、网站建设、软件开发等。

3. 发展历程

2008 年，黑龙江亿林网络股份有限公司成立。

2009 年，成功研发出云计算、云存储系统及其相关配套设备。

2010 年，进入软件研发市场，并获得"双软"认证。

2010 年，企业转型进入云计算领域，并成为中国前 10 家 IAAS 企业。

2010 年，成为黑龙江省唯一提供完整云计算解决方案的数据中心。

2010 年，与酷 6 网签约成为合作伙伴，在合作共赢的理念下为酷 6 网提供 IDC 服务。

2011 年，入驻"中国云谷"，成立哈南数据中心 IAAS 服务机构。

2011 年，成功重组包括南方网络等多家省内知名 IDC 企业在内的业务。

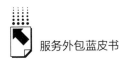

2011 年，大连软交会上与用友集团签署合作协议。

2011 年，亿林加入中国"云图"。

2011 年，独立自主开发的"资源管理系统"被列为国家火炬计划。

2012 年，承担国家科技支撑计划项目（项目总投资 2 亿元）等。

2012 年，筋斗云企业移动营销软件 V1.0 研发成功。

2013 年，改制为股份有限公司，更名为"黑龙江亿林网络股份有限公司"。

2013 年，在天津股权交易所上市。

2013 年，获批组建黑龙江省工程技术研究中心。

4. 资质与荣誉

（1）信息技术服务管理体系国际认证（ISO/IEC 20000 – 1：2001）；

（2）ISO 27001 认证；

（3）ISO 9001 质量体系认证；

（4）网络文化经营许可证；

（5）技术先进型服务企业；

（6）黑龙江省互联网十强企业；

（7）2013 年度中国数据中心最具成长力企业奖；

（8）2014 年获得黑龙江省"青年文明号"称号。

5. 公司经验

黑龙江亿林网络股份有限公司自 2008 年成立，到 2011 年成为黑龙江规模最大的中立接入服务商，再到 2013 年改为股份制公司并成功在天津股权交易所上市，可谓发展迅速。而在其迅速发展的背后，善于抓住机遇、充分利用政府支持是企业成功的重要因素。

哈尔滨作为中国服务外包示范城市，对服务外包企业本身有许多支持政策。与此同时，黑龙江省更重点打造"中国云谷"，对亿林这种云计算数据中心企业更是大力支持。仅 2012 年，亿林就获得了 2012 年度电子信息产业发展基金项目、2012 年哈尔滨市知识产权质押融资贷款项目、2012 年黑龙江省工业和信息化专项资金项目、2012 年哈尔滨市发展服务外包产业专项资金项目、2012 年新型工业化发展资金项目、县域经济发展资金项目和云计算产业资金项目的支持。由此可见，抓住机遇、利用政府支持来助力企业发展是其他企业都可以借鉴的成功经验。

B.16
宁波市服务外包企业发展综述

一 宁波市服务外包发展总体情况

宁波地处中国大陆海岸线中段，位于当今中国经济发达的长江三角洲南翼。宁波自古以来就是一个对外贸易商埠，改革开放以来，其所拥有的港口这一大优势在港桥海联动战略的推进工作中发挥了重要作用，在建设现代化国际港口城市的过程中，立下了一座城市改革开放的里程碑。

港口，是宁波最具发展潜力和竞争优势的战略资源，宁波实行了"以港兴市、以市促港"战略。依托深水良港，宁波着力建设国家级能源、原材料基地，并主动承接国际产业转移事务。北仑港区后方崛起了一条超过20公里的临港大工业带，聚集了许多大型工业支柱产业，占全市工业的比重约为1/4，主要包括石化、造纸、能源、钢铁、修造船等行业。虽然这里不产砂、不产煤、不产油，但它使浙江成为中国南方最大的火力发电基地、全国最大的原油中转基地，还为全国30多个钢厂输送铁矿原料，且供给着一大批电厂。

早在2004年召开的加快发展服务业大会上，宁波市委、市政府就明确提出发挥港口的比较优势，在此基础上，推进制造业基地的建设和服务业的发展，实现二者的共同进步。

宁波抓住时机、因势利导，大力发展现代服务业，加快构建临港产业链，已成功引进马士基、普洛斯、安博等世界物流巨头和国际航运业排名前15位的意邮公司等港口物流大项目，成为浙江省物流业活跃的区域之一。从临港工业到临港产业，成为宁波转变发展方式、实现科学发展的必然选择。

在宁波市委、市政府的正确领导下，2007年以来，宁波市服务外包产业从无到有，并快速发展，迅速变大变强，取得了积极进展。服务外包的业务总额以每年30%的速度迅速增长，服务外包产业的范围逐年扩大，现已涵盖工业设计、软件技术服务、四方物流、人力资源服务等。近年来，宁波市将服务

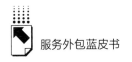

外包产业作为加快推进对外开放和产业转型升级的重要抓手，编制出台了全国第一份城市服务外包产业研究发展规划和政府服务外包办法，培育打造了6个服务外包示范园区和14个服务外包人才培训基地。"十二五"期间，宁波被评为全国服务外包最具发展潜力城市，产业规模跻身国内城市20强。

在宁波市服务外包行业的发展进程中，国家赋予宁波市的开发权限功不可没。近年来，国务院对宁波市的外包服务给予了很大的支持，先后批准了多个园区，如国家级开发区宁波经济技术开发区、宁波保税区、享有特惠政策的宁波出口加工区、保税物流园区、梅山保税物流园区等。作为自贸区的先行者，其享受了保税港、物流园区以及出口加工区的税收和外汇政策，这一系列优惠政策的施行，不仅为宁波市新一轮深度对外开放提供了充足的动力，还使其成为中国开放层次最高、政策最优惠、功能最齐全的特殊区域之一。

改革开放以来，宁波市的经济发展突飞猛进，宁波市作为长三角的一员，其开放型经济发展取得巨大成就，在中国对外贸易和制造业发展中扮演了重要角色。2015年全市口岸进出口总额为1936.4亿美元，对外贸易经营备案登记企业达29858家，全年有进出口实绩企业15587家；外贸自营进出口总额为1004.7亿美元，直接与宁波市开展贸易往来的国家和地区达219个，其对外贸易发展水平远远领先于同类城市。

宁波市拥有得天独厚的港口物流条件，物流运输企业超过3000家，国际贸易企业达1.5万家。不仅是优厚的物流条件，宁波市还拥有170余家自然科学研究机构，以及总计拥有在校生45000人的16所大专院校。其中，浙江大学软件学院的学生每年有上千名走向社会，并最终选择高端软件行业。丰富的人才资源成为宁波外包服务产业的基石。2008年，在外包服务快速发展的时期，宁波市成立了针对外包产业的人才培训中心，并先后在全市各处设立了12个分支，作为人才培训的基地。在此基础上创新出来的先进人才培养模式，将政府、学校以及社会上的企业三者联合，将培育出的优秀人才直接输送到社会中去，这也就是所谓的"政府—高校—企业紧密合作"模式。同年，宁波市服务外包领导小组及办公室成立，市长与副市长分别任组长和副组长，共同建立了全市服务外包工作增促机制。由于其成果显著，这一机制得到了其他各市县的争相模仿。宁波市于2009年建立了工作考评体系，旨在督促服务外包行业的有效健康发展，它共有三个等级的奖项，每年对其进行评选，并将评选结果列入年度开放型经济工作考评的重要内容中，在年末对业绩突出的机构进行表彰。为了进一步支持服务外包工作，宁波市每年拨款 5000 多万元作为扶持资金。

随着外包服务的不断发展壮大，需要许多政策的出台作为支撑。宁波市出台了政府服务外包暂行办法，成为全国的榜样与表率。正因如此，一系列政策使全市服务外包行业得到了进一步的发展，使其未来的创新思路得到了拓展。

宁波市服务外包的崛起不仅使外贸总额获利，还产生了正的外部性。许多产业在利润的驱动下，加快了自身的发展，如 IT、金融、动漫、工业等；首先，在信息产业方面，宁波市由于相关基础设施先进、产业发展水平高，而获得了一系列称号，如国家城市信息化、全国电子商务试点城市等；其次，在工业基础方面，随着一系列基础工业与新型工业的发展与崛起，一些相关行业也得到了空前的发展，如我们日常所用的家电和纺织品，出行必不可少的汽车、船舶及其配件，以及支撑我们所有行为的必要品——能源等。

为形成对服务外包的有效支撑，建设一个智慧城市是明智之举。在宁波市委、市政府的督促下，宁波市于 2010 年做出了在十年内建成智慧城市这一决定。智慧城市是指打造出智慧应用领先、智慧产业集群、智慧基础设施完善，具有国际港口城市特色的城市。智慧城市建设需要完成的是建设在安居、健康、教育、贸易、能源、社会管理、公共服务、交通等方面都兼备的、完整的、相互促进的智慧体系。

2015 年，宁波市实现地区生产总值 8011.5 亿元，同比增长 8.0%。其中，第一产业增加值 285.2 亿元，增长 1.8%；第二产业增加值 3924.5 亿元，增长 4.8%；第三产业增加值 3801.8 亿元，增长 12.5%。三次产业之比为 3.6∶49.0∶47.4。按常住人口计算，全市人均地区生产总值为 102475 元，按年平均汇率折合为 16453 美元。

2015 年，宁波市外贸进出口总额为 6239.9 亿元，以美元计价为 1004.7 亿美元。这是宁波对外贸易继 2013 年、2014 年达到 1000 亿美元后，在严峻复杂的外贸形势下再次突破千亿美元。2015 年，宁波市以一般贸易方式进出口 5031.6 亿元，下降 1.2%，占同期全市进出口总额的 80.6%，比 2014 年所占比重提高 1.4 个百分点。加工贸易合计进出口 930 亿元，下降 11.1%，占同期全市进出口总额的 14.9%。从产品结构看，机电产品出口额占全市出口总额的 54.4%；高新技术产品出口额占全市出口总额的 6.4%。

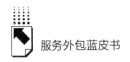

2015 年，全市新批外商投资项目 444 个，合同利用外资 76.5 亿美元，比上年增长 9.0%；实际利用外资 42.3 亿美元，增长 5.2%。其中，制造业实际利用外资 22.2 亿美元，增长 21.8%，占全部外资利用额的比重高达 52.5%，比上年提高 7.2 个百分点。全市新批境外投资企业和机构 226 家；核准中方投资额 25.1 亿美元，比上年增长 36.6%，实际中方投资额 12.8 亿美元，增长 49.5%。完成境外承包工程劳务合作营业额 19.1 亿美元，增长 13.1%。全年承接服务外包执行额 186.2 亿元，增长 32.4%，其中离岸服务外包执行额 12.8 亿美元，增长 40.6%。截至 2015 年末，全市服务外包企业 1201 家，从业人员 4.7 万人。

二 宁波市服务外包企业介绍

在宁波市服务外包产业发展的过程中，出现了宣逸、东蓝数码等一批代表行业发展方向和高端水平的典型示范企业，通过政策引导、主体培育等途径，形成了产业集聚区，这成为宁波市服务外包产业的亮点。

宁波市服务企业名单见表 1。

表 1 宁波市服务外包企业名单

企业名称	企业名称
健锋管理技术研修中心(宁波)有限公司	浙江盈达科技发展有限公司
余姚广源园林设备设计有限公司	宁波市金穗税务师事务所有限公司
宁波华军计算机科技有限公司	宁波成功多媒体通信有限公司
浙江大丰实业	浙江信电技术股份有限公司
余姚市搜漫网络有限公司	宁波思高软件科技有限公司
宁波沃邦信息技术有限公司	宁波畅想软件开发有限公司
宁波易普信息技术有限公司	宁波中冠工程造价事务所有限公司
宁波金信通讯技术有限公司	宁波市远见旅游设计有限公司
浙江邓创网络科技有限公司	宁波东方船舶设计有限公司
宁波晟峰信息科技有限公司	浙江数华科技有限公司
宁波神州数码宏博信息技术有限公司	宁波市亿法德工业产品设计发展有限公司
宁波鼎晟网络科技有限公司	宁波国穗会计事务所
东蓝数码有限公司	宁波优创信息技术有限公司
宁波正平信息技术有限公司	宁波易科嵌入式软件有限公司
宁波正源企业管理咨询有限公司	宁波江北双赢计算机科技发展有限公司

企业名称	企业名称
宁波晟天信息科技有限公司	宁波江北恒智软件技术有限公司
象山天下软件有限公司	宁波江北丰禾知识服务有限公司
宁波市渲染影视动画有限公司	宁波市江北讯特计算机科技有限公司
宁波港集团信息通信有限公司	宁波市江北互联天下网络科技有限公司
宁波中小在线信息服务有限公司	宁波腾达之星信息技术有限公司
浙江宣逸网络科技有限公司	化学工业第二设计院宁波工程有限公司
	宁波中聘信息科技股份有限公司

（一）浙江宣逸网络科技有限公司

1. 公司简介

浙江宣逸网络科技有限公司（以下简称"宣逸互动"）成立于 2008 年，注册资本 1000 万元人民币，办公场地逾 1700 平方米，是专业的网络游戏、手机游戏、新媒体平台等互联网应用产品的开发商和运营商。

宣逸互动是宁波市首家具有全资质的网络游戏开发和运营公司，也是宁波市首家将网游产品出口至海外实现文化"走出去"的企业。宣逸互动是宁波市"十二五"文化发展规划"1235"工程重点扶持企业、浙江省文化发展"122"工程首批重点企业、国家文化出口重点企业。宣逸互动创建培育了宁波市首支动漫游戏行业的"宁波市文化创新团队"，在团队的带领下公司先后自主研发出了《帝国重生》《叱咤九州》《梦幻甬城》《王者之心》《侠义传》等多款游戏产品和《看宁波》新媒体平台。公司不仅向海外出口多款游戏软件，还与国内一线互联网平台公司（如 360 安全卫士、风行、酷狗、PPS 等）达成合作，成为宁波文化产品的先锋。

2. 发展历程

2008 年 10 月，公司注册成立，注册资金 1000 万元，成为宁波市鄞州区"一企一策"企业。

2008 年 12 月，宣逸互动被认定为"2008 年度宁波市服务外包企业"。

2008 年 12 月，宣逸互动立项研发《帝国重生》，并以 56play.com 为平台代理《乱世劫》《武林传奇》等产品。

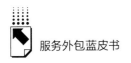
2009 年 9 月，《帝国重生》签约韩国 The5 集团，成功登陆日本和韩国及东南亚各国。

2009 年 12 月，宣逸互动第二款网页游戏产品《叱咤九州》正式立项。

2010 年 3 月，《帝国重生》签约 Ndoors 集团，成功登陆美国以及欧洲国家。

2010 年 5 月，宣逸互动正式获得"对外贸易自营出口权"。

2010 年 6 月，宣逸互动获得《增值电信业务经营许可证》。

2010 年 6 月，宣逸互动被认定为"软件企业"。

2010 年 9 月，《帝国重生》日本市场正式商业化运营。

2011 年 4 月，宣逸互动旗下《帝国重生》在韩国隆重登场。

2011 年 4 月，宣逸互动旗下《叱咤九州》96PK 首服开启。

2011 年 7 月，宣逸互动通过 CMMI3 认证，产品研发能力上新台阶。

2011 年 7 月，宣逸互动成为宁波市"十二五"文化发展规划"1235"工程中 20 个重点文化产品和 50 家重点文化企业之一。

2011 年 9 月，宣逸互动被认定为"浙江省文化出口重点企业"。

2011 年 10 月，宣逸互动旗下《帝国重生》登陆北美市场。

2011 年 11 月，宣逸互动旗下《叱咤九州》台湾版《风云破》上线。

2012 年 2 月，宣逸互动获评"宁波市文化建设示范点"。

2012 年 5 月，宣逸互动旗下《看宁波》官网测试版正式上线对外开放。

2012 年 7 月，宣逸互动被认定为"国家文化出口重点企业"。

2012 年 7 月，宣逸互动被列入浙江省"122"工程首批重点文化企业。

2012 年 7 月，宣逸互动通过 ISO 27001 信息安全体系认证。

2012 年 9 月，宣逸互动被认定为"国家高新技术企业"。

2012 年 10 月，精品页游《王者之心》正式上线。

2013 年 3 月，宣逸互动新作《侠义传》正式上线。

2013 年 9 月，宣逸互动再度入选"国家文化出口重点企业"。

2014 年 1 月，宣逸互动入驻淘宝游戏平台，正式与淘宝游戏平台开展合作。

2014 年 3 月，宣逸互动顺利通过 CMMI3 复审评估。

3. 资质与荣誉

（1）科技创业大赛新苗奖；

（2）浙江省大学生创业之星；

（3）鄞州区服务业十大明星企业奖；

（4）科技创业计划大赛新苗奖；

（5）服务业发展先进奖；

（6）2012 年度科技创新优胜奖；

（7）2012 年度中国十大新锐游戏企业；

（8）2013 年度十大最期待网页游戏；

（9）宁波市文化创新团队；

（10）信用管理示范企业；

（11）现代服务业联系企业；

（12）文化产业基地；

（13）企业工程技术中心；

（14）科技型中小企业；

（15）浙商最具投资潜力企业；

（16）宁波市服务业创新之星；

（17）宁波市大学生创业新秀；

（18）宁波市信用管理示范企业；

（19）鄞州区服务业二十佳企业；

（20）浙江省"守合同重信用"A 级单位；

（21）宁波市大学生创业新秀奖；

（22）中国游戏产业金凤凰奖。

（二）东蓝数码有限公司

1. 公司简介

东蓝数码有限公司（以下简称"东蓝数码"）主营服务是提供关键应用解决方案、产品及服务，包括城市运行调度指挥平台、国土资源和房屋管理平台、地下管线综合管理信息平台、网格化数字城管平台、云计算数据中心平台、市民卡系统等；公司团队曾成功实施了广州亚运会番禺区网格化管理及城市运行信息系统、北京市地下管线综合管理信息系统、北京市市级网格化平台系统、北京市石景山区信息资源中心、天津中新天津生态城云计算数据及信息资源中心、天津市市政公路局网格化管理信息系统、广西柳州市公共数据及信

息资源中心、温州市民卡及云计算数据中心、临海市民卡及云计算数据中心等智慧应用服务。

东蓝数码获得了许多荣誉称号，如"国家规划布局内重点软件企业""国家现代服务业创新发展示范企业""国家火炬计划软件产业骨干企业""浙江省智慧城市大型软件产业技术创新综合试点企业"等。

当前，智慧城市建设方兴未艾，自国家住建部开展"国家智慧城市试点"以来，东蓝数码已经联合住建部、国家开发银行、航天科工集团等国家部委和金融机构、企业与十余个国家试点城市及区县签订了创建"国家智慧城市试点"合作协议，积极开展智慧城市建设和运营，并协助建设智慧城市投融资体系。截至 2013 年底，东蓝借助"国家智慧城市试点"的东风，创新运用"PPP 模式"与地方政府共同投资设立智慧城市运营公司。

2. 发展历程

2002 年 4 月，东蓝注册成立。

2003 年 8 月，东蓝与中国石化在宁波共同投资设立东海蓝帆。

2004 年 6 月，东蓝在宁波投资设立东蓝数码。

2006 年 7 月，东蓝数码在北京重组成立北京东蓝。

2008 年 2 月，东蓝数码在伦敦交易所上市。

2008 年 12 月，东蓝数码在新加坡获颁《福布斯》"亚洲区最佳中小上市企业奖"。

2009 年 4 月，东蓝数码入选"鄞州经济风云榜"。

2010 年 4 月，东蓝数码从伦敦交易所退市。

2010 年 6 月，东蓝数码引进深创投等战略投资者。

2011 年 2 月，东蓝数码被国家发改委、工信部、商务部、国家税务总局联合认定为"国家规划布局内重点软件企业"。

2011 年 4 月，东蓝数码入选"宁波创业创新风云榜""宁波市十大软件企业"。

2011 年 11 月，东蓝数码被科技部认定为"国家现代服务业创新发展示范企业"。

2011 年 12 月，东蓝数码引进浙江省委组织部旗下的浙江海邦人才基金以及宁波市委组织部旗下的宁波海邦人才基金。

2012 年 2 月，东蓝数码入选"十大风云电商"企业。

2012 年 8 月，东蓝院士工作站及企业研发中心被浙江省认定为省级院士工作站、省级企业研发中心。

2012 年 9 月，东蓝数码被科技部认定为国家火炬计划软件产业骨干企业，并荣获中国地理信息科技进步一等奖。

2013 年 1 月，东蓝数码被浙江省政府认定为"浙江省智慧城市大型软件产业技术创新综合试点企业"。

2013 年 3 月，东蓝被国家发改委、工信部、商务部、财政部、国家税务总局联合认定为"国家规划布局内重点软件企业"。

2013 年 4 月，东蓝智慧城市研究院被浙江省政府认定为浙江省省级重点企业研究院。

2014 年 1 月，东蓝数码入选"鄞州服务业五强企业"。

2014 年 4 月，东蓝、东蓝数码、中投智慧携手重组东蓝运营。

2015 年 1 月，东蓝数码与深圳交易所上市公司飞利信完成战略重组，东蓝数码成为飞利信全资子公司。

2015 年 2 月，东蓝数码与国家信息中心、飞利信共同投资设立国信大数据。

3. 资质与荣誉

（1）2006 年度国家信息技术倍增计划优秀项目奖；

（2）2007 年度人才引进先进企业；

（3）2008 年度宁波市对外经贸企业大奖服务外包先进企业；

（4）2008 年度《福布斯》亚洲区最佳中小企业奖；

（5）2009 年度十大现代服务业先进企业；

（6）2009 年度先进服务外包企业；

（7）2009 年度国家自主创新示范区自主创新示范企业；

（8）2009 年度中国软件行业领军企业；

（9）2009～2010 年度中国软件和信息服务业创新影响力企业；

（10）2010 年度宁波市软件服务业十强企业；

（11）2010 年度中国网络主管调查产品创新奖；

（12）2010 年度中国城市信息化成果应用奖；

（13）2010 年度中国城市信息化服务创新奖；

（14）2010 年度首都科技条件平台电子信息领域平台优秀贡献奖；

（15）2011 年度宁波市软件服务业十强企业；

（16）2011 年度中国软件产业外包服务领军奖；

（17）2011 年度中国行业信息化最具成长力企业奖；

（18）2011 年度中国行业信息化典范应用奖；

（19）2011 年度中国电脑商 500 强企业；

（20）2011 年度入选软件和信息服务业四个一批工程企业；

（21）2012 年度宁波市服务业百强企业；

（22）2012 年度创新创业卓越企业奖；

（23）2012 年度宁波市软件服务业十强企业；

（24）2012 年度中国地理信息科技进步一等奖；

（25）2012 年度宁波市优势总部企业；

（26）2013 年度中关村高成长企业 TOP100；

（27）2012 年度、2013 年度宁波市服务业百强企业；

（28）2013 年度中国智慧城市信息化领军企业奖；

（29）2013 年度中国智慧城市最佳解决方案创新奖；

（30）2013 年宁波市企业技术创新团队；

（31）2013 年，"国家地震社会服务工程应急救援服务系统"被认定为中关村国家自主创新示范区新技术新产品；

（32）2013 年度宁波市软件服务业十强企业；

（33）2014 年，"智慧水务建设方案"荣获中国智慧城市优秀解决方案奖；

（34）2014 年度宁波市服务业百强企业。

宁波服务外包产业发展迅速，其主要原因有两点：第一，依托良好的产业基础；第二，全市上下积极有效地推动工作。宁波园区的五大优势决定了宁波发展的核心竞争力，分别是人才资源丰富、信息产业发达、港口物流繁荣、工业优势明显和智慧城市先行。同时，政府的重视以及对外包环境的优化也推动了宁波外包服务产业的发展。

B.17
大连市服务外包企业发展综述

一 大连市服务外包发展总体概况

在 21 世纪经济全球化时代，各国纷纷紧跟时代潮流，逐渐增加对外开放的程度，服务贸易蓬勃发展。当前，世界已经进入服务经济时代，服务业占世界经济总量的比重接近 70%。在服务经济时代，国际经济合作的热点和国际竞争的焦点主要为服务贸易，服务贸易带动了各国产品和服务更多、更快地融入全球价值链，离岸服务外包可以有效促进跨国公司服务业国际化进程。服务外包已经随着信息时代的来临，在全球各大商业领域发展并流行，一方面，服务外包的发展加剧了全球性的竞争并由此促进了全球化新格局的形成；另一方面，全球化的发展也对服务外包的发展产生影响和推动。

通过多年发展，形成了目前国际服务外包的格局，接包方多为发展中国家，发包方多为发达国家。2001 年，中国加入 WTO 后，不断加大对外开放程度，大力发展服务贸易。近年来，中国的服务外包规模快速扩大，但是在全球价值链中，服务外包总体仍以产业链下游的劳动密集型和低价值的传统服务外包为主。"微笑曲线"两端的高附加值环节为研发服务及专业服务，而这两端的服务正是最具有竞争力的环节，因此对于新兴经济体来说，大力发展服务外包等新兴产业，有利于提高服务贸易整体竞争力，有利于中国服务业的竞争力在国际市场上得以巩固和提升。

发展国际服务外包对于中国来说意义十分重大，尤其是对于中国产业结构进一步升级来说意义重大，这主要由服务外包的特点决定。近年来，国际产业转移的重点正由制造业转向服务业，国家纷纷建立服务外包基地，素有"北方香港"美誉的大连，是中国东北地区对外开放的重要城市，应当抓住产业发展的机遇，以促进经济迅速发展。据统计，截至 2015 年 2 月，大连已经有世界 500 强软件企业中的 110 家，推动了大连市高端装备制造、融资租赁、服

务外包、技术研发、物流仓储等行业的发展。2015 年，大连服务贸易进出口已经突破 100 亿美元，达到 102.6 亿美元，占辽宁省服务贸易总额的 49.7%。其中，服务贸易出口 42.7 亿美元，占全省的 66.3%，服务贸易进口 59.9 亿美元，占全省的 42.1%。全年在线登记离岸服务外包合同金额 16.23 亿美元；执行金额 15.23 亿美元，比上年下降 16.0%。截至 2015 年末，全市拥有服务外包企业 1071 家，从业人员 13.7 万人。与上海、北京等服务贸易发展较完善的城市相比，大连虽然发展势头良好，但是依然存在贸易领域较为集中、结构有待优化、总体规模小并且服务贸易与货物贸易相对不平衡等问题。

目前，大连服务外包，概括来说主要包括四类，分别是物流外包、软件外包、动漫外包以及中介类专业服务外包，其中软件类服务外包已经成为大连服务外包领域的一个先导产业。目前，大连软件园已经成为全境外包出口额最高、外资比例最高的一个软件园。根据中国服务外包网初步统计，大连高新区围绕"高新"产业的发展，全面推动产业的提质升级，2014 年一季度第三产业占 GDP 比重为 91.4%，软件和服务外包产业作为主导产业实现收入 240 亿元，同比增长 21.2%，占 GDP 比重达 48.9%，出口创汇达到 3.4 亿美元，同比增长 24.6%。其中，软件和信息技术服务产业收入实现了 115.9 亿元的目标，同比增长 21.5%。动漫产业收入实现了 25.4 亿元的目标，同比增长 21%，完成了高层次产业包括传媒、影视、创意、培训、动漫等的融合。在新能源汽车、储能技术、物联网和云计算以及科技金融等新兴产业领域，高新区依托服务外包产业以及软件产业的优势，向高、精、尖端迈进，产业发展层级和空间获得了极大的提升。

从服务外包中获得技术外溢效应，对于发展中国家来说具有十分重大的意义，也是发展中国家承接离岸外包业务诸多动因之一。大连软件行业近年来得到了较为迅速的发展，已经有了多家知名软件企业，国内外发包商对其接包能力有了高度认可。截至 2015 年 12 月，大连市的国家高新技术企业和国家技术先进型服务企业分别增加 119 家、18 家，这两类国家级科技企业数量合计达到 679 家，占辽宁省同类企业数量的 40.8%，居东北地区各市之首。创新型企业规模进一步扩大，一批高成长型中小高新技术企业脱颖而出。2014 年，约有九成公司的 12 项软件著作权获得了授权；与乌克兰国家科学院签署了协议并且合作成立了大连研究院；承接国家重点工程共有 6 项之多。服务外包属于现代服务业的新亮点，具有十分巨大的市场潜力，大连承接软件服务外包业务，是抓住了全球产业转移的机遇、努力迎接挑战的必然选择。

二 大连市服务外包 SWOT 分析

（一）大连市发展服务外包的优势分析

1. 地缘优势

大连作为商务部首批授牌的服务外包示范城市之一，基础设施水平良好、人力资本优良、技术水平和人才储备先进。与此同时，大连拥有优越的地理位置，不仅处于欧亚大陆桥的连接点，而且是东北亚经济区以及环渤海经济圈的中心位置，是国内与日本、韩国、朝鲜和俄罗斯等远东地区距离相对较近的一个城市，是东北亚商贸、金融、资讯和旅游中心。依靠地缘、语言与文化相似性等优势，大连吸收日本、韩国等亚洲地区邻近国家的软件服务外包业务最多。虽然与北京、上海相比，大连在软件研发能力上略有欠缺，但是在软件服务外包业务上拥有得天独厚的优势，大连吸引外资的一半来自日本和韩国，共约110亿元。在大连，约有日本企业3184家、美国企业1407家、欧洲企业644家。

2. 产业集群优势

产业环境的构成要素包括多个方面，其中主要的四个方面分别是产业集聚、生产服务、基础设施以及其他自然与人文环境，其可以有效促进学习示范效应的发挥，与此同时带动发挥规模经济优势。1997年，大连市政府提出的建设构想是"建设软件园，发展信息产业"，并最终于1998年正式启动，经过十多年的建设与发展，大连高新区软件园区产业集聚效应明显，被评定为"国家软件产业基地"及"国家软件出口基地"。它是大连市对外开放的先导区、科技兴市的示范区，也是大连市高新技术产业集聚区。目前注册企业5000余家、高新技术企业超过900家、出口型企业超过380家，IBM、惠普、爱立信、戴尔等世界500强企业超过100家。突出的产业优势、明显的产业聚集效应、基础雄厚的信息服务产业，使大连拥有建设信息服务产业基地良好的

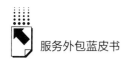

基础。大连高新区软件园区是大型跨国公司在中国设立共享服务中心和区域服务中心的首选目的地，是大连信息服务和软件发展的核心区。

3. 政策支持

发展服务外包产业受到中国政府的高度重视，第十届全国人大四次会议通过的《中国国民经济和社会发展第十一个五年规划纲要》中明确提出，"建设若干服务业外包基地，有序承接国际服务业进行转移"；2015年，国务院印发了《关于促进服务外包产业加快发展的意见》（以下简称《意见》），提出在2020年实现服务外包产业国际、国内市场协调发展，使产业规模显著扩大，结构进一步优化。大连市东软、华信、埃森哲等一批软件和服务外包领军企业，正加速产业布局，深耕国内新市场，大连市服务外包产业也有望在新一轮产业结构调整中取得更大优势。《意见》还明确提出今后三年培养一批服务外包中高端人才的目标，按照国家和辽宁省服务外包产业发展的战略部署，为推动服务外包向中高端产业链延伸，辽宁省外经贸厅将在沈阳、大连两地举办辽宁省服务外包中高端人才系列培训，希望为辽宁服务外包产业发展提供人才支撑。大连属于第一批次的国家服务外包基地城市，为顺应国家的政策，对服务外包企业在知识产权保护、加强基础设施建设、人才培养和改善融资条件等方面提供相对大力的支持。大连市政府先后颁发《大连市人民政府关于加快发展软件产业的实施意见》《大连市人民政府关于促进大连服务外包发展实施意见》，服务外包被纳入利用外资和外贸出口考核体系，奖励办法根据招商引资奖励办法和外贸发展基金要求进行。

4. 人才战略优势

为了加强服务外包人才管理，需要采取加强人才培养、促进高端人才引进等人才战略。高新区有国家"千人计划"专家6名，辽宁省"百千万"人才23人，"十百千"人才11人，大连市优秀专家（第五、第六批）7人，领军人才14人，享受国务院特殊津贴4人、市政府特殊津贴13人，大连市"海创工程"专家40人，全面启动人才管理改革试验区建设。从制定优惠人才政策、畅通人才引进渠道、建立人才发展载体、提供优质人才服务等方面，打造高新区人才工作新品牌。

大连地区使用较为广泛的外语是日语和英语，服务外包业务主要针对日本、美国、印度等外包需求量较大的国家，其中二次外包需求量较大，所以，大连这一服务外包基地应该着眼于全球，引入具备日语和英语语言能力的相关人才。大连市出台实施社会保险补贴、高级人才奖励、培训机构培训、人才住房保障等多项政策，鼓励企业人才引进，逐步形成重点面向高科技企业和高端人才，覆盖人才引进、人才培养、人才稳定环节，注重资金投入效益的人才政策体系。

（二）大连市发展服务外包的劣势分析

1. 企业实力较弱

发展服务外包，不能缺少强有力的企业作为支撑。而中国的服务外包企业无论是规模还是发展素质与发达国家相比，都明显处于劣势，很难与松下、英特尔、三星和 IBM 等跨国公司相竞争。与发达国家及部分发展中国家相比，中国在获得 CMM 等行业技术和业务能力认证等基本指标方面明显落后，在规模优势和技术优势上，中国的服务外包发展潜力较小，甚至比不上印度等发展中国家。

2. 软环境欠缺

当前，从大连市承接国际服务出口与服务外包的结构方面看，IT 服务外包与软件外包占据较大比重是其主要特点，而业务流程外包这一发展潜力比较大的业务规模相对较小。中国作为发包业务承接地，主要承接来自日本、韩国等亚洲邻国的服务外包业务，尚不能成为全球服务外包中心，尤其与欧、美等国家和地区相比竞争力较弱。而且，大连市目前的服务外包发展迅速，但是随着外包业务的增加以及全球化迅速推进，服务外包对外包人员能力提出新的要求，有限的人才供给与人才需求之间的矛盾日益加深，缺少复合型人才，导致大连服务外包整体环境相对有所欠缺，而且在软环境建设方面有待加强。

3. 市场风险分散化程度低

大连市服务外包市场类型单一，企业主要还是承接日本、韩国等邻近国家的业务。欧美市场上外包业务竞争相对激烈，且 2010 年全球软件和服务市场总体份额为 1 万亿元，其中来自北美和欧洲市场的占据 75%，所以欧美市场上大连市服务外包市场份额仍相对较小。总体来看，大连市服务外包业务比较集中，风险相对较高，分散度低。

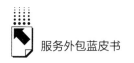

（三）大连市发展服务外包的机遇分析

近年来，中央各部委和地方政府制定了大量的发展服务外包的政策，大连市应积极响应国家开展"一带一路"建设、新一轮振兴东北老工业基地等战略，抓住机遇，大力推进服务外包产业的发展。自从 2007 年大连市被设定为服务外包示范城市，大连市服务外包发展突飞猛进。随着软件和服务外包扩容，大连市已经成为全国第一个销售收入过千亿元的产业集群城市。海关总署在 2009 年 11 月推出有关服务外包发展的政策，即中国海关专项支持国际服务外包的发展，这项政策的第一批试点城市共有 10 个，大连是其中之一，这有力地支持了"中国服务"搏击世界市场。

海关总署已经在 2011 年正式批准入驻保税研发测试中心的企业参照海关特殊区域享受保税政策，创新了中国的海关保税监管模式，推动了服务外包整体发展。海关还为中心企业提供"一站式"服务，企业不需要在关区内相关口岸办理手续，节省了大量的时间。入驻后该企业每年可成功节约 400 万元人民币的物流成本。大连市要抓住发展机遇，坚持创新驱动，紧跟时代潮流，促进服务贸易的增长。

大连市作为沿海城市，地处沿海经济带，随着"一带一路"建设的开展，整个地区经济快速发展，接踵而至的服务外包业务量也将会增加。大连市便利的交通设施，将会为开展服务外包业务的企业提供便利的条件，加上国家新型振兴东北政策的实施，大连市将获得更大力度的政策支持，其各方面的优势也都将促进服务外包产业的快速发展。

在全球价值链分工体系下，越来越多的跨国公司将其不太擅长的环节外包出去，只保留其核心环节。因此，国际服务外包业务量也日益加大，大连市可以利用自身的人才优势，充分参与国际产业分工，发挥比较优势，构建核心竞争力，促进产业结构转型升级。大连作为服务外包示范城市，要积极响应国家的号召，不断创新，提升竞争力，促进服务外包快速发展，从而打造自己的核心品牌。

（四）大连市发展服务外包所面临的威胁

大连市的服务外包企业仍然存在规模较小的问题，大部分依赖跨国公司及合资公司，大连市大多数本土企业的单体规模与境外大型企业存在差距，在承接大订单方面综合实力较弱。而且，中小企业自身信用体系建设不完善，资金运作困难，融资能力弱，被边缘化的风险十分突出。在参与服务外包产业国际分工广度和深度方面，中国存在明显不足。总体来说，大连的服务外包企业规模较小，规模经济优势还没有被充分挖掘出来，存在小、散、弱的现象。中国服务外包产业整体发展前景广阔，但是在发展过程中尚存在许多薄弱环节。在全球价值链分工体系下，中国仍然处于价值链低端环节，主要依赖廉价的劳动力成本优势，大连市服务外包企业接包的业务也主要是制造加工等低附加值环节，但是，随着中国人口红利的逐渐消失，大连市应该加快转型升级，提高相应的技术能力，创新发展，向高附加值的资本密集型和技术密集型环节转变。

另外，大连市尽管每年培养很多毕业生，但是真正符合产业发展需求的高端复合型人才依然匮乏。因此，大连市要想利用优秀的人才资源，必须实行相应的鼓励政策，吸引留学人才回国，从而形成良好的人才储备。

三 大连市服务外包企业发展概况

大连市主要服务外包企业名单见表1。

表1 大连市服务外包企业名单

外包企业名称	外包企业名称
住电软件(大连)有限公司	多奥科技(大连)有限公司
大连百易软件股份有限公司	大连远东计算机系统有限公司
大连亿蓝德信息科技有限公司	大连华鞍自动化系统有限公司
大连永华科技有限公司	大连泰和信息技术有限公司
大连运邦科技发展有限公司	大连创盛科技有限公司
松下电器软件开发(大连)有限公司	上海惠普有限公司大连分公司
梦创信息(大连)有限公司	大连中软卓越信息技术有限公司
大连海辉软件(国际)集团公司	大连华信计算机技术股份有限公司
亿达信息技术有限公司	顺软科技发展(大连)有限公司

（一）大连海辉软件（国际）集团公司

1. 公司简介

作为一流的全球外包提供商，大连海辉软件（国际）集团公司（以下简

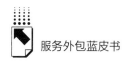

称"海辉")成立于 1996 年,在中国、新加坡、日本、美国等国家和地区均设有办公机构。作为中国首家获得 CMM 5 级认证和六西格玛、ISO 27001、ISO 9001:2000 认证的 ITO 公司,海辉拥有 6000 名专业人士和成熟可靠的全球交付平台,可为《财富》500 强客户提供安全、高质量的 IT 服务。

2. 服务内容

海辉拥有一批严格训练的专业人士,这是其关注人力资源发展的结果,能够为客户提供涵盖整个应用周期的服务。主要包括产品工程服务(产品全球化服务、产品开发和测试)、企业套装解决方案(OracleERP 解决方案及支持服务、Siebel 解决方案及支持),企业应用服务(质量测试、嵌入式系统服务、应用开发与维护),以及技术和解决方案服务(技术资源服务)。

3. 发展历程

1995 年,海辉科技开发有限公司成立,公司总部位于大连。

1998 年,海辉科技与日本 JBCC 株式会社共同投资组建的 JBDK 株式会社成立。

2002 年,在东京、大阪成立海辉科技日本分公司。

2003 年 3 月,通过 SEI – CMM5 级评估(由全球系统技术审核),成为中国首家整体通过 CMM5 级评估的软件企业。

2003 年 11 月,成立美国子公司,海辉科技分别在亚特兰大、纽约成立。

2004 年 7 月,海辉科技新股东包括集富亚洲(JAFCO 亚洲)、英特尔投资和花岗岩全球三大知名风险投资巨头。同时,海辉科技更名为海辉软件(国际)集团公司。

2010 年 6 月,海辉在美国纳斯达克上市。

2012 年,海辉和文思合并。

4. 资质与荣誉

(1)2006~2008 年,IAOP 全球外包 100 强;

(2)2005~2007 年,德勤评选的"中国高科技高成长企业 50 强"中唯一的 IT 服务公司;

(3)IDC 评选的中国唯一一家入围美国和日本市场前五名的 IT 服务公司;

(4)首家通过 SEI – CMM5 认证的中国软件公司;

(5)被美国通用电气(GE)认证为其在中国的首家"全球开发中心"

（GDC）；

（6）被 HP－Mercury 认证为其在中国的战略合作伙伴；

（7）Idiom 认证的白金级合作伙伴；

（8）SAS 70 TypeII 审计；

（9）2003 年 8 月，通过 ISO 9001：2000 认证；

（10）通过 ISO 27001（BS7799）认证；

（11）通过六西格玛认证；

（12）IBM 认证的合作伙伴；

（13）Sun 合作伙伴奖获得者；

（14）Oracle/Siebel 认证。

5. 评价

海辉的服务外包，首先选择从日本高端市场进入。一般来说，日本高端 IT 服务外包市场的进入门槛比较高，这加大了其他国家 IT 服务外包企业进入的难度，当地企业由于多方面的优势而承包了大部分的高端业务。海辉之所以能够顺利进入日本高端服务外包市场，就是因为其利用自己不多的资源跟日本大型 IT 服务企业建立合资公司，通过建立合资企业，双方增进了了解，海辉借鉴并汲取日本企业的先进技术及管理经验，为开拓、进入日本的 IT 服务外包市场以及高端业务市场打下了基础。但海辉以建立合资企业开拓外包市场的做法有利有弊，可以说是一把双刃剑，采取合资形式的优点是企业不仅在共同运作过程中接触、了解境外的一些先进技术和管理经验，还可以在一定程度上避免外国市场政策的不确定性；其劣势在于这种进入模式受国家间文化、企业双方的经济规模与实力、双方合作的稳定性等因素的影响比较大。

在过去的两年时间里，国内外大型企业之间通过联盟、合作等手段成为战略合作伙伴，是目前新兴外包市场扩张模式之一。通过这种模式，合资双方可以从技术进步、人才培养、企业管理、营销等方面进行全面战略合作，双方在合同中可以约定采用配额固定的服务外包策略，这样可以保证业务来源的稳定性。通过上述分析可知，中国企业若能与一些大型企业签订相关战略合作的合同，则可以大大提高其进军境外高端服务外包市场的可能性。

（二）东软软件

1. 公司简介

东软软件（以下简称"东软"）于 1991 年创立，其创立者为位于沈阳的东北大学。截至目前，东软共拥有员工 2 万余人，在中国内地设有 6 个研发基地，在国内各大区域共设置 8 个区域总部，营销和服务网络覆盖 40 多个城市，并且在成都、大连和沈阳设立了用于培训专业软件人才的东软学院，海外网络较为健全，美国、日本、欧洲、中东等国家和地区均设有东软分公司或者子公司。东软的核心是技术，但不仅限于技术，其更多关注的是软件与硬件，技术与服务的整合，以期通过相关软件产品和技术服务为客户提供一整套工程或产业解决方案。

2. 服务内容

东软的核心为软件与服务，加强资源投入的领域是软件外包、BPO 业务、行业解决方案以及嵌入式软件等重要领域，与此同时，其加强在 IT 教育与培训、软件与服务和数字医疗等领域的产业布局，通过这一途径展现出软件技术所具有的价值，与此同时促进国际化进程得以不断推进，从而很好地提升了东软与国际市场之间的互动需求，使东软相对独特的发展模式得以被创造。

3. 发展历程

1998 年，东北工学院计算机软件和网络工程研究室成立，这是东软的前身。

1990 年，成立了"东北工学院计算机软件研究与开发中心"。

1991 年，东北工学院的开放软件（OPENSOFT）系统开发中心成立；并与日本阿尔派合资成立东工音软件研究所（有限公司）。

1998 年，宝钢集团对东软集团进行了投资；东软数字医疗股份有限公司成立；并且东软软件园大连园区开始进行投入建设。

2000 年，东软信息学院于大连开始投资建设，并且东软香港公司成立；随后东软美国公司成立。

2001 年，东软品牌整合的战略开始实施，在此期间"东软"品牌开始统一建立；东软阿尔派更名为"东软股份"；东软日本公司成立。

2003 年，东软集团完成了战略重组计划；东软软件园产业发展有限公司成立。

2006 年，东软信息技术公司成立，推动了 BPO 业务的发展；思爱普、英特尔开始成为东软的战略投资者，与东软建立了战略联盟，并且开始开展深入的合作。

4. 资质与荣誉

1999 年，成为中国第一家家通过 ISO 9001：2000 认证的软件企业；

2000 年，成为中国第一个数字医学影像设备国家工程研究中心；

2002 年，成为中国第一家通过 CMM5 级认证的软件企业；

2004 年，成为中国第一家通过 CMMI5 级认证的软件企业；

2007 年 3 月，东软网络安全品牌和防火墙产品均获得第一的成绩；

2008 年 1 月，东软医疗生产的乳腺产品 CAD 产品通过了 SFDA 的认证；

2008 年 4 月，东软再次捧得 2007 年中国离岸软件外包第一的桂冠。

5. 评价

东软作为中国较大的软件服务外包企业，与国内同类型的软件外包企业相比，具有独特的竞争优势以及不可避免的劣势。

东软的优势主要体现在以下几个方面。第一，东软在外包规模上，远远超过了它的竞争对手，员工规模过万，而其中专门从事外包业务的人员超过 500 名，其竞争对手的员工人数多在 2000 名左右，因此，东软可以承接大型外包项目，具有规模优势。第二，东软是大连软件园区缔造者之一，是国内首家通过 CMM5 认证的企业，每年可以大批量地接收东软信息学院所培养的人才，具有人才优势。第三，东软与日本企业有近 10 年的合作关系，与东芝、阿尔派等企业关系良好，这也使东软在日本获得大量订单成为可能。第四，东软在国内进行数字化圈地，并且拥有丰富的技术方面的经验，为自身技术人才的培养奠定了较好的基础，因此，东软拥有良好的技术储备。

在拥有优势的同时，东软也拥有如下劣势。

东软的劣势主要体现在以下三个方面。第一，由于欧美的外包业务以管理软件或研发外包为主，而东软主要以嵌入式软件为主，因此，东软在欧美外包市场拓展方面受阻。第二，东软的业务主要分布在我国二线城市，重点分布在四大软件园区内，对高层次人才的吸引力较弱。第三，与外包业务相比，系统集成业务不仅需要比较充沛的配套业务以及营销人员，而且毛利率低，对整体

资产收益率的影响是较高的，而东软的系统集成业务恰恰占用公司大量的现金和技术人员，这对东软整体的资产收益率具有十分不利的影响，并且影响资本市场对东软市场的定位。

（三）大连华信

1. 公司简介

大连华信计算机技术股份有限公司（以下简称"大连华信"）是一家专门面向全球客户提供先进的信息服务、行业解决方案以及应用软件产品的供应商，大连华信经过多年的发展，现在已经是一家以技术为核心，从软件设计、开发、测试、实施到后期培训、维护服务和业务咨询全面解决方案的提供商。大连华信如今是中国软件产业最大规模前100的企业，更是国家规划布局内重点软件企业，具有国家计算机信息系统集成一级资质，技术水平居国内同行业领先地位，并获得过 ISO 9001：2008、ISO 27001：2005、ISO 14001：2004、CMM5 级、PIPA（个人信息保护资格证书）与日本的 P - MARK 等资质认证。

在技术竞争如此激烈的当今，大连华信布局国际化发展战略，立足国内和日本市场，同时拓展欧美市场。这使得大连华信整体竞争力得以提升，实现了增长的可持续性。其也在三个方面成为国内最优秀的服务提供商，分别是应用系统服务的提供商、软件外包服务的提供商和系统集成服务的提供商。

2. 服务内容

大连华信向客户提供嵌入式领域的应用软件、中间件、操作系统相关的软件外包服务，主要承揽手机、掌上电脑、数码产品、汽车导航系统等的开发工作。同时，利用多年的软件外包经验，向客户提供开发支援工具、系统对象装置的评估和验证等多样化的服务。

3. 发展历程

1996 年 5 月，大连华信计算机技术有限公司成立。

1997 年 6 月，大连华信与鞍山钢铁公司合资成立大连华鞍自动化系统有限公司。

1999 年 5 月，大连华信计算机日本有限公司成立。

2003 年 7 月，成立大连华信新技术培训中心，其成为国内第一家日文 IT 认证考试中心。

2004 年 12 月，大连华信教育软件服务有限公司成立。

2014 年 12 月，大连华信控股大连华铁海兴科技有限公司。

2014 年 12 月，泰州中国医药城华药电子商务股份有限公司成立。

2014 年 12 月，大连华信获得信息系统安全集成服务一级资质。

2015 年 7 月，大连华信在"新三板"挂牌。

4. 资质与荣誉

（1）2010 年 10 月，荣获中国离岸服务外包最佳商业实践五年成就奖；

（2）2009 年 11 月，大连华信加入中国软件行业协会系统与软件过程改进分会；

（3）2009 年，获评中国软件生产力风云榜服务外包交付保障十强企业；

（4）2008 年 10 月，大连华信荣获促进国际服务外包发展最佳商业实践奖；

（5）2008 年 4 月，大连华信入围 2008 年中国软件外包研发竞争力十强企业；

（6）2007 年 8 月，大连华信荣获 2006 年中国软件和信息服务外包贡献奖；

（7）2006 年 12 月，大连华信荣获 2006 年中国软件自主创新排行榜中国软件自主创新企业奖；

（8）2005 年 6 月，大连华信荣获 2004 年中国软件和信息服务外包贡献奖。

5. 评价

大连华信已经从"自我推销"发展到"他我推销"，在日本软件外包领域深得客户信赖。大连华信之所以能够取得如今这些成绩，主要原因在于以下几个方面，一是工作人员具有高度的责任感以及事业心，并能够充满荣誉感地面对所从事的工作；二是公司规模化经营带来了企业核心竞争力的提升。

大连华信的优势主要体现在三个方面，首先是华信的企业文化表现为一丝不苟的敬业精神；其次是华信能够相对完整地导入工程或者客户需要的各种标准体系，例如，已经通过的 CMM 级别认定、已经通过的 ISO 9001 质量体系管理，以及正在进行的 BS7799 认定；最后是较为广泛的技术覆盖面积，使其对于专有产品或技术有着比较深入的了解，同时，华信员工积极探索和学习，使

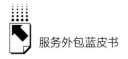

其拥有领先客户的专业知识和经验，赢得客户的认可。提升企业核心竞争力、弥补自身人力资源不足和有效节省成本是企业进行业务外包的主要驱动力，因此客户对外包出去的产品和服务的质量有着比较严格的要求。一方面，大连华信标准的导入与规范化管理较好地保证了客户的要求，另一方面，华信员工表现出来的进取精神和敬业态度超过了质量、语言等基本服务工具，往往使客户对其信任得以加倍。

B.18
无锡市服务外包企业发展综述

一 无锡市服务外包发展总体情况

（一）总体经济状况

无锡市，素有"布码头""小上海"之称，是中国民族工业的发源地之一。如今，无锡市的服务外包业呈现稳步快速增长的良好态势。特别是自2009年以来，无锡市积极推进经济的全面提升，完善创新政策、营造创新环境，全市企业总数量、得到国际承认且具有资质的企业数量呈现上升趋势，业务规模、从业人员规模等迅速增加。无锡市以新区、滨湖为重点区域，涵盖服务外包业务低、中、高端，呈稳步快速增长的良好局面。无锡市经济发展的主要动力在于其获批成为中国服务外包示范城市，随后国务院办公厅发出的国办函9号、69号、33号进一步解释和规范了发展行为，无锡市积极落实各项条款，配合国家要求。目前，无锡服务外包行业整体布局合理，主要特色在于将研发放在核心位置上，同时在重点打造新区、滨湖的基础上，又将业务的全范围包括在内，无论在低端服务外包业，还是在中高端服务外包业方面，都能够平稳增长。

（二）服务外包现状

无锡服务外包的起步始于2007年，在这之前，无锡只有51家小型服务外包企业，主要是对日服务，业务规模仅1000多万美元，从业总人数不足1000人。2007年9月，商务部、教育部、科技局确定"中国服务外包示范区"时，将"无锡太湖保护区"加入其中；2009年1月，无锡市获得国务院的批准，成为"中国服务外包示范城市"。如今，无论是企业数量还是相关从业人员数量都有大幅的增长，其中，2015年，企业数量已经超过1400家，从业人数超过 16 万人。其业务范围涵盖工业设计、检验检测、IC 设计、动漫设计、产品技术研发、生物医药研发等 KPO 项目。无锡总业务量中的 26.8% 由 KPO 项目业务构成，其余业务包括对总业务量贡献了 68.3% 的 ITO 业务以及占总量 4.9% 的 BPO 业务。无锡的服务外包在业务形态上逐步向高端方向发展，走出了原来在低端形态发展的状况；业务合作对象涵盖韩国、日本、中国香港、美国等共计 97 个国家和地区，其中，美国已成为无锡最大的离岸外包业务市场。

（三）服务外包特征

一是服务外包产业增速明显。2008～2012 年，无锡服务外包产业的增速都在 40% 以上，成为无锡产业结构调整、经济转型、发展方式转变的积极动力。无锡的服务外包不仅自身的增速明显，还带动着实体产业的发展，在此过程中涌现出大量的贡献突出的企业。据统计，2012 年服务外包的业务额已占到无锡整个服务业务总额的 10%。以无锡国家软件园为例，该园区在 2012 年的产值已达到 72 亿元，服务外包企业完成产值 57 亿元，占 80%。经过不断发展，该园区中的服务外包企业集群中，已经有一批企业成长为规模型企业，起到了龙头作用。从图 1 可以明显看出无锡服务外包产业近年来发展迅猛。

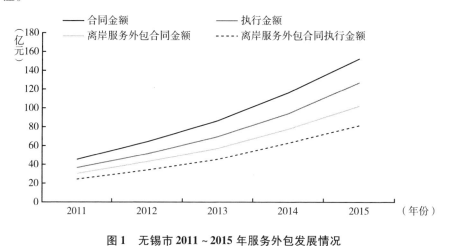

图 1　无锡市 2011～2015 年服务外包发展情况

资料来源：无锡市统计局，http：//www. wxtj. gov. cn/doc/2016/02/23/904952. shtml。

二是对就业有显著的拉动效用。服务外包相关从业人员数量稳步增长，仅以企业吸纳的就业人员为例，近几年年均增长 2.5 万人，总数量更是达到了 13.7 万人。仅 2012 年一年，新增就业总量中，服务外包新增从业人员就占到了 25.5%，新增人数达到 3.5 万人。从这些新增人员的分布结构上看，占比较大的是应届大学毕业生，占比为 33.4%；无锡当地籍的人才也占有较大比例，据统计，超过 1/3 的企业有半数以上员工为当地人员。可见，无锡市服务外包产业稳步发展，将有利于提高从业人员素质，促进就业机会的增多。

三是强劲推动消费增长。从收入水平上看，服务外包行业整体要高于传统行业的从业者，且工作人员以年轻人居多，其在住房、汽车等大型消费品方面消费潜力较大。以无锡 NTT 数据有限公司为例，在短短几年时间里，该企业员工在无锡的购房量就超过了 400 套，购车量超过 200 辆。

二 无锡市服务外包典型企业介绍

表 1 所示为部分无锡市服务外包企业，此后选取具有代表性的几家企业进行介绍。

表 1　无锡市部分服务外包企业

企业名称	企业名称
无锡深港国际服务外包产业发展有限公司	无锡同徕工业服务外包有限公司
无锡元瑢工业服务外包有限公司	无锡文思海辉服务外包有限公司
无锡智瑞工业服务外包有限公司	无锡首信工业服务外包有限公司
无锡百思德工业服务外包有限公司	无锡明之和服务外包有限公司
无锡诚通工业服务外包有限公司	无锡优百佳工业服务外包有限公司
无锡睿一工业服务外包有限公司	无锡博克斯服务外包有限公司
无锡倍欧特工业服务外包有限公司	无锡君云服务外包有限公司
无锡福诚工业服务外包有限公司	无锡陌上花开工业服务外包有限公司
无锡众信联合工业服务外包有限公司	无锡鹏涛工业服务外包有限公司
无锡卡思优派工业服务外包有限公司	无锡高呈工业服务外包有限公司

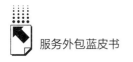
（一）江苏索菲亚集团

1. 公司简介

该集团成立于 2008 年，是华东区域较为领先的工业服务外包解决方案的供应商，以先进的企业管理理念为经营的标尺，凭借多年的业务实践，为客户提供可行的外包方案，帮助众多客户顺利推动生产；鼓励员工不断创新，致力达到国际领先水准，为客户提供更好的服务。索菲亚集团已经累计为 200 多家国内外企业提供了专业优质的外包服务，同时在无锡、盐城、南京、南通等十几个城市设立了分公司及办事处，在山东和河南拥有自己创设的职业学校。索菲亚的目标是发展成为华东地区最大的专业工业服务外包供应商。

2. 服务内容

索菲亚集团的服务内容见图 2。

岗位外包

客户将某些非核心岗位的招聘、管理和替岗责任交给索菲亚来承担，按照岗位成本（人工单价成本）支付费用

企业遇到临时性岗位增加或既有岗位严重人员不足时，索菲亚能够提供有百分百保障的岗位人员，并承担岗位人员流动带来的全部风险，企业采取岗位外包模式，能够满足弹性用工需求、解后顾之忧

整体生产作业外包

客户把内部非核心工段作业外包给索菲亚，由企业提供厂房、机器设备及技术支持

索菲亚按照企业标准，自行招募员工，自主经营管理，接受企业监督，最终以生产产品的数量或小时单价与企业进行结算，并以全风险模式运作

检验外包

为保障企业阶段性用工需求、降低人力成本、确保产品符合客户的预期标准，而将其质量检验用工环节（产品检验、产品分类、产品挑选、产品返工）以合同的方式委托给第三方企业运作的一种合作模式

企业后勤管理外包

企业为集中资源、节省管理费用、增强核心竞争能力，而将其后勤管理业务以合同的方式委托给第三方企业运作的外包模式

图 2 索亚菲集团服务内容

（二）无锡君云服务外包有限公司

1. 公司简介

2014 年 8 月 22 日，公司正式成立，注册资金 220 万元。虽然公司成立不久，但已经形成了较为成熟的拥有丰富劳务管理经验的服务团队和能力较强的

管理队伍。该公司架构合理，现有业务部、物流部、渠道部、人事部、财务部、市场部等。公司成长迅速，就像正在远航的巨轮乘风浪破浪。该公司尽量满足客户对不同目标、不同工种的技术要求，牢固树立"信誉至上"的企业宗旨。

2. 服务内容

公司在服务外包、保洁服务、企业策划、市场调查、房地产咨询方面都有涉猎，以工程服务外包为主要业务，这一业务也是企业利润的主要来源。

（三）华云数据技术服务有限公司

1. 公司简介

华云数据技术服务有限公司（以下简称"华云数据"）专注于研发和为运营商提供云计算基础设施，面向国内外客户提供 IT 解决方案与外包服务。华云数据的产品包括云存储、云服务器等，为 SaaS 服务商、传统的软件开发企业和系统集成商以及众多的网络游戏、移动互联网、电子商务、社交网站、在线教育、视频互动等服务商提供安全、易用、节能、高效的弹性 IT 基础设施服务。华云数据网络覆盖中国联通、中国电信以及其自有的 BGP 网络，实现了核心网络到边缘产业的全覆盖。

2. 公司荣誉

2013 年 9 月，华云数据获得"安永复旦中国最具潜力企业 2013"大奖；
2013 年 11 月，入选《创业邦》杂志社"2013 中国年度创新成长企业 100 强"；
2014 年 9 月，华云数据在上海全球云计算大会上荣获"最佳品牌奖"；
2014 年 12 月，华云数据荣获"2014 中国 IDC 产业最具投资价值企业奖"。

（四）无锡金达远工业服务外包有限公司

1. 公司简介

无锡金达远工业服务外包有限公司于 2014 年成立，其注册资本为 500 万元，是一家具有独立法人运营资格的综合性劳动服务机构，以定向猎头、劳务服务外包为主要经营范围。

公司的服务范围覆盖通信、金融、文化、电力、物流、物联网、生物医药、新能源、节能环保、新材料、食品生产包装、工艺品、塑料制品、纸箱包

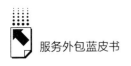
装、玻璃制品、机械加工等。公司以"以人为本，客户至上，锐意进取，追求卓越"为经营理念，以"专业化管理，规范化服务，职业化培训"为服务宗旨，在落实理念和宗旨的实践中，高效便捷的服务成为企业间的沟通纽带。

2. 服务内容

（1）劳务输出：可以根据其他公司的用人情况，提示劳务需求，参与招聘过程。

（2）合同管理：与派遣员工依法订立劳动合同，建立劳动关系。

（3）薪酬发放：相关政策的提出和工资支付由公司负责，支付情况需以与公司协商一致为前提。

（4）员工保障：负责居住证办理和商业保险规划等。

（5）保险缴纳：对于派遣员工，应负责缴纳包括城保、镇保、综保在内的各类保险。

（6）员工培训：提供技能提高培训和岗前公共培训。

（7）工伤处理：负责工伤过程中的理赔、申报、慰问等。

（8）协助解除：帮助企业解除不合适的员工。

（9）企业文化：以促进员工积极性为目的，开展形式丰富的业余活动。

（10）员工调配：提高人力资源利用率，进行员工余缺调配、匹配企业需求。

（11）后勤管理：提供包括员工宿舍管理等在内的社会化后勤服务。

（12）劳动争议：客户与员工单位间调解、劳动争议诉讼及争议受理等由公司负责。

（五）无锡元瑢工业服务外包有限公司

无锡元瑢工业服务外包有限公司（以下简称"元瑢外包"）成立于2014年9月，是经无锡市工商局、国税局行政审核批准，集生产服务外包、代加工、制造、销售及培训等于一体的现代化生产服务外包型企业，面对客户在现代化生产过程中更广泛、更严格的要求，其充分展示了配套承接的综合能力。

元瑢外包面对的主要客户为世界500强企业和国内知名企业，公司内部主要从业人员具备多年的企业管理经验，从生产线的承包、生产流程改良、人员配置、产能与绩效管理等方面帮助客户提高效率、增加附加值。

（六）无锡百思德工业服务外包有限公司

无锡百思德工业服务外包有限公司是一家专业生产公交候车亭、公交站台、阅报栏、指路牌、滚动换画灯箱等多种产品的厂家，其产品种类多达百余种，同时根据客户对型号、规格等的不同要求，专业定制各种产品。其目前已经成功向市场推出装备有太阳能的各类产品，紧跟国家倡导"节能低碳"的环保政策。

该公司占地约 15000 平方米，生产厂房占地 10000 平方米，年产值 5000 万元以上；拥有员工近百人，高级技术师占公司员工的 30% 以上。其拥有喷塑房、烤漆房、大型折弯机、吸塑机、数控剪板机、线切割机、工业涂装流水线、数控冲孔机床等各种生产设备，工艺装备实力雄厚；同时，拥有先进的技术研发力，在售后服务方面，培养出的队伍训练有素、技术精湛。

无锡百思德工业服务外包有限公司所秉持的原则是"质量第一，用户至上"，竭力满足用户需求，在市场的导向下，竭诚为广大顾客服务。

B.19
郑州市服务外包企业发展综述

一 郑州市服务外包发展总体概况

郑州市服务外包协会成立于 2014 年 4 月 19 日，其正式成立标志着郑州市服务外包产业进入了全新的发展阶段。郑州市也因此成为河南省首家成立服务外包协会的城市。当前，新一轮的全球产业结构调整正在兴起，其主要特征体现为向服务贸易、服务外包以及高端制造业和技术研发环节的产业转移，这些将为郑州市发展国际化的服务外包产业带来巨大的机遇。2013 年底，郑州市已经拥有 130 余家服务外包企业，创造了突破 100 亿元的销售收入，也为两万人次以上提供就业机会。2014 年，离岸外包交易规模相比 2013 年提高了 4 倍以上，交易额在整个服务贸易额中的占比也从 2013 年的不足 20% 上升到 60%，远快于全国 2%～3% 的上升速度。

郑州市服务外包协会由各家企业机构自发成立，其中包括经营服务外包业务的企业、进行服务外包从业培训的大专院校和培训机构以及相关科研机构、服务外包领域的中介服务机构、相关咨询机构等。该协会接受郑州市民政局的监督管理和郑州市商务局的业务指导，其成立的目的是积极为政府与企业的沟通搭建桥梁和平台，促进政府与企业的互动和企业与企业之间的合作。该协会进行行业统计和企业资质认证、产业调研等工作，着力推动企业的规范化管理；同时，积极搭建企业与资本、产、学、研用各模块的对接平台，主动联络并开展国内外的交流活动，提高郑州市乃至河南省服务外包企业的整体实力和国际竞争力。

以"新河南，共享全球服务"为主题的"河南郑州 2014 服务外包大会"吸引了一大批世界 500 强公司和国内大型服务外包企业，它们均将战略目光投向河南。参会成员共同探讨了新形势下河南服务外包企业如何对接国际市场、郑州如何支持共享服务和外包战略，以及新兴技术的使用情况，社交媒体、移动终端、数据分析和云计算在共享服务及外包行业中的应用等话题。中原服务外包行业已从自发型行业逐渐步入有序发展阶段,过去一年中以河南外包产业园为代表的一大批服务外包重点项目正日益引发全球服务外包行业的关注与合作意向。

目前,以河南外包产业园牵头的中原服务外包行业企业就服务外包交易平台战略合作和人才培养等内容同拉夫堡大学商学院、国家(上海)服务外包交易促进中心、赛伯乐(中国)投资有限公司成功签署了相关协议。

由上海交通大学中原研究院、河南理工大学、郑州大学、河南民安房地产开发有限公司、河南兴安新型建筑材料有限公司共同组建的"绿色建筑材料创新中心"在园区入驻企业上海交大中原研究院揭牌成立。"绿色建筑材料创新中心"深入进行绿色建筑领域应用的基础研究与技术开发,将绿色建筑科技发展所面临的共性问题和重要瓶颈作为研究导向,将科研院所、高等院校以及企事业单位之间的深度融合作为重要目标,使绿色建筑成为城市建设的新亮点。

二　郑州市服务外包典型企业

(一)郑州神龙软件开发有限公司

1. 公司简介

郑州神龙软件开发有限公司(以下简称"神龙公司")成立于 2006 年 3 月,注册资金 1600 万元,是我国著名的独立软件开发商、专业化的应用软件方案咨询商、系统整体框架集成供应商。该公司拥有 3 家全资子公司:郑州神龙软件开发有限公司、北京神龙图腾软件开发有限公司、香港神龙(国际)软件开发有限公司,设有 3 个办事处,分别位于西安、济南、武汉。神龙公司致力于政府、企业信息化项目的研究、开发及推广工作,以软件开发带动系统集成,为政府、企业信息化提供完整的解决方案,形成了以商贸流通、酒店服务、电子政务为主线的系列产品,构建起一条具有一定特色的应用产业链。神龙软件产品线丰富、服务网络覆盖面积大、覆盖行业广、交付能力强,在中国电子政务及企业管理软件市场上占据了较大的份额。

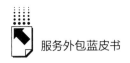

神龙公司位于郑州市国家高新技术开发区创业中心，凭借良好的管理体制和发展机制，聚集了一大批经验丰富的系统集成和软件开发工程技术人员，现有员工 106 人，80% 具有大学本科以上学历。

2. 发展历程

2008 年，该公司被中国软件行业协会吸收为团体会员，并通过了中物联认证中心的质量管理体系审核，获得 ISO 9001：2000 质量管理体系证书；神龙餐饮、神龙洗浴、神龙进销存、神龙财务进销存、神龙行政审批电子监察协同管理系统等软件获得了国家版权局颁发的《计算机软件著作权登记证书》及河南省工业和信息化厅颁发的《软件产品登记证书》。郑州神龙软件开发有限公司符合《鼓励软件产业和集成电路产业发展的若干政策》和《软件企业认定标准及管理办法》的有关规定，被河南省工业和信息化厅认定为软件企业。2009 年，郑州神龙软件开发有限公司顺利通过国家信息产业部的计算机信息系统集成三级资质认证，体现了其在系统集成领域的强大实力，为其在系统集成项目建设领域拓展业务奠定了坚实的基础。

经过几年的发展，神龙公司由初始的销售服务型企业已逐步转变为技术创新型企业，成为高层次、标准化的以软件开发、系统集成为主业的高科技公司，为政府及企业信息化建设做出了杰出的贡献。基于对市场和公司自身的深入研究和认识，该公司近三年的发展重点是打造国际一流的中小企业软件产品标准包，发展中型企业行业 ERP，推进政府财政"三农"信息化平台在全国的普及应用，以实现资源的最优配置，创造和保持优良业绩，不断将企业的努力变成社会财富的增量。

（二）郑州百和软件有限公司

1. 公司简介

郑州百和软件有限公司是一家集软件开发、系统集成、信息化技术咨询与设计、互联网应用服务于一体的综合性高新技术软件企业。公司拥有一批精通各种信息化技术、网络技术、数据库技术、信息安全技术和各种行业管理精髓的工程师、行业专家和行业顾问，团队拥有丰富的信息系统规划、实施与集成经验，能为客户的信息化建设提供专业的 IT 咨询服务、优秀的解决方案和高品质的集成服务。

2. 服务内容

郑州百和软件有限公司在软件开发和应用系统集成领域积累了丰富的经验，融合最新信息技术和行业管理精髓于一体，成功推出了十多项具有自主知识产权的软件产品，在电信、电力、石化、政府、化工、环保、医疗等行业信息化建设领域有突出贡献。该公司主要有以下类型的软件产品。

招投标管理类：招投标管理信息平台、招投标档案管理信息系统、合同管理信息系统、电子竞价（竞买/竞卖）管理信息系统、评标专家管理信息系统、标书购买管理信息系统、招投标管理网、供应商注册及管理信息系统、供应商评估管理信息系统。

物资管理类：电力物资超市化管控平台、石油化工行业物资管理信息系统、通信行业物资管理信息系统、施工企业物资管理信息系统、办公用品管理信息系统、移动公司劳保用品管理信息系统。

供应链管理类：电力供应链管控平台、物流服务管控平台、合同履约管理信息系统。

政工管理类：党务标准化管理信息系统、政工标准化管理平台、工会标准化管理信息平台、廉政建设管理信息系统。

（三）河南省新星科技有限公司

1. 公司简介

河南省新星科技有限公司（以下简称"新星科技"）成立于1995年，是国家认定的高新技术企业、软件企业，是目前中部地区规模大、用户数量多的医疗信息系统（HIS）专业开发商，致力于数字化医院整体解决方案提供和医疗信息数据分析服务，省内各级医院用户已经超过300家。

2. 服务内容

该公司已经开发的产品包括：基于电子病历的临床信息系统、基于协同办公的运营管理系统、医院信息集成与交换平台、基于物联网的医院物流管理平台和基于WiFi和3G应用的移动办公平台，共由上百个子系统组成，融合了信息平台应用、业务流程优化、临床信息管理、医疗质量监控、经营分析预测等先进的经营理念和方法，并实现了与国内高端PACS、LIS、手术麻醉、心电监护等临床系统的无缝集成。其开发的门诊一卡通系统及电子病历系统已在河南省内200多家医院

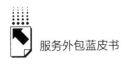

成功应用。

新星科技注重标准化、规范化，强调产品质量、服务意识和信用观念，坚持科技创新和提供完善服务。多年来，该公司制定了9个系列100多个技术规范、技术标准和工作流程，覆盖了从项目立项到产品实现、服务以及知识产权保护的全部过程，增强了公司对项目开发的控制能力，保证了软件产品质量和项目实施质量，达到了"技术与管理并重"和"规划与流程并重"的目的，从而使公司能够从容面对产品快速上市和质量保障的双重压力，为公司创造出可持续的竞争优势。

（四）河南百硕商务服务有限公司

1. 公司简介

河南百硕商务服务有限公司（以下简称"百硕公司"）是一家致力为客户提供专业的人力资源外包、业务流程外包、招聘流程外包、劳动关系管理等服务的人力资源外包机构。公司自成立以来，始终坚持以不断完善的专业服务和量身定做的人力资源解决方案，为客户提供并创造更多的价值。目前，公司业务涉及通信、电力、金融保险、IT、制造、呼叫中心、消费品等多个领域。

百硕公司自成立至今，吸纳了大批优秀的毕业生，公司本部员工平均年龄为24.3岁，他们年轻、有活力，有敏捷的思维能力，在招聘渠道的选择方面，有自己独特的见解。公司从最原始的人才市场招聘、平面媒体招聘、校园招聘，到新兴的网络招聘、微博招聘、微信招聘，再到熟人推荐，针对不同的岗位采用不同的招聘渠道，从成立至今已为3万多名求职者提供了就业岗位，并为河南省多所学校的学生长期提供就业辅导和实习岗位。

百硕公司身为人力资源服务机构，为用工单位提供优质的 HR 解决方案和合适的人才，为大中专毕业生提供从校园到社会的跳转平台、提供全方位的就业指导，指引大中专毕业生就业，找到适合自己的工作。百硕公司2009年在建文新世界广场举行大型公益招聘会，参与的单位有300多家，提供就业岗位4000多个，安排就业人员2615人。2010年至今，其在郑州地区高校聚集区，举行了多场大型校园活动，例如，郑州大学升达管理学院"百硕杯赢在校园活动"、河南工业大学"模拟招聘"活动等，并在大学毕业生中取得良好的效果。百硕公司还利用学生的课余时间，邀请企业 CEO、高级管理人员在各大高校举行大型公益讲座56场，对大学生进行就业指导和职业规划。

2. 服务内容

（1）服务流程

了解需求、提供解决方案→人员招聘推荐→员工培训→劳动合同签订管理→人事委托服务→员工关系管理→用工风险承担。

（2）人力资源派遣

人力资源派遣又称人才租赁，劳动合同法称之为劳务派遣，是人力资源外包的一种。百硕公司与用工单位签订劳务派遣协议，建立劳务关系；同时，与派遣员工签订员工派遣合同，建立劳动关系，以此规定三方在派遣期间的权利和义务。人力资源派遣包含的服务主要有招聘支持、员工管理、工资发放三大体系。

（3）人事外包

人事外包指企业根据需要将某一项或某几项人力资源管理工作或职能外包出去，由百硕公司等人力资源专业服务机构进行管理，以帮助企业自身降低经营成本，实现效益最大化。百硕公司具体的人事外包服务见表1。

表1　百硕公司人事外包服务

服务	内容
薪酬福利外包服务	员工工资、福利的发放，个税申报服务
社会保险外包服务	社保基数审核、申报、缴纳，账户新增、转移、停保，各种保险的理赔协办
住房公积金外包服务	住房公积金基数审核、申报、缴纳，公积金贷款协办
劳动合同及档案管理服务	为员工提供档案存档服务，为企业审核修订管理劳动合同
企业文化建设服务	员工旅游、文艺活动、竞技类比赛、单身俱乐部策划组织
后勤服务	员工工作居住证办理咨询、依据档案出具各类人事证明

（4）业务流程外包（BPO）

业务流程外包指服务外包提供商向客户提供特定服务业务的全面解决方案，以帮助客户减少或消除在该业务方面的费用和管理成本，从而使客户将全部精力集中于核心能力的一种服务提供方式。百硕公司的业务流程外包主要内容如下。

①生产线外包

即企业根据自身生产过程的实际情况，把非核心、辅助性、季节性强、不定期的生产环节或是生产线外包出来，由百硕公司负责组织人员按计划和指标

进行生产。

②呼叫中心服务外包

·呼叫中心人员招聘、甄选；

·呼叫中心人员岗前、岗中公共素质技能培训；

·呼叫中心人员入离职、档案、社保管理，工资代发，劳动管理争议处理。

·呼叫中心人员预防流失管理预案。

（五）河南省金盾信息安全等级技术测评中心有限公司

1. 公司简介

河南省金盾信息安全等级技术测评中心（以下简称"中心"）是国家发改委"信息安全等级保护测评专业化服务"项目中"建设等级测评示范工程"的试点单位，是河南省公安厅、河南省发改委《河南省电子政务工程建设项目非涉密信息系统安全等级测评和风险评估管理工作实施细则》信息安全等级测评和风险评估承担单位，是河南省公安厅、河南省国家保密局、河南省国家密码管理局、河南省信息化工作领导小组办公室《河南省信息系统等级保护工作方案》中信息安全等级测评承担单位，是"国家863信息系统安全等级保护技术研发联盟""信息系统安全等级保护技术创新战略联盟"成员之一。另外，其也是郑州大学研究生创新实习基地。

中心现拥有信息安全风险评估业务管理系统、设备管理系统、文档管理系统、安全功能测试平台、攻击与防御渗透测试平台、安全培训课件平台等业务软硬件支撑平台，以支撑项目实施。中心在技术服务方面有着丰富的经验和成功的案例，拥有技术精湛、经验丰富的网络攻击与反攻击、数据恢复、木马病毒代码分析、Web应用漏洞扫描等方面的专业技术人才，可为各行业单位在信息安全等级保护相关技术领域提供强有力的服务。

中心现有人员45名，80%为专业技术人员，其中22名取得信息安全等级测评师资格；另外，中心还聘有资深的安全技术顾问进行等级保护相关技术研发指导（要求所有人员均须签署保密协议）。为规范整个信息安全服务工作，中心先后制定并建立了《管理体系文件汇编》《质量管理手册》《程序文件》《项目管理手册》，制定了多项工作规章制度，建立了以"总体安全策略"为第一层、"制度体系"为第二层、"操作规程"为第三层的"金字塔"形管理体系，为各项工作的开展提供了明确的指导，通过业务实践检验修订制度、标准，做到管理工作清晰、有力。中心建立健全激励约束机制，使各有关部门明确职责，相互配合，高效运作，为工作的开展提供有力保障。

2. 服务内容

中心作为河南省通过认证的等级保护测评机构，主要职责包括：对本地省、市两级公安机关备案的信息系统开展等级测评工作；按照信息系统主管部门和评估中心协调的结果对跨省全国联网信息系统开展测评工作；承担有关部门委托的安全测评专项任务；开展风险评估、信息安全培训、咨询服务和信息安全工程监理；进行信息安全等级保护体系建设、开展软件开发安全咨询与检测服务；配合当地公安网安部门承担对信息系统进行监督、检查等相关职责任务。在配合河南省公安网安部门对各行业进行等级保护安全监督检查的过程中，中心积累了多行业丰富的技术和人才资源优势；通过与河南省信息安全等级保护专家委员会的长期合作，建立了长期的沟通协作机制，汲取专家经验，整合多领域的优势资源，从而为各行业信息安全等级保护工作提供全面的技术服务。

3. 资质与荣誉

截至目前，中心已获得多项资质：公安部信息安全等级保护评估中心颁发的"信息安全等级保护测评机构能力评估合格证书"，河南省信息安全等级保护工作协调小组颁发的"信息安全等级保护测评机构推荐证书"，河南省质量技术监督局颁发的"资质认证计量认证证书"及"质量管理体系认证证书"（ISO 9001：2008）。

B.20
福州市服务外包企业发展综述

一 福州市服务外包发展总体概况

2014 年，福州服务外包业务发展势头十分迅猛。福州市实现了 4.08 亿美元的服务外包执行总额，其中有 1.07 亿美元是离岸执行总额，与上年相比增长了 38%。其中，新登记服务外包企业有 13 家，执行额过千万美元的企业达10 家，执行额过百万美元企业达 40 家，有离岸业务的服务外包企业 23 家。截至 2014 年底，全市累计登记服务外包企业 160 家。福州市承接离岸服务外包的来源国家和地区多达 58 个，占比较大的市场是中国香港、新加坡、美国、日本、丹麦、德国，离岸外包合同执行金额分别为 3030 万美元、2438 万美元、1954 万美元、983 万美元、906 万美元、353 万美元。

福州离岸服务外包业务中，ITO、BPO、KPO 业务之比为 7 : 1 : 2。其中，以软件研发及开发服务、集成电路设计、信息系统运营和维护服务为主的 ITO规模持续扩大，执行额为 2.94 亿美元；以企业业务运营服务、企业供应链管理服务为主的 BPO 业务执行额为 0.42 亿美元；以动漫及网游设计研发、工程设计为主的 KPO 业务稳步增长，执行额为 0.72 亿美元。

值得注意的是，福州市服务外包企业中，入选国家创新型企业、创新型试点企业的有 5 家；入选福建省创新型企业、创新型试点企业的有 40 家；此外，有全国软件百强企业 5 家、国家级企业技术中心 3 家、省级企业技术中心 15家、境内外上市企业 15 家。其中，福建富士通信息软件服务有限公司、福建福昕软件开发股份有限公司在 2014 年第六届国际服务贸易（重庆）高峰会、中国服务品牌大会暨服务业资本论坛上被评为"中国 2014 年最具成长性服务品牌企业"。在"全国软件企业综合竞争力 200 强"中，福州有 11 家软件骨干企业上榜，上榜企业数位居全国第五，仅次于北京、广州、深圳、杭州。

福州市已经初步形成了包含物联网产业、软件信息、移动互联网、电子商务、现代物流、生物医药、工业设计和动漫游戏等领域的产业发展体系，先后涌现出一大批像星网锐捷、新大陆、网龙、国脉和福昕等的行业龙头企业，并且以日本、美国、中国香港和新加坡等国家和地区为主要的客户对象，不断开拓离岸外包业务，服务范围共涉及 62 个国家和地区，呈现出良好的发展态势。

二 福州市服务外包典型企业

（一）福建福昕软件开发股份有限公司

1. 公司简介

2001 年，福建福昕软件开发股份有限公司（Foxit Software Incorporated）（以下简称"福昕软件"）成立。福建福昕软件开发股份有限公司是全球 PDF 电子文档核心技术与应用领域的领导厂商，国际 PDF 标准组织核心成员、中国版式文档 OFD 标准制定成员。"Foxit" 也是中国为数不多的具有全球影响力和竞争力的软件知名品牌。2015 年 6 月 16 日，福昕软件在新三板挂牌上市。

福昕拥有完全自主产权的 PDF 核心技术，提供文档的生成、转换、显示、编辑、搜索、打印、存储、签章、表单、保护、安全分发管理等涵盖文档生命周期的产品技术与解决方案。福昕的核心技术具有跨平台、高效率、安全等优势，产品与服务覆盖桌面、互联网与移动互联网，被广泛应用于各行业的个人、企业、机构的文档应用领域。特别是一大批全球知名企业，如微软、亚马逊、英特尔、IBM、三星、索尼、HTC、印象笔记、IKB 银行、纳斯达克、摩根大通、腾讯、百度、当当、360 等都在使用福昕的授权技术或通用产品，推动了行业解决方案的不断丰富与发展。

2. 服务内容

（1）电子文档安全分发解决方案

电子文档安全分发解决方案是一个简单高效的私有云文档可控应用环境，它既是一个文档云存储平台，也是一个文档权限控制分发管理平台。应用福昕电子文档安全分发平台，既可提高传统 OA 系统注重文档获取的方式方法的安全性，而忽略文档本身所包含的信息、数据安全的不足；而且可以将出版的资源数字化、存储、加工、开发和再利用，使其进一步转化为业务拓展的基础；

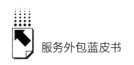

此外，出版社还可以通过福昕云阅读和离线数据保护产品来提供包括在线试读、在线付费阅读以及离线付费阅读等不同种类的阅读服务。另外，福昕电子文档安全分发平台结合各级档案资料管理机构在档案资料数字化建设中的需求，为档案资料的管理提供格式转换、权限设置以及数据加工等一系列保护功能，并与档案管理机构业务系统无缝连接，进行管理系统资源的借阅与管理。

实际应用案例包括：中石油 CMS 系统、四川文轩在线电子商务有限公司——电子书版权保护、中国教育图书进出口有限公司——电子书版权保护、社会科学文献出版社——电子书版权保护、中国国家标准委员会——标准在线系统、上海图书馆上海情报研究所——手持设备上数字内容保护等。

（2）PDF 文档电子签章解决方案

该解决方案基于福昕自主知识产权的 PDF 引擎技术，提供客户端签章、服务器端签章、USB key 签章等多种电子签章方式，符合 PDF 文档的数字签名标准，支持第三方 CA 对其扩展，并且保证签名值能被任意一个遵循 PDF 标准的阅读器打开、验证，具有安全性和跨平台性等特点。该签章不同于普通的水印签章，其基于 PKI 的高强度安全技术，通过非对称的加解密算法，有效保证了签名的合法性和数据的安全性，防止敏感信息不被授权修改，并完全支持国际签名验证和 CA 标准，保证签章在各个平台上有效、合法。

实际应用案例：辽宁建设厅网上投标、江苏省建设厅网上监管系统、龙岩市建设工程电子招标系统、海尔商务系统等。

（3）PDF 文档安全应用解决方案

通过文档安全应用，文档所有者可对文档做权限使用的控制，如授予阅读权限——谁能查看、什么时候能查看、能看多久；授予操作权限——是否可以打印，是否允许复制、添加注释、填表；等等。福昕文档安全应用通过受保护 PDF 文档本身内部锁定使用权限，用户每次打开 PDF 文件都要在 AD RMS 服务器上申请凭据，然后才能打开被加密的文件内容，一旦文件离开所处的公司环境，访问者就无法联系 RMS 服务器，文件的内容也就无法进行阅读了。并且，当有人用 QQ 或系统自带的截屏工具，对 AD RMS 加密过的文档进行截屏时，所截到的是黑屏。此外，PDF 文档安全应用可以记录谁打开了文档、什么文档被打开、什么时候打开了文档、打开文档成功还是失败、用什么打印机打印、打印几份、对文档进行了哪些操作等。如果有人拍下文档然后分发，也可以通过动态水印找到操作者是谁。

（4）网络印刷解决方案

网络印刷解决方案主要是指福昕设计印刷平台——借由全球领先的 PDF 文档处理技术以及在线印刷电子商务网站——佳印网的研发及营运经验，推出针对印刷行业下单文件管控、电子商务建设的综合性平台。平台涵盖名片、单页、台历等产品的自助设计，包含线上版本及桌面版本在内共计 3 款设计工具，全面提供印品设计、下单、网上支付、印刷、配送、财务、市场推广的全流程服务。福昕自助印刷设计器具备文件转换、文件规范命名、后道工艺页面生成等功能，同时会对设计稿分辨率过低、色彩过浓、裁切边缘超过打印区域、工艺制作错误等问题进行自动警告。印厂无须再为客户提交的各种印刷文件花费大量人工进行手动检查与转档工作，建立自动化接单系统，大幅减少人力成本。

实际应用案例包括：佳印网。

3. 发展历程

2001 年，福昕软件创立于福建福州软件园，同时福昕美国公司在加利福尼亚注册成立。

2004 年，福昕 PDF 阅读器 V1.0 发布，拥有完全自主知识产权的 PDF 核心技术。

2005 年，福昕北京研发中心成立。

2006 年，福昕阅读器入选美国著名 IT 杂志 PC World "2005 年度全球 101 款最佳免费/共享软件"，名列第 26 位，Foxit PDF Creator 1.0（PDF 文档生成器）版本正式上市。

2007 年，福昕阅读器荣获 "中国国际软件博览会金奖"，入选 "2007 年中国软件自主创新 100 家典型企业"。

2008 年，福昕阅读器被美国权威电脑杂志 *PC Magazine* 评为 "年度最好的免费软件"。

2008 年，福昕法国分公司成立，服务于欧洲市场。

2009 年，福昕启动运营基于 SaaS 服务模式的 "佳印网" 服务平台（在线名片自助设计和印刷服务一站式平台）。

2009 年，荣获 "2009～2010 年度国家文化出口重点企业" 称号，韩国分公司、日本分公司成立运营。

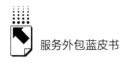
2010 年，福昕 PDF 阅读器 V4.3 发布，全球用户数成几何级增长。

2011 年，福昕获得了亚马逊的战略资本投资，与亚马逊合作，为 Kindle 设备以及各种 Kindle 客户端阅读体验提供 PDF 文档的支持。

2011 年，被美国商务部评为"2011 年度旧金山地区全球民族科技公司"。

2012 年，福昕发布专为 Windows 8 Store Apps 模式研发的 PDF 软件开发工具包。

2012 年，获得"国家火炬计划重点高新技术企业"认定、被商务部评为"中国最具活力服务贸易企业 50 强企业"之一。

2013 年，企业名称变更为"福建福昕软件开发股份有限公司"，完成股份制改造。

2013 年，福昕与战略合作伙伴台湾 JRSYS 合作的"PDF 电子认证云服务"获亚太科技竞赛信息安全组"奥斯卡"奖（APICTA Awards）。

2015 年，福昕软件成功挂牌新三板。

（二）福建富士通信息软件有限公司（FFCS）

1. 公司简介

福建富士通信息软件有限公司成立于 1987 年（以下简称"福富软件公司"），主要专注于信息化系统咨询、规划、研发、集成和技术服务，提供电信运营商信息化、互联网信息服务、ICT 业务、国际软件与服务外包、社会服务管理创新信息化、信息安全服务六大类业务。2014 年，集团业务收入近 12 亿元人民币，人员数量超过 2000 人。

公司现已发展成为国家规划布局内的重点软件企业、国家软件出口龙头企业、高新技术企业、行业领先的智慧城市综合解决方案提供商和运营服务商、中国电信政务行业信息化应用基地，率先通过了国家一级计算机信息系统集成资质认证和 CMMI L5 评估，旗下拥有北京福富软件、福建讯盟软件两家子公司，并在日本、南京、合肥、成都设立了分公司及技术支撑中心，国内业务涉及 34 个省级行政区（含港、澳、台），国际软件外包业务在日本全面展开。

2. 服务内容

（1）电信运营商信息化

专注于提供电信行业信息化整体解决方案。福富软件公司的电信系列产品线全面覆盖电信 ITSP 信息化战略规划，并致力于为客户提供高品质产品和运营支撑服务。其产品详见表 1。

表 1　福富软件公司产品情况

产品	具体内容
MSS	福富计划建设管理系统(FS – CPMIS) 福富管理信息系统 FFCS(FS – MIS) 福富法律事务管理系统(FS – LMIS) 福富财务辅助管理系统 FFCS(FS – FAMIS)
OSS	福富综合网管系统(FS – INMS) 福富服务质量管理系统(FS – SQM) 福富 IMS 网管系统(FS – IMS) 福富智能网管系统(FS – INMS)
BSS	福富电信客户关系管理系统(FS – CRM) 福富统一认证系统(FS – UAM) 福富统一门户系统(FS – UPM) 福富产品与套餐管理平台(FS – PPM) 福富综合结算系统(FS – PS) 福富业务网关系统(FS – SGW)
EDA	福富运营数据仓储系统(FS – ODS) 福富数据仓库及经营分析系统(FS – EDW) 福富掌上经分系统(FS – AHS) 福富大数据应用平台(FS – AHS) 福富数据运维管理平台(FS – DOM)
ITM	福富 IT 服务管理系统(FS – ITSM) 福富 IT 综合网管系统(FS – ITNM) 福富计费网管系统(FS – BONM)

（2）互联网信息服务业务

专注于互联网领域，为运营商和行业客户提供多样的服务、丰富的互联网/移动互联网应用产品和专业的运营支撑；用持续创新的理念为客户提供集约化、开放化、服务化、全生命周期的产品运营及服务体系。主要产品包括：福富移动办公解决方案、福富天翼动漫平台、福富融合支付平台、福富智能短信平台、福富云讯通、福富统一认证平台、福富领航平台、福富 O2O 位置商圈服务、福富微翼公众账号服务平台、福富中小企业电商平台、福富消息服务中心、福富移动

终端支撑平台、福富 APP 快速定制平台、福富 WiFree、福富手机看店、福富桔子智能路由器、福富宽带智能提速系统、福富互联网接入认证及业务支撑系统。

（3）ICT 业务

专注于打造应用型、服务型和创新型的 ICT 业务，把握信息消费和智慧城市建设的历史发展机遇，加快变革创新，提供集顶层设计、咨询规划、软件研发、集成实施和运营维护于一体的"平台＋应用＋运营"整体解决方案和信息服务。主要产品包括：ICT 总体战略规划、ICT 总体战略、云计算咨询规划、系统集成与 IT 服务、网络集成及服务、主机存储集成与服务、数据库集成与服务、IT 系统健康检查服务、泛政府应急指挥中心、绿色机房集成与服务、机房搬迁与代维技术服务、视频会议集成与服务、政务领域解决方案、福富农村信息化应用、福富公务员人事管理系统、电力领域解决方案、福富营销数据采集系统、福富会视通系统、环保领域解决方案、福富环保核应急、福富环保E 通、福富环保移动执法、交通领域解决方案、福富智慧车辆云平台、车翼行平台、教育领域解决方案、福富考务管理系统、云计算业务、福富电子政务云解决方案、福富交通运输云解决方案、福富医疗云解决方案、福富智慧校园解决方案、福富云桌面管理平台、福富云基础设施管理平台、福富云安全解决方案、视频智能化解决方案、烟火智能检测等。

（4）社会服务管理创新信息化

致力于打造以政务信息化为核心、以社会服务管理创新为主线的智慧城市运营商，聚焦社会服务和管理创新领域，提供智慧城市解决方案，提升城市管理与服务的智能化水平。主要产品包括：顶层设计咨询、电子政务顶层设计、社会管理创新、城市综合管理服务平台、网格化社会管理综合治理平台、社区综合管理服务平台、楼宇网格管理服务平台、社会服务创新、智慧社区公众服务云平台、智慧城市公众门户——"爱城市"、智慧城市校园门户——"爱校园"、政务移动门户等。

（5）信息安全服务业务

致力于发展为领先的信息安全解决方案提供商和流量监控分析方案提供商。以信息安全管理平台（SOC）产品为基础，实施安全集成和安全服务业务，为客户提供规范、全面、可靠的安全解决方案和咨询服务；以互联网流量监控系统（DPI）和行为分析为基础，应用大数据相关技术开展流量分析业务，提供全面的互联网流量监控分析解决方案。主要产品包括：福富安全支撑系统（FS‑SOC）、福富安全操作管理系统（FS‑SOM）、福富安全配置基线检查系统（FS‑BSVS）、福富 4A 安全管理系统（FS‑4A）、IDC/ISP 信息安全管理系统、福富互联网监控及行为分析系统（FS‑IBAS）、福富舆情分析系统（FS‑POAS）、公共场所安全上网解决方案（FFCS WIFI Portal）、福富宽带终端服务系统（FS‑BTSS）、福富安全服务与咨询（FS‑SS）等。

（6）国际软件与服务外包业务

专注于国际软件与服务外包业务，精通嵌入式软件开发，提供通信与企业产品的解决方案及软件外包服务。公司拥有通晓中、英、日文，熟悉国际化开发与商务管理的团队，面向日本在华投资企业，提供丰富多样的 IT 解决方案。目前，公司提供的业务有自动办公、集成通信、网络安全、电子监控等。

公司提供的综合办公解决方案包括 EIS 门户、人力资源管理、客户关系管理、财务管理、物流管理、知识管理等功能；移动办公解决方案包括对客户业务应用、服务应用、办公应用等进行适配，将应用功能快速延伸到手机终端；生产管理解决方案包括生产过程管理、生产计划排产、质量检验管理、委外管理等；融合通信解决方案包括提供融合通信的大中型呼叫中心，包含座席接听、预测外呼、电话会议等功能；数字化组网解决方案包括提供数字组网的整体解决方案，涵盖网络平台建设、认证计费、出口流量控制等；一机通解决方案包括企业一机通（门禁、消费、考勤、水控、电控、圈存等功能）；VPN 组网解决方案包括为企业提供整体的 VPN 组网解决方案，包括 VPN 专网、移动办公用户 VPN 等；安全网关解决方案包括为企业用户提供廉价、全面的网络安全解决方案，在传统组网能力的基础上集成防火墙、入侵检测、网页内容过滤、流量控制、上网行为审计等多种安全功能；数据备份解决方案包括针对企业各类型的数据，提供自动化、高性能的备份策略；园区监控解决方案包括园区、周界安防监控，生产监控等；显示系统解决方案包括集中监控显示、高端会议室显示（无缝拼接、功能灵活）等；LBS 应用解决方案包括基于 GIS 平台的应用，主要包括车辆定位、人员定位等业务，以及定位业务延伸出的车辆实时定位、轨迹跟踪、人员考勤等功能。

3. 资质与荣誉

该公司获得多项荣誉，如获评"国家规划布局范围内的重点软件企业"

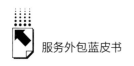

"中国创新软件企业""全国高新技术企业""全国青年科技创新先进集体"
"中国软件收入百强企业""中国软件出口企业（外包）25 强""国家杰出 IT
外包服务贡献奖""福建省软件骨干企业""中国信息产业最具责任感的企业"
等。

　　该公司还获得了许多认证与资质，主要有：CMMI L5 评估、国家一级计
算机信息系统集成资质认证、ISO 14001 环境管理体系证书、ISO 27001 信息安
全管理体系认证、ISO 9001 质量体系认证、ISO 20000 IT 服务管理体系认证、
思科银牌认证合作伙伴、FUJITSU 金牌认证合作伙伴、Oracle 金牌合作伙伴、
IBM PartnerWorld、HP 华三服务四星、思杰银牌合作伙伴、赛门铁克专业化认
证合作伙伴。

（三）福建中海创集团

1. 公司简介

　　福建中海创集团创立于 1992 年，是一家专业从事综合智能服务的大型集
团。集团总部位于福州市美丽的乌龙江畔，集团旗下有 47 家全资子公司，分
支机构达 90 多个，遍布全国各地，现有员工 5000 多人，2014 年集团业务规模
突破 60 亿元。中海创集团自成立以来，一直保持稳健快速的发展，现服务于
全国 3 万多家客户，是国内规模较大的自动化与信息化技术提供商之一。该集
团自主研发了"工业自动化通用控制平台 IAP"新技术，是国际上第一家掌握
跨平台控制组态核心技术的企业。其基于多年打造的"工业 4.0"核心技术、
商业模式与产业链体系，大力布局"工业互联网＋"的发展战略，全面涉及
智慧工厂、智慧城市、智慧交通、智慧环保、智慧物流等领域，提供世界领先
的智能化产品和解决方案。

2. 服务内容

（1）传统自动化业务

　　传统自动化业务包括工厂自动化、机电一体化、市政自动化、楼宇自动化
以及自动化产品。工厂自动化面向工业生产的流程自动化和设备控制，致力于
生产过程控制系统和信息管理系统整合，为企业打造智能化和互联化的数字工
厂，使整个生产过程稳定、高效、安全、可靠地运行，减少人员操作。中海创
集团在过程自动化领域具有丰富的应用经验，面对从小型到大型，再到复杂的

控制系统，均可提供灵活的可扩展技术解决方案，包括分布式控制系统、PC/PLC 控制系统、制造执行系统，以及 SCADA 监控系统等。其重点面向电力、冶金、化工、食品、电子、汽车等制造企业，提供覆盖规划设计、系统集成、软件开发、运行维护、升级改造、备品备件保障、仿真培训等工业控制系统全生命周期管理服务。

机电一体化面向各类装备制造企业，为用户提供量身定制的机电一体化服务，凭借与全球跨国自动化厂商数十年的合作基础，以及自身全面的技术开发能力，根据设备工艺升级需求，OEM 客制化开发设备智能化控制系统，帮助客户提升产品技术附加值和竞争力。多年来，中海创集团福州福大自动化科技有限公司已为工程、机床、包装、印刷、橡胶、起重、纺织、烟草、石材等机械制造企业提供了数控系统开发服务。

市政自动化主要面向城市公用基础设施服务，提供水厂自动化系统，管网监测系统，污水处理控制系统，江河水质监测系统，道路、桥梁、隧道监测系统，以及城市夜景灯光控制系统等解决方案。

楼宇自动化面向机场、港口、体育馆、写字楼、酒店、高端社区等建筑物，提供全集成化楼宇智能解决方案，包括暖通、中央空调、新风、冷却、照明、安防、消防等智能化工程，以及楼宇节能管理系统和楼宇智能配电系统等。

（2）战略新兴业务

战略新兴业务包括智慧工厂、智慧矿山、智慧港口、智慧物流、智慧环保等。智慧工厂是现代工厂信息化发展的新阶段，中海创集团首先致力解决工厂的数字化，基于 IAP 工业自动化通用技术平台，打通工厂各信息物理系统的互联互通环节，提供 DCS 分布式控制系统、MES 制造执行系统、生产管理系统等解决方案，并结合虚拟控制站技术，基于互联网帮助用户打造缩微式数字工厂，为工艺流程和设备运行提供虚拟仿真服务。其次，围绕工厂信息安全前提，逐步实现自动化系统和制造服务应用软件向云端转移，面向设备运行开发智能 APP 产品。

中海创集团面向煤矿、金属矿和非金属矿等企业，以安全生产管理、控制和防范等为基本要求，综合集成生产自动化系统、安全监测系统、业务协同管理系统、位置定位系统、设备管理系统、GIS 地理信息系统和视频监控系统，

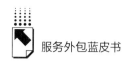

帮助企业建立集中控制中心和数据中心，通过上层综合信息系统统一协调各子系统的资源共享和互联互通，从而达到各系统间智能联动和安全管控，形成一个基于 GIS 智慧矿山综合管控大平台。

中海创集团基于港机自动化业务，进一步打造全自动化无人港码头，并应用"互联网＋"思维，基于云计算技术，整合港区通信系统、港区作业管理系统、港区 EDI 系统、港区物流管理系统、设备远程监测维护、船舶动态监测系统等，对内满足港口生产和管理需求，提升作业效率，对外满足企业、海事、船货代等客户的需求，方便客户和管理部门对港口业务信息的了解，解决港口存在的效率低下、数据异常、物资安全性的弊端。

中海创集团从物流仓储设备自动化起步，与运营商合作，重点针对物流园区特点推出基于云计算平台的智慧物流园区综合解决方案，打造信息门户平台、电子商务平台、物流作业 SaaS 平台、园区物业服务平台决策支持平台、物流金融服务平台以及数据交换中心和信息发布中心等，并且借助信息门户网站、手机终端、客户端软件和呼叫中心将产业链的各个方面结合起来，实现园区内各个企业资源共享、数据共用和信息互通，同时也为政府部门、物流企业以及上下游的相关企业和社会大众提供服务，从而全面提升物流信息化水平。

中海创集团在烟气脱硫脱硝控制系统、污水处理自动化系统、在线监测系统等大量实践工程基础上，融合云计算、物联网和移动互联网等技术，建立工业企业环保在线监测服务平台，主要功能包括水质监测、烟气监测、空气监测、污染源监测和能源监测等，为管理部门、企业和社会提供统一信息接入门户和个性化应用开发，为环境保护和企业环保达标提供可靠的决策依据。

（3）电子商务

中海创集团 Gkcity 工控电子商务平台，以 O2O 模式构建面向客户需求的一站式工业电气产品采购服务平台，平台汇聚施耐德、ABB、欧姆龙、魏德米勒等 1000 多个国内外知名品牌，600 多种产品门类，为用户提供在线选型、导购、订单、支付、售后等快捷服务，通过福州福大自动化科技有限公司分布全国的物流体系进行快捷配送，同时推出场景体验、主题服务、APP 应用、互联网金融等新型服务产品，力求打造中国最佳的工业品电子商务平台。

（4）服务平台

在工业大数据时代下，利用云计算技术服务工业自动化是个新趋势，也是新挑战。中海创集团通过建立工业控制云服务中心，基于云端为企业用户提供控制资源共享、控制策略研究、控制系统协同化开发、虚拟仿真和数据分析等服务。另外，联合硬件制造商，定制智能控制器终端，实现任务和数据处理在工业现场解决，突破后台中心服务器管理技术瓶颈。

云控制服务平台为用户提供高度集成化的自动化控制系统开发环境，包括结构组态、逻辑组态、HMI 组态、仿真组态、虚拟控制站和数据库等，以及面向各行业工厂的个性化控制元件库。用户下载独立的控制策略包或组态元件包，即可在本地完成控制系统的组态并进行仿真测试。

集团旗下的福州奥迈软件有限公司，针对企业信息化需求变化快、业务融合困难、IT 运维成本高等问题，面向 SOA 架构，为行业企业构建了基于 Web2.0 架构的信息化服务平台，不仅提供供应链、协同办公、项目管理、设备管理、决策分析、知识管理、人力资源等软件服务，同时支持移动商务、企业社区、电子商务等解决方案系统整合，帮助企业驱动商业模式创新，支持核心企业与上下游合作伙伴基于同一平台开展业务协同和资源整合，实现业务、办公和管理紧密集成与融合，扩大组织边界，建立真正面向客户的商业生态系统。

3. 发展历程

1992 年，创建福州大学校办企业——福大自动化工程服务中心。

2000 年，校办企业改制，福州福大自动化科技有限公司成立。

2001 年，"福建省工业自动化工程技术研究中心"在公司挂牌。

2003 年，建立分支机构，完成销售服务网点布局。

2003 年，成立福州奥迈软件有限公司等。

2004 年，在浦上工业园区建设"福大自动化科技园"。

2006 年，建立华南、华北、华中、华东四大区域服务中心。

2007 年，企业规模突破 30 亿元，名列国内同行业前茅。

2008 年，福大自动化被评为全国软件百强企业。

2009 年，正式成立福建中海创集团。

2010 年，中海创技术研究院正式成立。

2012 年，安全可靠的工业控制核心技术研发取得突破。

2013 年，筹建天津中海创产业基地。

2014 年，筹建福建永泰中海创智慧城。

4. 资质与荣誉

获评"中国电子信息百强企业"、入选"中国软件收入规模前 100 名企业"（福建省排名第一）、入选"中国电子企业品牌价值 300 强"（排名第 106 位），获评"福建省软件业十强企业""福建省高新技术企业""首届福建省企业信息化优秀服务商""福建省软件技术研发中心""福建省工业自动化技术开发基地""福州市功勋企业""福州市纳税功勋企业""福州软件园博士后科研工作站福大自动化分站"。

B.21
厦门市服务外包企业发展综述

一 厦门市服务外包发展总体概况

（一）起步较晚但发展迅速

厦门市于 2010 年 2 月成为第 21 个"国家服务外包示范城市"。虽然起步较晚，但是厦门市服务外包产业发展速度较快。厦门市 2010 年离岸外包执行金额为 2.03 亿美元，2011 年达到 4.3 亿美元，2013 年达到 6.49 亿美元。2015年，厦门市服务外包合同金额一跃增长为 19.02 亿美元，同比增长 31.98%。表 1 是 2011 年和 2012 年厦门市服务外包发展情况。

表 1 2011~2012 年厦门市服务外包发展情况

项目	2011 年	增速	2012 年	增速
合同金额	10.6 亿美元	48.9%	12.91 亿美元	32.09%
合同执行金额	10.5 亿美元	51.8%	12.05 亿美元	33.79%
离岸服务外包合同金额	4.0 亿美元	89.3%	6.16 亿美元	77.72%
离岸服务外包合同执行金额	4.3 亿美元	126.3%	4.94 亿美元	57.13%

资料来源：中国服务外包研究中心。

如表 1 所示，2012 年厦门市服务外包合同金额为 12.91 亿美元，执行金额为 12.05 亿美元，增幅分别达到 32.09% 和 33.79%。其中，离岸服务外包合同金额为 6.16 亿美元，同比增长 77.72%，相比 2009 年增长 920%。而 2011 年全市登记服务外包合同金额为 10.6 亿美元，同比增长 48.9%，合同执行金额为 10.5 亿美元，同比增长 51.8%。其中，离岸服务外包合同金额为 4.0 亿美元，同比增长 89.3%。

2015 年，厦门市服务外包合同金额为 19.02 亿美元，同比增长 31.98%；

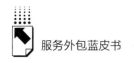
执行金额为 16.79 亿美元，同比增长 42.68%。其中，离岸合同金额为 13.63 亿美元，同比增长 28.18%；离岸合同执行金额为 13.11 亿美元，同比增长 44.74%，占全省总额超九成。由此可见，在厦门成为服务外包示范城市之后，其服务外包产业得到了大力发展。

（二）多元化的外包市场

按照离岸服务外包合同金额计算，2011 年，厦门市服务外包业务主要来自美国、日本、中国台湾、德国、阿联酋、中国香港、丹麦、瑞士、韩国、法国等数十个国家和地区①。2012 年，新增捷克共和国、俄罗斯和芬兰等 12 个国家和地区的服务外包业务，服务外包市场由 2011 年的 55 个扩展到 67 个。若按离岸执行金额计算，2011 年，厦门市服务外包离岸合同总金额超过 1000 万美元的国家和地区达到 12 个，分别是美国、日本、中国香港、德国、丹麦、中国台湾、韩国、新加坡、瑞士、阿联酋、英国和法国。其中，排前 5 位的美国、中国香港、日本、德国、中国台湾离岸合同金额合计占比 71.92%②。2015 年，据商务部数据，前十位发包国家和地区业务占比超九成，分别是美国、中国内地、新加坡、中国香港、瑞士、丹麦、日本、中国台湾、法国、韩国。

（三）以业务流程外包为主导

厦门市服务外包业务领域主要是 ITO、BPO、KPO 和企业业务运作数据库服务。2012 年，厦门市离岸服务外包以 BPO 业务为主，其合同金额占比达到 56.76%，而 ITO 占比为 20.10%，KPO 占比为 23.14%，比 2011 年提高 19 个百分点。KPO 属于高端服务外包业务，KPO 比重的上升说明厦门市离岸服务外包结构得到改善。从出口方式分类来看，信息技术外包服务、技术性业务流程外包服务和技术性知识流程外包服务占比分别由 2010 年的 39.8%、60.1%、0.1%，调整为 2015 年的 17.04%、71.33%、11.63%，专业业务外包和研发技术服务等高附加值产业比重不断提高，业务结构进一步优化。

---

① http://www.mof.gov.cn/xinwenlianbo/xiamencaizhengxinxilianbo/201204/t20120410_641829.html.

② http://www.xmcz.gov.cn/ktdy/ktdy5/2014/04/23/64069.html.

（四）企业规模较小

尽管 2013 年厦门有 575 家从事服务外包的企业，但整个行业缺乏龙头企业，企业规模较小。截至 2012 年，经认定的先进性服务企业只有 24 家，超过 500 万美元服务外包执行额的企业屈指可数。不仅与北京、上海和深圳等一线城市无法相比，甚至与西安、大连、无锡等二线城市也有较大的差距。2014 年中国服务外包十大领军企业中没有一家厦门企业，而在 2014 年中国服务外包成长型企业中，也只有 3 家厦门企业入选，2015 年更是没有一家厦门企业入选。由于厦门市服务外包企业规模都较小，在国际市场上难以获得声誉、难以树立良好的品牌形象，因此争取到较大的订单是比较困难的事情。总体而言，厦门市服务外包企业规模普遍较小，大型服务外包领军企业还比较缺乏，研发设计等服务外包高端业务比重较低，服务外包业务水平有待进一步提高。

二 厦门市服务外包企业发展概况

如表 2 所示，2011 年，厦门市列入全国商务统计系统的企业有 136 家，从业人员 2.6 万人，技术先进型服务企业 19 家；2012 年，厦门市服务外包企业进入全国商务统计系统的有 173 家；经过几年的飞速发展，2015 年，登记的服务外包企业与 2011 年相比已提高了近 1.5 倍，可见，厦门市服务外包产业近年来飞速发展。

表 2 近年厦门市服务外包企业统计

项目	2011 年	2012 年	2015 年
全国商务统计系统企业	136 家	173 家	331 家
从业人员	2.6 万人	3.29 万人	5.3 万人
技术先进型服务企业	19 家	24 家	47 家

资料来源：中国服务外包研究中心，http://coi. mofcom. gov. cn/article/y/qyyq/201305/20130500142935. shtml；厦门市科学技术局，http://coi. mofcom. gov. cn/article/y/qyyq/201305/20130500142935. shtml。

厦门市服务外包业务金额超过 1000 万美元的企业由 2011 年的 6 家上升到 2012 年的 16 家，这 16 家企业业务金额合计占全市服务外包业务总额的 91.07%；

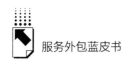
离岸服务外包业务金额超过1000万美元的企业由2011年的5家上升到2012年的16家，这16家企业业务金额合计占全市离岸服务外包业务总额的87.10%。2013年，厦门市服务外包企业共575家，相比2012年的561家新增14家①。可见，厦门市近年来企业发展速度较快。表3列出了厦门市部分服务外包企业。

表3 厦门市部分服务外包企业

企业名称	企业名称
厦门市中资源网络服务有限公司	厦门翔通信息科技有限公司
厦门市万安实业有限公司	厦门易通卡运营有限责任公司
厦门新风华电子有限公司	厦门市领航科技有限公司
厦门亿力吉奥信息科技有限公司	厦门柏事特信息科技有限公司
厦门精通科技实业有限公司	厦门市金网络科技服务有限公司
厦门兴南洋信息技术有限公司	厦门维思信息产业有限公司
厦门印天电子科技有限公司	厦门瑞维自动化工程有限公司
厦门桑荣科技有限公司	厦门通联网工贸有限公司
厦门冠兰网络科技有限公司	厦门源龙帝科技有限公司
厦门市三友软件有限公司	厦门东方海新网络科技有限公司
厦门创新软件园管理有限公司	厦门早发科技发展有限公司
厦门申讯网络技术有限公司	厦门市立达信科技有限公司
厦门凯天龙科技有限公司	雅马哈发动机(厦门)信息系统有限公司
厦门奇域互动科技有限公司	厦门新航太计算机系统工程有限公司
厦门大拇哥动漫股份有限公司	厦门易帕通高科技发展有限公司
厦门源龙帝科技有限公司滨海分公司	厦门汉纳森线控科技有限公司
厦门网捷软件有限公司	厦门新诺科技有限公司
厦门易帕通高科技发展有限公司金桥分公司	厦门科电自动化设备有限公司
厦门新航太计算机系统工程有限公司禾祥经营部	昌钻(厦门)数码科技有限公司
西基动画(厦门)有限公司	安技特电子科技(厦门)有限公司
爱德森(厦门)电子有限公司	思源(厦门)软件科技有限公司
文典软件信息(厦门)有限公司	厦门宝洲风险投资股份有限公司
绿源(厦门)软件开发有限公司	厦门亿联网络技术有限公司
厦门特力通科技有限公司	厦门民航凯亚有限公司
厦门海迈科技股份有限公司	厦门思科达软件有限公司
厦门市美亚柏科资讯科技有限公司	厦门海实科技有限公司
厦门银据空间地理信息有限公司	厦门市芯阳科技有限公司

---

① http://fjrb.fjsen.com/fjrb/html/2014-05/13/content_736457.htm? div = -1.

企业名称	企业名称
厦门市天铭达科技发展有限公司	厦门市拙雅科技有限公司
翼华科技(厦门)有限公司	厦门欧达科仪发展有限公司
厦门致晟科技有限公司	厦门银禾软件有限公司
厦门市金芒果软件有限公司	厦门市宏宇发电子有限公司
厦门欧乐软件有限公司	厦门易维信息技术有限公司
厦门永辉通科技有限公司	厦门名动科技有限公司
厦门微信软件有限公司	达富科技(厦门)有限公司
	厦门易享科技有限公司

资料来源：厦门服务外包网。

本报告挑选了2014年进入2014年中国服务外包成长型企业的公司加以介绍，共有3家：厦门印天电子科技有限公司、雅马哈发动机（厦门）信息系统有限公司和翼华科技（厦门）有限公司。其中，翼华科技（厦门）有限公司和雅马哈发动机（厦门）信息系统有限公司入选2012年全国100家"重点联系服务外包企业"，两家公司的ITO业务占厦门全市业务总额的比重约达50%，是厦门市服务外包骨干企业。

三 厦门市服务外包典型企业

（一）厦门印天电子科技有限公司

1. 公司简介

厦门印天电子科技有限公司（以下简称"印天科技"）专业从事交互式设备的研发和生产。公司不仅拥有一支机构灵活、实力雄厚的专业研发团队，不断开发出新技术、新产品，满足客户的多元化需求，还拥有强大的售后服务和技术支持团队，设立了全国统一热线，并通过不间断地提供技术支持和质量跟踪来保障公司提供的服务品质始终如一。而规模化的生产能力则是印天科技快速发展的强有力保障，其规模化的生产能力来自印天工业园。印天工业园占地16000平方米，厂房面积32000平方米，生产能力达30万套/年，目前是国内

生产规模最大、综合生产能力最强的交互式电子白板生产基地。经过多年来的不懈努力,印天科技获得了众多资格认证,如 ISO 9001 认证、ISO 14001 认证、高新技术企业认证、中国教育部检测报告认证、CE 认证、FCC 认证、欧盟环保 ROHS 认证、澳洲 C – TICK 认证、中国环境标志(II 型)产品认证、外观设计专利证书、实用新型专利证书、3C 认证等。如今,公司致力于实现企业自身的专业化、现代化、国际化。

2. 服务内容

教育方案:针对不同的教育领域,公司制定出针对性的解决方案。而针对普教市场,印天科技推出"电子白板 + 投影仪 + 电脑"的解决方案,针对幼教市场,推出"印天液晶交互式一体机"的解决方案,从而满足不同客户的差异化需求。

商务方案:印天科技将自身的互动平台和投影仪、电脑、音响等系统有机结合起来,能够给人们提供一种直观、方便的交互界面,客户可以直接操作计算机、在屏幕或白板上操作显示文稿(Word、PPT、Excel)、图片、图纸等信息。

政府方案:公司提供的电子白板服务主要用于各级政务部门的日常会议,包括现场会议、远程视频会议、政务汇报、职员培训等。

3. 售后服务

自成立之日,印天科技便将售后服务置于至关重要的位置,并在售后服务网络的建设上投入了较多的人力和物力,从而组建了一支专业的售后服务、技术支持和培训团队,并在全国各大城市设立了服务网点,通过统一客服热线提供不间断的培训支持及技术服务,一旦接到客户反馈问题,30 分钟内即响应,一般故障 24 小时内即解决。

(二)雅马哈发动机(厦门)信息系统有限公司

1. 公司简介

1996 年,雅马哈发动机信息系统有限公司厦门代表处成立,1999 年厦门阿尔法信息系统有限公司注册成立,并于 2006 年更名为雅马哈发动机(厦门)信息系统有限公司。雅马哈发动机(厦门)信息系统有限公司是由雅马哈全资投资的子公司。作为福建省第一家日资软件企业,其具有跨国机电制造业背景,目前已是厦门市高新技术企业之一,并且拥有强大的开发实力,业务领域覆盖国内、东南亚和日本及欧美地区，并在上海、重庆、新加坡、日本拥有分公司或机构。公司提供从产品制造的原材料采购到组织生产直到最后的客户服务的解决方案，并能充分依照客户的具体情况提供最适合的解决方案。企业致力于建立一个具有蓬勃朝气的团队，并遵守客户至上的行动方针，力求创造出更多的附加价值，实现更高的客户满意度。

公司主要服务于雅马哈发动机集团，在此基础上开展全球性经营活动，通过提供多元化的服务满足客户的多元化需求，为其提供最合适的解决方案。

该公司希望每个员工都能最大限度发挥出自己的能力，并注重提升员工的各种能力，从而组建一个优秀的团队，通过采取人才培养、品质管理、安全管理、推进离岸开发等各项活动，长期稳定地为客户提供高品质的服务。

2. 服务内容

（1）质量控制

进行产品质量测试，并基于不同的开发过程，强化问题点的记录和分析，促进流程改善，提高项目的可视化程度，从而将品质管理与项目管理圆满结合起来。

开发阶段：问题点的记录、趋势分析，及早捕捉问题点倾向，采取对策。

测试阶段：通过品质收缩曲线，判断产品的成熟度，从而判断产品品质以及是否可以交付，使产品品质可视化、可控化。

此外，公司建立了完善的对应体系，以及针对客户抱怨的快速反应机制，及时对问题和故障进行分析，提出再发防止措施及预防措施，从而有效防止问题再次发生。

（2）解决方案

公司提供面向企事业单位的 IT 规划、建设、运用维护以及风险管理的一站式服务，覆盖了综合布线、广域网连接、机房设施、通信交流、信息安全等的整体解决方案，分为以下四种。

IT 基础设施规划：在企事业单位业务规划的基础上，公司充分考虑生命周期、IT 风险对策而进行规划和设计。

IT 基础设施建设：基础设施建设覆盖了综合布线、广域网、机房建设、电话通信、视频监控等项目，最终提供最合适的 IT 基础设施建设。

IT 运用维护服务：基于 SLA（服务水平协议）的快速服务体制，涵盖服

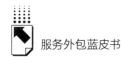
务器、网络、邮件、客户端以及用户培训等。

IT 风险管理：围绕重要信息资产管理、信息泄露对策、法律法规对策等，进行技术、运用、规定的综合对应。

3. 资质与荣誉

获评科技部"中国软件出口工程企业"；

担任"厦门市软件行业协会常务副理事长单位"；

荣获"厦门市软件园十佳企业"（2010 年）；

连续多年在福建省软件出口中排名第一或第二。

（三）翼华科技（厦门）有限公司

1. 公司简介

翼华科技（厦门）有限公司（以下简称"翼华科技"）是由美国 eHealth Inc. 公司于 2003 年全资投资的子公司。其母公司成立于 1997 年，并于 2006 年 10 月 19 日在美国纳斯达克股票市场（NASDAQ）成功上市。如今，其母公司获得了全美执业执照，拥有超过 13000 个可选保险计划，已经与 180 多家保险公司建立了合作关系，为超过 200 万的投保客户提供保险服务，并中标美国政府的项目，为其提供全国健康保险信息门户的技术解决方案及服务。翼华科技以提升计算机软件技术开发能力为自己的使命，并向母公司提供技术支持。经过若干年的发展，翼华科技已经建立了一支具有丰富行业经验和创新精神的技术开发团队。2005 年 12 月，翼华科技通过了中国保监会的批准，获得保险兼业代理的执照，建立了"优保网"。该网站于 2007 年 9 月正式上线，聚集了中国平安、中国人寿、泰康人寿等知名保险公司的意外保险、人寿保险和健康保险产品。目前，有近 250 名全职员工供职于翼华科技，且 90% 以上具备本科及以上学历。

2. 发展历程

2001 年，"eHealth Insurance 中国技术中心"成立。

2002 年，"eHealth Insurance 中国技术中心"协同开发的可视电话通信系统测试成功并投入使用。

2003 年，厦门市工商局正式为翼华科技（厦门）有限公司颁发企业法人营业执照。

2004 年，翼华科技（厦门）有限公司经厦门市政府信息产业局认定为"软件企业""技术贸易机构"。

2004 年，翼华科技（厦门）有限公司自主开发的"RRS 保险营销财务系统软件"1.0 版本和项目管理软件"Project Management Tool"1.0 版本获得国家版权局颁发的版权证书。

2004 年，翼华科技（厦门）有限公司正式加入中国外商投资企业协会。

2005 年，翼华科技关于保险兼业代理资格的申请获得中国保险监督管理委员会厦门监管局批准。此次，翼华科技被批准在福建省内销售寿险、健康险及意外险。

2006 年，eHealth Inc. 股票在美国纳斯达克公开上市。

2007 年，"优保网"（ubao. com）成功发布。

2008 年，翼华科技（厦门）有限公司被授予"厦门火炬高新区优秀软件企业"称号。

2008 年，优保网上海频道发布，上海消费者可在该网站上选购约 27 个保险公司的产品。

2009 年，翼华科技（厦门）有限公司获得厦门市政府服务外包发展资金。

2009 年，翼华科技（厦门）有限公司被评为高新技术企业。

2009 年，翼华科技（厦门）有限公司自主开发的"健康保险智能表单填写系统"1.0 版本、"保险超市定制系统"1.0 版本、"PDF 文件映射系统"1.0 版本、"保险代理门户系统"1.0 版本、"电子保单传送系统"1.0 版本、"健康保险保单设计系统"2.0 版本获得国家版权局颁发的著作权证书。

2009 年，翼华科技（厦门）有限公司被授予"守合同重信用"企业。

2010 年，eHealth Inc. 成功获得美国联邦政府健康保险交易平台合同"HHS Exchange"，可以销售全美国 1000 多家健康保险公司的产品。

2010 年，eHealth Inc. 获得美国第 14 届 Webby 奖最佳保险网站提名。

四 厦门市服务外包发展展望

虽然厦门市服务外包行业发展较晚，但是其发展速度较快，其离岸外包执行金额从 2010 年的 2.03 亿美元增长到 2013 年的 6.49 亿美元，年平均增长率

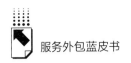

达到 50% 以上。服务外包市场多元化,由 2011 年的 55 个扩展到 2012 年的 67 个。其以业务流程外包为主导,KPO 比重有所上升,这说明厦门市离岸服务外包结构有所改善。厦门市服务外包企业数量增加快,由 2012 年的 561 家增至 2013 年的 575 家。

厦门市服务外包行业的快速发展离不开政府的大力支持。2011 年,厦门市全年共兑现服务外包扶持资金 968 万元,有 4 家企业获国家重点软件企业认定并获所得税优惠,有 13 家离岸服务外包企业获营业税免征 410 万元①。2012 年,厦门市商务局从人才培训、公共平台、国际认证、通信费用和房屋租赁等方面为企业进行资金扶持,共兑现各类扶持资金超过 1300 万元。此外,政府将针对获得 M/CMMI 三级及以上,或具有 MM、ISO 27001/BS7799、SAS70、ISO 20000、GLP、AAALAC、ITIL、SWIFT、COPC 等认证资格企业的认证费用给予 50% 的补贴,单项认证补贴最高限额为 50 万元;对于由厦门市担保机构办理出口信贷担保,并且符合条件的服务外包企业,给予实际支付贷款担保费 50% 的资助;对于企业进行技术改造以提高承接服务外包能力的项目,可按 2 年 100% 的项目贷款贴息支持,每年贴息额不超过 100 万元;对于被确定为市级知识产权示范企业的服务外包企业,给予 20 万元资助,对于被确定为国家级知识产权示范企业的服务外包企业,给予资助增加 20 万元②。

2015 年,福建省政府办公厅下发《关于促进服务贸易和服务外包加快发展十二条措施》,争取到 2020 年全省服务贸易总额达到 400 亿美元,服务外包业务规模年均增长 30%③。可见,政府提供的政策支持将在未来若干年内发挥促进服务外包加快发展的长久效力,未来厦门服务外包产业具有巨大的发展潜力和动力。

---

① http://www.sme.net.cn/jmzs/bddt/show.asp? id=6204&topic=5.

② http://www.xasoa.org/rdxw/4455.jhtml.

③ http://www.xasourcing.gov.cn/390/3/165/59636.shtml.

B . 22
长沙市服务外包企业发展综述

一 长沙市服务外包发展总体情况

（一）长沙服务外包概况

2007 年，长沙市被认定为"中国服务外包示范城市"，服务外包产业已发展具有一定的规模。2014 年，长沙市服务外包产业新增从业人员 43965 人，实现总收入 453 亿元，同比增长 12.5%，其中，离岸服务外包执行金额增长 24.4%。可以看到，相较于深圳等东部城市而言，长沙在离岸外包上的发展潜力更大。2014 年，长沙市进入商务部"服务外包业务管理和统计系统"的企业新增 107 家，总数达到 552 家，其中 1000 人以上规模的企业达到 18 家，同比增长 20%，截至 2015 年，纳入商务部统计系统的湖南省服务外包企业登记数达到 813 家，而长沙市企业占据了绝大多数。

长沙市服务外包产业涵盖了许多领域，如金融、动漫、信息科技、物流、保险等。主要软件外包企业有源数科技、创智软件等，动漫产业龙头外包企业有山猫卡通等，主要数据处理外包企业有青苹果数据中心，物流产业外包核心企业是全洲物流、实泰物流，主要的呼叫中心外包企业有海普科技、金谷国际，等等。

（二）长沙服务外包企业情况

2014 年，长沙市服务外包执行金额达到 1000 万美元的企业达到 24 家，其中，离岸服务外包执行金额达到 1000 万美元的企业有 7 家。就品牌企业而言，化工部长沙设计院、华诺科技、拓肯文化、青苹果数据中心、山猫卡通、长沙中兴软创和盈博数码 7 家服务外包企业被中国国际投资促进会评选为 2014 年"中国服务外包百强成长型企业"，华瑞培训、拓肯教育、欧柏泰克软件学院

这 3 家培训机构被评选为 2014 年"优秀服务外包培训机构年度奖"。

2015 年，长沙软件外包、数据处理外包、文化动漫外包、呼叫中心外包、物流外包、工程设计外包全面发展。中软国际、华诺科技、华自科技、科创信息、竞网科技、创博龙智信息成为当地软件外包的龙头企业；中国水电顾问集团中南勘测设计研究院、中冶长天、化工部长沙设计院、湖南建工、湖南邮电规划设计院等着重发展知识流程外包业务；拓维信息、拓肯文化、盈博数码、山猫卡通等聚集在文化动漫外包领域；青苹果数据中心、隆志高新侧重数据处理外包；湖南金谷国际、海普科技主要业务是呼叫中心外包；实泰置业、稻之道供应链、博瑞新特药、国药控股、全洲物流则重点发展物流外包。

从长沙市高新区来看，其已形成六大标志性产业集群。一是软件服务外包产业集群，以中兴软创、凯哥信息、创博龙智、中软国际等主要代表；二是动漫服务外包产业集群，以拓维信息、蓝猫卡通、山猫卡通等为主要代表；三是商务流程外包产业集群，以捷信金融、中国移动电子商务有限公司、竞网科技、华凯创意等为主要代表；四是知识流程外包产业集群，以长沙中兴软件、湖南蚁坊、睿泰科技等为主要代表；五是现代物流外包产业集群，以联强国际集团和怡亚通供应链为主要代表；六是 IT 人才培训外包产业集群，以华瑞教育、中软教育、同道教育等为主要代表。

二 长沙市服务外包企业介绍

（一）服务外包园区企业代表

长沙市服务外包园区企业代表见表 1。

表 1 长沙市服务外包园区企业代表

企业名称	企业名称
湖南创博龙智信息科技股份有限公司	湖南盈博数码卡通产业发展有限公司
源数科技（湖南）有限公司	中软国际（湖南）信息技术有限公司
湖南山猫卡通有限公司	湖南省凯歌信息技术有限公司
湖南金谷国际服务外包呼叫中心有限公司	湖南盈博数码卡通产业发展有限公司
湖南拓肯文化传播有限公司	湖南省青苹果数据中心有限公司

（二）2014年中国服务外包百强成长型企业（长沙）

2014 年中国服务外包百强成长型企业见表 2。

表2　2014 年中国服务外包百强成长型企业

企业名称	企业名称
化工部长沙设计研究院	湖南省青苹果数据中心有限公司
长沙中兴软创软件有限公司	湖南盈博数码科技产业发展有限公司
湖南华诺科技有限公司	湖南拓肯文化传播有限公司
湖南山猫卡通有限公司	

三　长沙服务外包典型企业介绍

1. 湖南山猫卡通有限公司

（1）公司简介

湖南山猫卡通有限公司是一家从事影视动画、手机动漫制作、游戏开发、增值业务、音乐录制以及卡通衍生产品研发销售的大型高科技文化企业。出口"山猫吉咪"（SMJM）、"山猫兄弟"（SMXD）、"山猫功夫"（SMKF）品牌的动画节目和动漫衍生产品。

（2）资质与荣誉

湖南山猫卡通是国家重点动漫企业、湖南省重点服务外包企业，入选"长沙市服务外包十强企业"。2007 年，旗下"山猫吉咪"品牌被认定为"著名商标"；2009 年，节目《山猫吉咪历险记》获得纽约独立电影电视节"最佳动画影片奖"；2010 年，节目《山猫和吉咪》之嘉年华获得首届美国国际电影节"优秀动画片奖"；2011 年，原创作品《奇志碰大兵》获得"中国文化艺术政府奖首届动漫奖"最佳新媒体动漫作品入围奖，"山猫吉咪"获得最佳动漫品牌入围奖。

2. 湖南省青苹果数据中心有限公司

（1）公司简介

青苹果数据中心是在中国领先的 BPO 和 IT 服务提供商。我们向全球大型企业和政府提供外包数据处理、数字化生产、电子出版、内容管理服务和其他技术服务。青苹果数据中心成立于1991年，是国家商务部认定的"中国服务外包百强企业"，已成为中国最主要的数字化产品制作商和内容供应商。青苹果有5家独资和合资机构，生产场地总计32000平方米之多，员工1300余人，提供原始数据转制为多格式的数字化产品服务。其生产能力超过200亿汉字/年，是中国最大的数字化生产基地，可以制作中（简/繁体）、英、日、韩、德、法、阿拉伯等多种语言产品，产品销售和服务覆盖20多个国家和地区。青苹果数据中心开发的数据库检索平台、数据质量控制平台达到国际同行业先进水平。

（2）服务内容

数字化解决方案。青苹果数据中心始终以文化创意、服务外包、数据库为企业发展方向，致力于青苹果电子出版物的创新发展，争做中国服务外包领军企业。青苹果数据生产重视工程质量、产品数据保护、知识产权保护、售后服务，不外包、转包，产品按期交货，以质量第一为生产原则，并设计出拥有专利的生产流程管理系统。

国际服务外包。数字化服务外包是青苹果主营业务之一，不管是在业务流程外包（BPO）方面，还是在信息技术外包（ITO）方面，均拥有20多年的服务经验。

数字化生产与加工。青苹果数据中心自成立起就开始摸索数字化生产加工技术，从最初的纯文本格式到如今的大型数据库信息系统，青苹果一直在改进自身的工艺水平。

数字出版发行。青苹果一直坚持产品加工与出品、国内与境外市场并行发展的策略；并不断积累出版资源，取得了由国家新闻出版总署颁发的复制经营许可证和互联网出版许可证。

《人民日报》数据库电子版。该数据库经人民日报社授权，收集《人民日报》（1946~2011年）创刊以来所有的内容进行数字化，包括广告、启事、图片等非正文内容，保持了数据、版面的完整性，是一个可拥有海量文献的数据库，可以完成全文检索、统计、分类任务。青苹果数据中心已完成对《人民日报》数据库的电子版制作，接受用户的试用申请，并向全世界开放使用，该数据库入选华文报刊文献数据库。

3. 湖南拓肯文化传播有限公司

（1）公司简介

2006 年，高科技文化传播机构——湖南拓肯文化传播有限公司成立。这个机构集生产、学习、研究于一体，拥有众多企业优势，通过各种创新模式集聚了许多优秀人才，业务涉及策划、摄像、视频编辑、文案、多媒体技术、动画制作、导演、翻译等。

拓肯在不断扩大公司规模的同时，也不忘提升公司深度，成为省级文化传播机构，不仅拥有制作湖南省广播电视的资质，还拥有国际顶级制作技术。在公司规模方面，拓肯涉足动画与影视产业，并融合了动画与影视的周边产业，如动漫培训、认证等；同时，拓肯计划把 MAYA 动漫制作和创意的相关人才发展到 4000 人左右。

（2）荣誉与资质

拓肯公司在 2009～2011 年三年间被评为优秀和先进企业，并获得了多项称号，如"长沙市服务外包人才培训基地""全国十佳诚信企业""守合同重信用单位""湖南省信用等级 3A 企业""湖南省优秀文化企业""服务外包十强企业""技术先进型服务企业"等。

四 长沙市服务外包企业 SWOT 分析

（一）企业发展优势

1. 成本优势

2014 年，长沙市在岗职工年平均工资为 43893 元，其中，国有经济年平均工资为 45342 元，城镇集体经济为 33919 元；同年，全国城镇单位就业人员平均工资为 56339 元。比较可知，从人力成本上来说，长沙市具有其他地区所不具有的特殊优势，且这一优势非常明显。

长沙市土地成本较低，土地转让主要采用"招、拍、挂"的方式，2015 年 3 月，长沙市住宅均价为 6304 元/平方米，全国排名不到第 70。根据统计，湖南省营商综合成本与工业用水的水价均比沿海地区低 1/3 左右，而且电价比沿海地区低 1/2 之多。

2. 服务外包企业差异化竞争

依托地方比较优势，长沙市服务外包企业注重差异化竞争优势的发展，形成服务外包产业集群，按照"一区多园、楼宇聚集、梯度转移"的思路，发挥长沙市高新技术产业开发区服务外包的核心积聚作用，推进青竹湖生态科技园、隆平高科技园和岳麓科技产业园等示范园区建设，打造芙蓉区、雨花区、天心区、开福区、岳麓区等中心城区的服务外包专业楼宇，带动产业集群化发展。长沙市服务外包企业形成了差异化竞争优势，具有六大集群，每一个集群都有自身的特点，充分体现了企业的竞争力。

（二）企业发展劣势

1. 规模以上企业有待提升

长沙市服务外包产业发展整体规模还不够大，离岸服务外包领域缺乏规模以上企业。从 2015 年"中国服务外包企业 50 强"（见表 3）和 2015 年"在华跨国服务外包企业 20 强"（见表 4）来看，服务外包领域具有竞争力的企业多分布在北京、上海、深圳等较发达城市，同时，无锡、苏州等城市也有一定的优势，相比之下，长沙具有的服务外包规模以上企业和强竞争力企业较少。

从当地企业来看，以中软国际科技服务（湖南）有限公司为例，公司目前规模是 600~700 人，该公司 33% 的业务是对日业务、33% 的业务为国内业务、另有 33% 的业务为华为发包业务。华瑞培训目前有 3000 多人，其中有 260 名专职培训老师，致力于打造就业—创业—再就业的终身职业教育闭环系统，成为中部地区 O2O 职教的最大基地。诸如此类企业具有非常好的经营管理理念和思路，当地应进一步加强引导和政策扶持，帮助企业做大、做强，努力打造长沙服务外包品牌企业。

表 3　2015 年中国服务外包企业 50 强

名次	企业名称	名次	企业名称
1	文思海辉技术有限公司	8	上海微创软件股份有限公司
2	软通动力信息技术(集团)有限公司	9	京北方信息技术有限公司
3	平安数据科技(深圳)有限公司	10	中盈科技集团有限公司
4	博彦科技股份有限公司	11	北京信必优信息技术有限公司
5	大连华信计算机技术股份有限公司	12	天津药明康德新药开发有限公司
6	浪潮集团有限公司	13	上海维音信息技术股份有限公司
7	浙大网新科技股份有限公司	14	华拓金融服务外包有限公司

名次	企业名称	名次	企业名称
15	北京智明创发软件有限公司	33	优创(青岛)数据技术有限公司
16	山东万声通讯实业有限公司	34	山东新海软件股份有限公司
17	深圳市银雁金融服务有限公司	35	安徽宝葫芦信息科技集团股份有限公司
18	日电(中国)有限公司	36	联迪恒星(南京)信息系统有限公司
19	昆山巅峰云智网络科技股份有限公司	37	北京护航科技有限公司
20	瞬联软件科技(北京)有限公司	38	河南省863软件孵化器有限公司
21	艾迪慧讯信息科技有限公司	39	广州安莱信息通信技术有限公司
22	锦创科技股份有限公司	40	北京华路时代信息技术股份有限公司
23	南京富士通南大软件技术有限公司	41	北京联合永道软件股份有限公司
24	北京新思软件技术有限公司	42	安徽阳光信通电子科技有限公司
25	江苏汇通金融数据股份有限公司	43	华唐中科教育科技(北京)有限公司
26	江苏远洋数据股份有限公司	44	赛科斯信息技术(上海)有限公司
27	汇丰环球客户服务(广东)有限公司	45	信雅达(杭州)计算机服务有限公司
28	电讯盈科专业客服	46	陕西联合创新科技发展有限公司
29	科大国创软件股份有限公司	47	西安华讯科技有限责任公司
30	浙江网新恒天软件有限公司	48	萨孚凯信息系统(无锡)有限公司
31	新宇软件(苏州工业园区)有限公司	49	北京东方博泰文档数据外包服务有限公司
32	飞翔集团	50	博朗软件开发(上海)有限公司

资料来源:中国外包网。

表4 2015年在华跨国服务外包企业20强

名次	企业名称	名次	企业名称
1	国际商业机器全球服务(大连)有限公司	11	北京信必优信息技术有限公司
2	维布络信息科技(上海)有限公司	12	薪得付信息技术(上海)有限公司
3	印孚瑟斯技术(中国)有限公司	13	塞科斯信息技术(上海)有限公司
4	恩梯梯数据(中国)信息技术有限公司	14	诺和诺德(天津)科技有限公司
5	凯捷咨询(中国)有限公司	15	优创(青岛)数据技术有限公司
6	塔塔信息技术(中国)股份有限公司	16	爱渠西来信息技术(上海)有限公
7	仁卅信息科技(上海)有限公司	17	凯信息系统(无锡)有限公司
8	日立咨询(中国)有限公司	18	瞬联软件科技(北京)有限公司
9	上海维音信息技术股份有限公司	19	斯帝芬尼信息科技(吉林)有限公
10	博朗软件开发(上海)有限公司	20	NEC软件(济南)有限公司

资料来源:中国外包网。

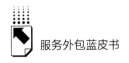
2. 缺乏信息共享平台

长沙市服务外包接包主体主要是中小企业，一方面，企业自身能力欠缺，且缺乏具有海外市场开拓能力的中高端人才，另一方面，开拓国际市场资金负担重，且国际外包行业规则更为复杂。在当前环境下，长沙市服务外包企业面临着信息不充分、不及时、来源少的问题。此外，从事离岸服务外包的企业面临着汇率风险，对业务报价难以把控，如中软长沙表示 2013 年和 2014 年两年公司因汇率变动，在结售汇方面就有数百万元的损失。政府和相关研究机构应及时公布信息，以引导中小企业最小化风险和损失。

一方面，政府要提供信息共享平台，另一方面，也应该改善投资环境以吸引更多的企业入驻，长沙市相比于北京、上海等一线城市的优势在于人力成本和运营成本较低，而投资环境，如人才居住环境、教育环境等的改善和政策优惠等条件有利于吸引企业从一线城市向二、三线城市布局。以捷信为例，它是一家专业提供消费者金融领域呼叫中心服务的跨国企业，于 2014 年来到长沙，支持捷信中国的整体运营业务，呼叫中心外迁是一个趋势，长沙应打造良好的商业环境，吸引一线城市服务外包企业的外迁。

（三）企业发展机遇

1. 服务外包产业梯度转移进程加快，中西部城市成为产业发展新基地

服务外包产业梯度转移进程与城市转型升级同步推进，是未来几年服务外包区域发展的趋势。武汉、南昌、西安、长沙、合肥、成都、重庆、贵阳等中西部城市凭借日益完善的基础设施、成本优势、资源及区位优势等，以及"一带一路"和长江经济带战略催生出的经济发展机会，服务外包优势逐渐体现，吸引了微软、NEC、IBM 等世界 500 强、全球软件 20 强及其他众多知名企业进入，成为继东部城市之后服务外包转移和投资的理想地点。一方面，梯度转移符合中国服务外包资源优化配置、东中西部产业协调发展的趋势，有利于提高中国产业的整体竞争力；另一方面，服务外包的梯度转移也顺应了"一带一路"的战略实施，为中西部地区带来了广阔的市场和国际合作平台。

2015 年是中西部迎来新的发展机遇的一年，"一带一路"战略的推进使中西部省份由"内陆"变"前沿"，对外开放程度进一步加大，吸引了资金和人才流入等各方面全面布局；并且，2015 年是规划编制年，国家、省、自治区、

直辖市服务外包产业"十三五"规划陆续出台，区域的合理定位成为重要考虑因素，这对服务外包产业格局也会产生一定的影响。

2. 地方政府的高度重视

湖南省及长沙市政府均十分注重服务外包企业的发展，强化对企业政策、业务的培训和指导。首先，湖南省在引进国内外知名服务外包企业、培育本地大型服务外包企业、加快发展外包呼叫中心、支持服务外包人才培训等方面均提供专项资金支持；长沙市修订了服务外包公共平台支持专项资金管理办法，政府组织企业申获国家和省扶持资金3000多万元。其次，通过抓重点企业来完善相关的统计要求，出台了《长沙市人民政府政府关于进一步加快发展服务外包产业有关事项的通知》《关于明确2014年度长沙市重点服务外包企业的通知》，对20家市级重点企业进行月度电话调度和季度问卷调度。再次，加强服务外包人才培训基地认证，制定了《长沙市服务外包人才培训基地认定管理办法》，认定了长沙新华电脑学院、长沙市信息职业技术学校等21家服务外包人才培训基地，引导长沙市呼叫外包产业产、学、研校企联盟成立，加大人才培训力度。最后，积极为企业搭建桥梁，组织企业参加"京交会""上交会"和大连"软交会"等，积极组织企业参与相关年度评选工作，如年度服务外包领军与成长型企业等，为企业自身宣传提供途径。

（四）企业发展挑战

1. 产业跨界融合为企业发展带来挑战

随着"互联网＋"的不断兴起，企业跨界融合逐渐成为服务外包领域的趋势。一方面，传统模式运营使企业利润不断削减，倒逼企业加速转型升级和不断延伸产业链；另一方面，服务外包进入3.0时代，互联网、云计算等概念不断涌现，推进产业跨界融合。比如，电子商务与物流越来越紧密的合作、互联网金融飞速发展。服务外包不再局限于信息技术、金融等领域，其触角已延伸至农业、工业、物流、医疗、智慧城市等多个领域，并且还在不断拓展中。服务外包企业与新技术的融合革新了企业的发展模式和理念，推动企业成长为最终方案解决商，但同时，在这一变革过程中，如果不能及时把握新技术和新趋势，企业也极可能被变革的浪潮所淘汰。

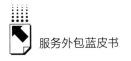

2. 服务外包行业领军企业发展势头良好

由于如今社会竞争日趋激烈，企业间的同质化竞争不可避免，另外，领军企业实力强大，中小企业无法与之抗衡。2014 年，相继有服务外包领军企业宣布完成私有化。私有化之后，企业将加大研发投入，努力成为国内领先的IT 咨询、服务及行业解决方案提供商；另有一些企业将布局全球业务，实现跨越式发展。可见，长沙市服务外包企业面临着更加激烈的竞争，应积极向领军企业学习，不断做大做强。

B.23
南昌市服务外包企业发展综述

一 南昌市服务外包总体概况

作为全国唯一一个与长江三角洲、珠江三角洲以及闽东南三角区毗邻的城市，南昌市具有十分重要的战略性地位和独特的地理区位优势。南昌市是全国著名的职业教育基地，目前有47所大专院校，每年本科毕业生超过10万人，实用型技术人才每年毕业累计超过30万人。南昌市委、市政府在改善政策环境、服务环境、社会环境，以及引进人才方面也出台了较多的优惠政策，除了大力扶持培训机构的发展之外，还培育并打造了一大批具有核心优势的企业，并鼓励企业出口产品等，全方位、多角度地推进了南昌市服务外包产业的向前发展。

南昌市服务外包以ITO为主，起步晚，发展快。截至2014年底，南昌市在商务部"服务外包业务管理和统计系统"中注册的企业共计1045家，从业人数达11.5万人。2014年，全市服务外包接包执行金额为9.99亿美元。从离岸业务来源来看，南昌市的离岸外包业务主要来自日本、美国、中国香港、中国台湾、英国等国家和地区，其中，信息技术服务外包（ITO）占比76.63%，业务流程服务外包（BPO）占比5.23%，知识流程服务外包（KPO）占比18.14%。

服务外包园区是南昌市服务外包企业集聚的重要载体。近年来，随着政策引导和基础配套设施的完善，南昌市服务外包园区的产业集聚效应日益显现。目前，南昌市总共拥有江西金庐软件园、东湖区江西师大科技园、江西慧谷·红谷创意产业园、江西浙大中凯科技园、青云谱区昌南服务外包产业园、699文化创意园和81楼宇群服务外包产业园等省级服务外包示范园区。

近年来，南昌市高新技术区软件服务外包产业发展步伐加快，产业集聚效应明显，目前有400家服务外包企业已经落户在南昌，其中包括美国微软公司、美国甲骨文公司、美国百胜集团、美国戴尔公司、日本日立集团、德国贝塔斯曼欧唯特公司、深圳华为、富士电机和亚马逊 9 家世界 500 强公司，此外，还有位列"全球服务外包 100 强"的美国昊威公司、居"台湾百大企业"前 10 位的英业达公司、位列中国服务外包行业第一位的东软集团、中国移动传媒服务企业巴士在线、中国网络传媒龙头企业新浪传媒、中国通信行业巨头中兴通讯、中国最大的财务及管理软件企业用友软件、全国软件百强企业浙大网新和南威软件、电视电子商务购物服务企业江西风尚电视购物、香港著名服务外包企业登尼特集团、上市公司浙江大华、华平信息等一大批国内外著名的服务外包企业集团，涉及电信相关业务外包、应用软件外包、呼吸中心外包、动漫及游戏制作外包、金融业务外包、数据整理外包、临床医疗检测外包等多个细分领域。为促进高新区服务外包产业的发展发挥了重要的作用。

二　南昌市服务外包企业介绍

（一）江西中投科信科技有限公司

1. 公司简介

1993 年，江西中投科信科技有限公司（以下简称"中投科信"）成立，为中国建银投资有限责任公司旗下建投科信科技股份有限公司的全资子公司，经过二十多年的发展，中投科信业务机构已经遍及全国，技术和服务水平不断提高。中投科信在金融业务流程外包、物联网产品、传统 IT 系统集成等方面拥有十分丰硕的成果，其业务涵盖的范围主要包括三大方面：金融数据处理、现金与实物处理和金融业务辅助营销。中投科信率先开发金融物联网技术和应用，其物联网技术获得了国家物联网发展基金的支持，自主研发的多项高科技产品均取得了国家专利，多项产品技术和方案已经成为诸多大型银行物联网建设的标准。中投科信现有系统集成业务发展稳健，主要从事网络系统集成、安防监控、智能工程、计算机设备销售、软件开发、互联网增值服务、维修服务等业务，技术和经营水平不断提高。

2. 服务内容

（1）金融外包服务

中投科信的金融外包服务包括自助设备运营维护管理外包服务、金库现金外包服务以及银行数据服务外包服务。

自助设备运营维护管理外包服务为国内外银行客户提供 ATM 自助设备运营外包服务,满足客户降低管理风险及提升运营效率的需求。具体服务内容包括 ATM 设备钞箱后台集中配钞、清钞,ATM 设备运行监控、加钞计划制订、日常运行管理、账务管理、账务核对,ATM 设备前台清机加钞,ATM 设备应急维护管理,自助银行运行环境管理、卫生清洁服务。

金库现金外包服务为国内外金融客户提供金库现金外包业务,满足客户降低现金管理风险及提升运营效率的需求。具体服务包括:集中整点清分服务,即按人民银行相关标准进行现金钞票分类整理、清点,现金交接;网点调拨现金配发服务,即款箱交接、整理、清点核对、线路准备,集中管理、统一调拨、统一配送。

银行数据服务外包业务为国内外金融客户提供优质的数据外包服务,满足客户的文档电子化采集、数据录入、档案整理、电话客服等多种业务处理需求。具体业务包括:稽核系统影像信息采集和录入外包服务,即会计资料的登记、数量核对、差错登记、塑封归档、档案暂存、档案入库等;个贷档案资料扫描和归档外包服务,即个贷档案资料的接受登记、归类、拆分整理、还原归档、调阅查询,以及个贷档案资料的扫描成像、质检、重扫、补扫;个贷档案资料影像信息的审核、补录;信用卡进件数据处理外包服务,即信用卡进件系统数据录入操作,信用卡进件档案整理、装订造册、归档,档案资料的日常调阅、查询等综合服务;银行前后台分离业务,即前台结算业务处理流程再造,前后台业务分离;网点前台凭证票据扫描,系统影像传输;后台要素录入、仲裁、验证流程服务外包。

实际应用案例包括:中国建设银行江西省分行清机加钞、中国建设银行江西省分行电子钱箱管理、中国建设银行江西省分行同城票据清分、中国建设银行赣州市分行清机加钞、中国建设银行景德镇市分行凭证录入、中国农业银行江西省分行现金整点清分、中国建设银行北京分行电子钱箱管理、中国建设银行河北省分行个贷档案扫描、中国建设银行湖北省分行个贷档案扫描、中国建设银行玉林分行电子钱箱管理、中国建设银行南宁分行电子钱箱管理、中国建设银行湖北省分行电子钱箱管理、中国建设银行安徽省分行个贷档案扫描等。

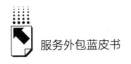

（2）金融物联网

智慧金库之款箱管理服务通过 RFID 技术对钱箱出入库交接进行全程扫描监控，实现常规任务电子化管理，可实时监控和查询钱箱状态，采用指纹、动态口令、解款员卡、人员照片等方式验证解款员身份，提高了押运环节的安全性。

智慧金库之贵金属管理服务能实现快速记账、快速不透明盘点、黄金接货、黄金出库、网点退库、日终盘库等多种实用性功能，运用三维码技术规范了入库产品的管理，强大的自定义报表功能可完成众多数据的统计和查询。

科信自助设备电子密码锁解决方案是中投科信在 2012 年推出的 ATM 智能密码锁及相关管理软件系统。该系统应用先进的动态电子密码技术，根据银行的业务特点开发了先进自助服务渠道加钞管理系统，能有效地促进银行进一步提升管理水平，在控制自助业务运营风险的同时保证管理效率。

分布式信用卡业务外呼管理系统。科信信用卡综合营销平台涵盖了分布式信用卡业务外呼管理、信用卡自动审批、商户互动营销服务、专项分期业务管理四大子系统，融合前台外呼和后台业务管理，实现了外呼监控、资源分配、业务管理、客户筛选、数据分析、知识库管理、统计报表等功能，解决了银行信用卡部门人手不足、粗放营销以及前端营销层面普遍缺乏信息系统支持的难题。

信用卡自动审批系统通过对客户银行内部和外部的数据提取分析，实现信用卡发卡和授信的自动审批。该系统支持自动审批流程配置化、预设备件配置化以及系统参数配置化。根据预设的条件，系统会对信用卡的进件进行筛选，将符合基础条件的进件予以自动审批，不符合条件的则进入人工审批，严重不符合条件的直接予以拒件处理。

商户营销服务平台可维护管理商户基础数据、结算商户维护费及分润费。该平台拥有商户筛选准入、考核退出功能，并提供风险商户管理，还能支持相关业务数据源的导入，可分析第三方服务商对商户的有效维护情况。

专项分期业务管理系统能实现对信用卡专项分期业务的受理、审批、调额、发放、查件等日常工作进行综合管理；对信用卡专项分期业务实施动态监控和考核，实现专项分期业务的数字化、流程化；提供完善的报表功能，并根据相关业务数据进行分析汇总。该系统支持客户进行相关影像材料数字化管理、基础数据导入导出、进件流程配置化、系统参数配置化、岗位职责配置化以及业务报表完善。

实际应用案例包括：中国建设银行湖北省分行电子银行辅助营销、中国建设银行陕西分行信用卡收件、中国建设银行陕西分行信用卡收件、中国建设银行江西省分行全省联网监控、中国人民解放军吉安军分区 3G 视频指挥、中国建设银行总行前后台分离、江西省新余高等专科学校弱电工程、中国银行江西省分行网点视频监控、中国建设银行株洲市分行信用卡辅助营销、中国建设银行常德市分行信用卡辅助营销、中国建设银行邵阳市分行信用卡辅助营销、中国建设银行河北省分行贵金属管理等。

3. 发展历程

（1）1993 年 3 月，成立"江西建银电脑有限公司"，开办 IT 设备租赁与销售、弱电安防工程、系统集成、IT 技术服务和设备维护等业务，主要为江西建设银行服务。

（2）1999 年 4 月，公司更名为"江西通力科技有限公司"。

（3）2005 年，公司投资建设 5000 平方米位于南昌市高新大道 696 号的办公大楼，当年 3 月公司搬迁至新址营业。

（4）2006 年 8 月，公司承接江西省建设银行会计凭证扫描、补录业务，开创金融服务外包新业务。

（5）2007 年 5 月，公司被中投科技（当时名为建银科技发展中心）全资收购。自此，公司的发展翻开了崭新的一页。

（6）2008 年 5 月，中投科技对公司追加投资 440 万元，注册资本增加至1000 万元。

（7）2010 年 6 月，执行集团公司单一品牌战略，公司更名为"江西中投科信科技有限公司"。

（8）2011 年 5 月，武汉分公司成立，拥有员工 500 余人。

（9）2011 年 9 月，公司自主研发的"基于有源传感技术的高端物流系统研发及应用推广"项目获国家专项支持资金 100 万元。

（10）2011 年 10 月，获政府重点扶持，并成立"物联网实验室"。

（11）2011 年 11 月，公司通过 ISO 27001 信息安全管理体系认证。

（12）2012 年 4 月，成都分公司成立，从事中国建设银行总行前后台分离BPO 业务。

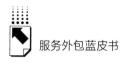

（13）2013 年 8 月，建投科技对公司追加注册资本 1000 万元，注册资本增加至 2000 万元。

（14）2013 年 7 月，湖南成立分公司，从事中国建设银行总行信用卡营销。

2. 资质与荣誉

（1）南昌市服务外包领军企业；

（2）2013 年先进企业；

（3）2013 年中国服务外包百家成长型企业；

（4）2011 年度南昌市科技进步三等奖；

（5）2012 年度南昌市科技进步三等奖；

（6）2011 年度"守合同重信用"企业；

（7）2012~2013 年度江西省"守合同重信用"AAA 单位；

（8）2012 年度江西省安防行业诚信 AAA 级企业；

（9）江西省高新技术企业；

（10）南昌市优秀技贸企业；

（11）省级企业技术中心；

（12）ISO 9001 质量管理体系认证证书；

（13）系统集成三级资质证书；

（14）2012 年安防一级；

（15）ISO 27001 安全认证；

（16）高新技术企业证书；

（17）涉及国家秘密乙级证书。

（二）江西金格科技股份有限公司

1. 公司简介

江西金格科技股份有限公司（以下简称"金格科技"）成立于 2003 年 4 月，总部位于南昌国家级高新技术开发区。金格科技致力于向中国乃至全球客户提供安全可靠的软件产品、技术和服务，拥有多项完全自主创新的核心技术及独立的商用密码研发测试中心，率先通过了 ISO 9001、ISO 27001 等管理体系认证。金格科技现有四大产品线：金格 iSignature 电子签章系统、iWebOffice

网络文档中间件、iSolutions 解决方案以及 iApplication 移动产品，产品已经覆盖政府机关、金融财险、交通物流、医疗卫生、公众服务等领域。公司产品能够无缝地与其他软件产品和管理系统集成，可有效完成文档安全存储、传输、签章审核、身份验证，全面覆盖众多行业领域和企事业单位，为客户提供文档的安全保障。

公司在北京、上海、广州、成都、西安、兰州、大连、郑州等地均设有分支机构，汇聚了一批包括软件工程师、信息安全专家和企业管理专家在内的高素质人才队伍，现已与包括数字证书认证机构、密码加密硬件供应商、软件集成商在内的 1200 多家战略伙伴建立了长期稳定的合作伙伴关系，整合产业链上下游的资源，形成了产业链一体化优势。此外，公司还与加拿大等海外公司建立了长期稳定的战略合作伙伴关系，积极扩展境外市场。

金格科技连续三次获得"科技部科技型中小企业技术创新基金"的扶持；并通过了公安部、国家保密局、国家密码管理局的权威检测认证，是国内极少数能够获得国家密码管理局三证齐全的电子签章厂商之一。另外，公司是微软"VSIP"合作伙伴，也是国内首个电子签章行业应用标准的起草者之一。金格科技在 2014 年成功挂牌新三板。

2. 服务内容

（1）无纸化解决方案

无纸化解决方案主要包括国土执法检查无纸化、营业厅全流程无纸化、医疗行业无纸化等。

国土执法检查无纸化解决方案首先会确定参与执法监督人员的身份，确保参与者身份的有效性，使各类执法审批单据相关负责人签名和负责部门签章与传统手写签名或盖章具有同等的法律效力，符合《中华人民共和国电子签名法》的要求规范；在流转会签过程中保证所提交的呈报文件、执法单据中内容的原始性和可靠性，确保数据安全；确保外出巡查人员在发现问题时能及时通过移动终端设备呈报执法单据，并对执法单据进行签名、合并生成 PDF 格式的呈报单据等操作。

营业厅全流程无纸化是在尽量不改变原有业务办理流程的基础上，将原来的签订纸质协议、复印证件环节改为签订电子协议、扫描证件的方式，用户通过显示设备浏览电子协议内容，并可通过手写设备对协议进行签名确认，用户

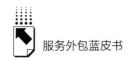

可选择电子单据凭证或是打印已签名的纸质凭证，完成业务办理。

医疗行业无纸化方案将签名、认证系统作为一个基础工具平台，为整个签名认证服务平台客户端提供丰富的二次开发接口，方便与医院各业务系统进行整合，保证数据安全可靠、合法有效，防止医疗数据被篡改、伪造。方案设计电子双重签名，确保电子病历合法；兼容第三方时间戳，保障电子病历的时效性；电子病历采用国际标准的 PDF 文档或结构化数据形式，方便归档；采用智能终端电子签名，实现移动查房；完整电子病历证据链电子签名，保障患者签名有效。

实际应用案例包括：浙江宁波康宁医院、黑龙汇绥化市第一医院、辽宁省大连市中心医院、辽宁省瓦房店市中心医院、新疆克拉玛依人民医院、陕西中心医院等。

（2）电子签章

电子签章解决方案主要包括网上报税电子签章应用方案、政法司系统签章应用方案、移动终端电子签章方案等。网上报税电子签章应用可实现客户登录报税系统填写申报数据；签章时服务器先判断用户是否插入 key，再进行数字证书验证，若数字证书有效，服务器根据证书信息生成对应的签章，执行签章操作。

以公安系统为例，政法司系统签章应用主要包括财务系统、警务信息综合系统、OA 系统，在不同的应用系统中根据其业务不同，应用金格电子签章的方式也有别，通过金格电子签章服务平台，可以实现多种业务系统应用签章。

金格科技通过对客户手机签章应用的需求分析，根据多年成功的电子签章案例，并结合 iSignature 电子签章系统和手机应用特性，实现在手机中随时随地审批电子表单，完成电子签名和加盖电子印章，同时保证签章和文档的安全性和有效性。该方案支持的手机操作系统有：Windows Mobile、Symbian、Android、iOS 等，支持的终端设备机型有：iPhone4、iPad2、iPod Touch4 等。用户签章占用网络流量少、签章速度快，节省办公成本，支持手机和 PC 机的 Web 表单签章互看、互通、互验。

实际应用案例包括：湖北省环境保护厅、越秀（企业）集团有限公司、中国石化油田勘探开发事业部、广州市城市建设开发有限公司等。

（3）行业应用

行业应用解决方案主要包括金融财险行业应用解决方案和勘察设计行业整

体解决方案。

金融财险行业应用解决方案在财务资金管理系统中集成 iSignature 电子签章系统，将原先需要通过纸质文件传递或人工领取的方式转变为直接在资金管理平台系统中传递，真正实现了全方位电子化服务。在资金管理系统中，应用 iSignature 电子签章系统在 PDF 电子回单上自动、批量签章。签章应用也实现了安全监管，每一个签章环节、每一个单据的打印应用都在服务器端做了详细的记录，真正做到了事前有审核、事后有追诉。

实际应用案例包括：攀钢集团财务有限公司、中核集团中核财务有限责任公司、新奥财务有限责任公司、国投财务有限公司、神华财务有限公司、国机财务有限责任公司、中船财务有限公司、宁波港集团财务、福建能源集团财务、京能集团财务、太平财产保险有限公司等。

勘察设计行业整体解决方案是通过 COM/ActiveX 技术将电子签章系统与 AutoCAD 紧密地连接在一起，直接对 CAD 图纸进行电子签章以及附加图纸防伪信息。用户在对 AutoCAD 图纸进行电子签章的过程中，系统自动将电子印章、数字证书与 AutoCAD 图纸捆绑在一起，通过密码验证、签名验证、数字证书验证来确保文档防伪造、防篡改、防抵赖，安全可靠；通过二维码以及图纸水印功能，将防伪内容和信息与图纸捆绑在一起，有效防止图纸内容被盗用，而且可以实现对签章人的身份识别，以保证其真实意愿得以体现，从而防止其事后抵赖，有效地杜绝了可能存在的安全隐患。

实际应用案例包括：华东勘测设计研究院、中水东北勘测设计研究有限责任公司、中船第九设计研究院工程有限公司、沈阳铁道勘察设计研究院、西南电力设计院、惠生工程（中国）有限公司、中国兵器工业北方勘察设计研究院、中交第三航务工程勘察设计院有限公司、机械工业第三设计研究院综合院、中国石油集团海洋工程有限公司、中交第一公路勘察设计研究院有限公司、江西省交通设计院、中国石化石油勘探开发研究院、中国交通建设股份有限公司等。

（4）审批应用

行政审批应用解决方案通过引入第三方 CA 的可信数字证书，在做任何签章或者签名操作时，均要进行数字签名才可以完成，确保申请人员以及各类审批人员的身份性，杜绝因身份造假而发生的各类造假行为，并保证审批系统中

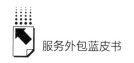
各类电子数据的安全。系统以 PKI 技术为基础，与第三方 CA 身份认证系统相结合，通过加密、签名等手段，提高文档安全强度，并为文档提供完整性和抗抵赖保护，达到高安全性要求。此外，该系统支持多种格式的电子签章套件，支持第三方可信时间戳功能，确保行政审批过程中的时效性，为电子监察在监察过程中判断审批节点的时效性提供依据。值得注意的是，该系统能实现服务器端对大批量 PDF 文档完成批量签章的操作，同时进行数字签名，为行政审批过程中出现的大批量受件回执单提供应用解决方案。

协同办公电子审批方案采用了 iWebOffice 全文批注、iSignature 电子签章 Office 套件以及 iWebBarcode 二维条码，保障了企业或政府内部单据审批的安全性，以及企业或个人提交材料的完整性，还可以实现政府之间各类报告的互认，并能通过 Office 的文字批注实现联合审批。通过 iSignature 电子签章 Office 套件，还可实现打印份数控制，并实现签章公文在信息系统中可显示，而在信息系统外公文中没有签章的功能，有效提升公文的安全性、严谨性、权威性。

3. 大事记

（1）2003 年，江西金格网络科技有限责任公司在南昌市正式成立，公司最初的发展以开发、销售 iWeboffice 网络文档中间件为主。

（2）2004 年，成功开发电子签章软件，采用钥匙盘方式存放电子印章，并通过了公安部和国家保密局认证。

（3）2005 年，金格科技成立北京办事处，签订广铁集团项目，并成为微软"VSIP"合作伙伴，公司发展定位为中间件提供商。

（4）2006 年，公司总部迁入新址——南昌大学科技园区，中标成都市青白江区政府的电子签章项目。

（5）2007 年，公司战略定位为"可信应用软件提供商"，建立了商用密码研发基地，成功申请了定点单位，并积极参与制定公安部电子签章行业标准。

（6）2008 年，金格科技电子签章产品通过国家密码管理局审查、检测，获批产品型号和销售许可证，成为国家密码管理局三证齐全的密码产品软件开发商。

（7）2009 年，CAD 电子签章研发成功，获评技术先进型服务企业，金格科技电子签章开始正式进入勘察设计行业。

（8）2010 年，电子签章系统获评国家级重点新产品，纸质打印防伪系统研发成功，通过公安部检测。公司名称由"江西金格网络有限公司"更名为"江西金格科技股份有限公司"。

（9）2011 年，金格科技通过 ISO 9001 认证并顺利改制，设立了甘青宁区域和鲁豫区域，实现了微缩文字防伪技术，并开发了在电子病历中加盖电子签名的应用。

（10）2012 年，参加国家"电子认证创新应用"试点项目发布会，并参与签署了《可靠电子签名及数据电文应用试点工程之电子缔约安全保障试点项目战略合作协议》。

（11）2014 年，金格科技成功挂牌新三板。

4. 资质与荣誉

（1）ISO 9001 质量体系认证证书；

（2）ISO 20000 服务管理体系认证证书；

（3）中国软件行业协会会员证书；

（4）软件企业认定证书；

（5）江西省商用密码龙头企业；

（6）高新企业技术证书；

（7）技术先进型服务企业证书；

（8）2008 年度高新区先进企业；

（9）商用密码产品生产定点单位证书；

（10）商用密码产品销售许可证书；

（11）保密局 iSignature 检验证书；

（12）iSignature 著作权证书；

（13）iPaperSecurity 光学防伪系统著作权。

B.24
合肥市服务外包企业
发展综述

一 合肥市服务外包总体概况

（一）总体发展状况

自2000年以来，安徽的服务外包产业一步一个脚印，从零起步，合肥市服务外包产业飞速发展，成为国家服务外包示范城市，总体发展平稳。截止到2014年，安徽省服务外包产业的总产值已经达到20亿美元，相关从业人员已达到13万人，众多小微企业逐步发展为有潜力的发展型企业。但实际上在2006年，合肥市在申报"中国服务外包基地城市"时，整个市所拥有的服务外包企业仅有26家，并且只有5.14亿元人民币的服务外包合同执行额。但是到2012年底，合肥市进入商务部服务外包统计系统的企业总计已有249家，从业人员5.71万人，所承接的服务外包合同额和执行额分别为11亿元和7亿元。

从业务来源地来看，合肥的离岸业务来源地分布于亚、欧、美、非等39个国家和地区。荷兰成为合肥首个服务发包金额超过1亿美元的国家，并且有9个国家（截止到2012年）的发包金额在1000万美元以上。

从产业分类来看，随着科学技术的迅速发展，合肥的服务外包也逐步从以前的信息技术外包（ITO）领域，进一步拓展到电子商务外包、审计与税务管理、金融后台服务、共享服务中心、数据挖掘处理、云计算外包等高科技技术性业务流程外包（BPO）；除此之外，合肥企业还深入知识产权研究、教育课件研发、新产品研发等技术性知识流程外包（KPO）领域。ITO、BPO、KPO三种类型的合同执行金额所占比例分别为33.6%、33%、33.4%，总体来看较为均衡。

二 合肥市服务外包企业介绍

目前，合肥有 4 家上市服务外包企业，分别是四创电子、科大讯飞、院通科技、东华工程科技。此外，科大恒星公司也于 2011 年顺利通过 CMMI5 级认证，其标志着软件开放的最高水平。2012 年，合肥市有 11 家离岸执行金额在 1000 万美元以上的企业，其中在岸的企业有 7 家，企业员工在 1000 人以上规模的有 11 家。2013 年，合肥市共有 5 家企业进入"中国服务外包百家成长型企业榜"，分别是联发科技（合肥）有限公司、安徽宝葫芦信息科技集团股份有限公司、安徽讯飞智元信息科技有限公司、亚微信息技术（安徽）有限公司和科大国创软件股份有限公司。

合肥众多服务外包企业中，有很多具有一定的代表性，具体如表 1 所示。

表 1 合肥代表性企业列表

企业名称	企业名称
科大恒星电子商务技术有限公司	安徽讯飞智元信息科技有限公司
安徽启盛数码软件技术有限公司	安徽国信通有限责任公司
英图微电子（合肥）有限公司	安徽中超信息系统有限公司
合肥东方英才人才有限公司	安徽同徽信息技术有限公司
安徽省外国企业服务有限公司	联发科技（合肥）有限公司
合肥凯捷技术有限公司	安徽电信规划设计有限责任公司
赛智（合肥）信息科技有限公司	网迅（中国）软件有限公司合肥分公司
三通信息科技（合肥）有限公司	合肥徽炫数码科技有限公司
安徽微讯软件技术有限公司	

（一）安徽科大恒星公司

1. 公司简介

安徽科大恒星电子商务技术有限公司（以下简称"科大恒星"）于 1994 年成立，由日本软银技术株式会社、恒星集团控股股份有限公司、合肥联迪商用信息系统有限公司 3 家公司共同投资了 700 万美元成立。公司的业务主要是国际软件的进出口及其服务外包业务，为电力、电信、金融等关乎国民经济的

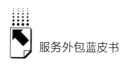

重点行业提供行业解决方案、IT 建设咨询、软件开发及技术服务等业务。目前，公司员工达 600 余人，其中 90% 具有本科及以上学历，均为高学历技术性复合人才。该公司荣获国家认定的"中国软件出口工程企业""国家规划布局内重点软件企业"等称号，具有"国家计算机信息系统集成一级资质"。公司还建立了较为完整的科技创新体系，包括国家博士后科研工作站、安徽省计算与通信软件重点实验室、合肥市电信软件工程技术研究中心和市认定企业技术中心等。

2. 服务内容

科大恒星的业务范围比较广泛，尤其是在电信领域，其业务已经覆盖中国移动、中国电信、中国联通 30% 左右的运维支撑软件市场，已经成为中国电信核心软件的主要供应商。在此基础之上，科大恒星还与中国电信集团、贵州电信、重庆电信、山西联通、安徽电信、安徽移动等数十家通信运营商建立了长期紧密的战略合作关系。科大恒星深受各类运营商的喜爱，不仅因为其建立了很好的合作生态圈，更因为其开发了各种先进的运维软件系统，尤其是电信运营支撑系统全线产品，其拥有业内最完整的电信运营支撑系统产品线，包括各类电子运维、客户服务、网络管理、资源管理等 20 余种软件产品。其中，"本地电话网网管及集中监控系统"被列入国家级火炬计划，产品在国家电信总局集中评比中名列第一。也因此，公司获得了"中国电信运营管理领域最具成长性企业"奖。

（1）在国际业务方面

公司拥有一支专业的软件服务外包团队，率领 300 多人成功开发项目 400 余个，涉及众多领域。其曾经为 NTT、日立、三菱等集团的软件外包业务进行服务。凭借多年积累的管理实力、技术实力、国际化沟通能力，科大恒星可为客户提供从需求分析、基本设计，到编码、测试、交付，直至系统维护的一站式软件外包服务。公司现已建立了符合国际标准的质量、成本和交付的一整套完整体系，软件开发质量控制和过程改善能力均已达到世界先进水平，目前公司已经通过了 CMMI5 的认证。

在电力行业，科大恒星面向很多国有大型发电集团、各地方发电集团、大型电厂以及电网公司，提供信息化建设规划与咨询服务，以及企业资源计划系统、企业应用集成系统开发与实施服务。并且与很多重要的公司建立了紧密的战略合作关系。科大恒星既拥有发电集团数据规划及区域分公司信息化建设咨询经验，又有电厂 ERP 产品开发与实施能力。科大恒星有限公司联合很多公司一起制定了发电企业集团数据规划和数据整合标准，"发电集团数据整合应用集成平台"目前已在大唐集团、中电投集团成功试点和推广。科大恒星已经成为发电行业管理软件研究与咨询的核心供应商，在行业中处于领先地位。

（二）安徽启盛数码软件技术有限公司

1. 公司简介

安徽启盛数码软件技术有限公司（以下简称"启盛数码"）成立于 2005 年 5 月 22 日，是经国家相关部门批准的商务服务企业。它由文达电脑集团控股，业务主要集中在产品的开发与制作、人才培训、成果转化以及市场运营多功能专业数字娱乐内容等领域，它开创了在中国网络游戏界进行产、学、研一体化运营的先河。

启盛数码凭借着文达集团拥有的资本实力和雄厚的科技能力，秉承"专业、创新、诚信、执着"的经营理念，致力于通过技术累积和团队经验，建立与实施有中国特色的数字互动娱乐产品；充分发挥团队专业经验和资源复合优势，在更多领域开发具有国际竞争力的产品；同时依靠海外渠道，通过更广泛的国际合作，打造世界级动漫网游精品，争做中国网游精品团队，面向全球市场传播中国传统文化，为用户和玩家提供快捷、优质的专业数字互动娱乐服务。

2. 服务内容

启盛数码的产品包括高端教育培训、研发运营、国际产业外包和动漫游戏门户网站等。公司一直致力于将动漫产业与网络产业进行有机嫁接，并且依托安徽的文化底蕴，结合合肥所拥有的人才和技术优势，运用国际上先进的管理模式和经营理念，以及海内外销售渠道和网络，建造一流的动漫游戏数字娱乐产业基地。近年来涉及的项目包括高端教育培训、产品研发运营、动漫游戏门户网站和国际产业外包四大功能模块。通过精心经营这四大功能板块，企业的营业范围和精准度得到市场的广泛认可。

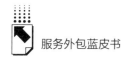
（三）英图微电子（合肥）有限公司简介

1. 公司简介

英图微电子（合肥）有限公司（以下简称"英图公司"）是由美国 Tvia 公司于 1999 年在中国大陆成立的独资公司，主要业务为集成电路芯片以及相关软件的开发、研制、营销工作。该公司是 Tvia 在亚洲地区的研发和生产服务中心，现在已经拥有国际上非常顶尖的技术，在其相应的行业领域位居前列。英图公司将成为集设计、研发、销售于一体的高科技企业。

2. 服务内容

当前，英图公司自主设计的视频产品主要应用于 IP 机顶盒、高清数字电视、LCD 电视数字、安防系统等产品中。同时，针对现有的各种系列产品，公司还开发了应用于 Windows98、Windows2000、Windows NT、Windows XP 等不同操作系统的产品。主要产品有 TrueView56xx、TrueView57xx 芯片及相关软件，产品在市场与同业领域获得很多的肯定。

（四）合肥东方英才人才有限公司

1. 公司简介

合肥东方英才人才有限公司成立于 2002 年 11 月，是由合肥市人力资源和社会保障局（原合肥市人事局）创办的、专业提供人力资源解决方案的人才服务机构，是安徽省人力资源服务 AA 级信用企业。该公司在人事考试、人才评价领域致力于为政府机关和企事业单位提供选拔、培养、使用人才的全面解决方案，并且为个人职业发展提供一系列的个性化服务。该公司的管理团队拥有非常专业的从业经验，可以针对性地帮助企业解决其人力资源各方面的问题。

2. 服务内容

该公司拥有专业的高级人才招聘服务、强大的人才培训网站、一流的企业管理培训、政府人事部门授权的人事档案管理业务、专业的人力资源管理咨询业务，可实施国家级职业资格认证考试和培训等，为众多地处安徽的知名企业以及部分世界 500 强公司提供服务。

（五）合肥凯捷技术有限公司

1. 公司简介

合肥凯捷技术有限公司（以下简称"凯捷技术"）是由凯捷国际独立注资成立的高科技企业，致力于为国内外系统管理和数据安全服务企业提供通用解决方案，业务范围涵盖业务咨询、产品研发、技术服务、人才培训等方面，专注于政府、金融、保险、航空、物流、制造、零售等行业领域。凯捷技术立足国内外市场，依靠自身发展，已经迅速成为国内外领先的企业信息化整体解决方案服务商、国内外具有一定影响力的 IT 专业服务商。同时，为了使客户获得全面的、国际领先的 IT 解决方案，凯捷技术已经与 IBM、SAP、Oracle 等国际领先的软件供应商建立了战略伙伴关系。凯捷技术拥有一支高科技的人才队伍，经过多年从事 IT 信息系统软件专业人士的带动，其已拥有国际先进的企业信息化整体解决方案和一批业务能力较高的项目工程师和咨询顾问。该公司客户遍及各行各业，包括银行、制造、证券、基金、保险、公共事业、信息技术等，客户既有中小型企业，又有《财富》杂志 500 强企业。

2. 服务内容

通过多年的实战项目实施，凯捷技术已经在多家大型企业的多个相关项目中成功实施了投诉分析系统，并且总结提炼出了一套适用于不同体系的通用产品体系，使企业可以更好地进行统计分析等一系列流程的管理，系统也成为很多企业理想的操作系统。其系统具备高度的可定制性，管理员可根据实际需要，自定义设置和处理各个环节的流程，使其能够适应众多用户的个性化需求。

其产品具有以下特点：

结合不同渠道搭建企业自己的客户互动平台，培养客户的黏性和忠诚度；

提供了全方位、立体化的高效服务体系；

投诉业务特有风向管控体系；

提供运营型平台。

（六）安徽易德人力资源管理有限公司

1. 公司简介

安徽易德人力资源管理有限公司有别于其他的人力资源外包服务供应商，

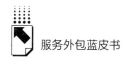
其以营业服务与呼叫中心为特色服务领域，独创先进的培训系统、AC&M 能力素质模型，并且建立了行业海量人力数据库，具有领先业界的自主研发能力，涵盖招聘外包 RPO、劳务派遣、专业测评、人才培训、劳动关系审计、人事外包 HRO 等业务。至今已为中国移动、中国电信、中国烟草、中国建设银行、中国平安等客户提供人力资源外包、招聘、培训、弹性用工等全方位的人力资源解决方案。

2. 服务内容

（1）全程跟踪服务

该项服务是根据员工的需求进行跟踪服务，以及根据不同公司的员工数量提供服务专员。

（2）管理咨询服务

易德作为专业的人力资源外包服务供应商，集聚了行业专家，自主形成独特的人力资源管理咨询服务模式，在战略结构、岗位评价、团队匹配、能力胜任、薪酬绩效、专业培训、综合布局等方面向客户提供咨询服务，帮助企业应对人力资源管理难题，协助其建立规范化的人力资源管理体系。

B.25
大庆市服务外包企业发展综述

一 大庆市服务外包发展概况

大庆服务外包产业园早在 2007 年 12 月 3 日就已经被商务部、科技部、信息产业部联合选为"中国服务外包示范区"。2009 年 1 月，大庆市连同国内其他 20 个城市被国务院批准为"中国服务外包示范城市"。2011 年 2 月，大庆服务外包产业园被国家工信部选为"最具发展潜力园区"。服务外包行业的飞速发展让大庆服务外包产业园集聚了与服务外包相关的 110 家企业，其中包括大庆明达韦尔信息系统服务有限公司、大庆锦华联电子信息科技有限公司、大庆金桥信息技术工程有限公司等。现与该园区内企业有业务往来的客户达到 300 多个，遍布全国以及欧洲、美洲、大洋洲、非洲等地，主要为英国、德国、美国、加拿大、荷兰、澳大利亚、新西兰等。园区企业的外包服务集中在软件开发、数据处理、呼叫中心和动漫创作等领域，还有彰显本地特色的石油石化服务外包业务、发展强势的金融咨询业务、新兴热门的云服务以及物联网等多个领域。

园区内的各家企业共同努力，先后获得了各种荣誉与表彰。其中，科技部认定大庆三维集团、大庆金桥信息工程技术有限公司、大庆开发区华创电子有限公司 3 家企业为"国家火炬计划软件产业基地骨干企业"；认定大庆明达韦尔信息系统服务有限公司和大庆市华拓数码科技有限公司为"中国软件出口工程（COSEP）企业"；等等。大庆金桥、大庆锦华联、大庆明达韦尔 3 家公司也先后通过了能力成熟度模型集成（CMMI）三级认证。

大庆市是我国老牌的石油石化市场，加上丰富的人力资源以及区位优势和成本优势，使大庆服务外包产业园大力发展以石油石化为核心的相关服务外包拥有了有利条件。同时，园区利用数据处理企业的规模集群效应，努力将整个园区打造成为中国石油石化外包服务的重要基地和数据服务的重要基地。

近年来，大庆市全力推动服务外包产业的发展，园区建设步伐不断加快，产业发展环境优化不断升级。2014 年，大庆新增服务外包企业 178 家，至此，大庆市服务外包园区有近 650 家企业，2014 年实现营业收入 102.4 亿元，同比增长 14.54%。

二　大庆市服务外包企业介绍

（一）大庆三维软件有限责任公司

1. 公司简介

大庆三维软件有限责任公司（以下简称"三维软件"）创立于 2001 年，专注于医疗卫生行业软件产品的研发及服务，主打产品技术一直处于国内领先水平。

该公司不仅可以提供单纯的硬件产品和软件产品，还可以为用户提供软硬结合的整体解决方案。

2. 发展历程

2000 年，大庆三维软件有限责任公司医疗软件事业部成立，开始了医院管理信息系统的研究与开发工作；大庆三维软件有限责任公司医疗软件事业部承接了"哈尔滨医科大学第五附属医院的数字化医院工程项目"。

2001 年，在大庆开发区设立了大庆三维软件有限责任公司；获得黑龙江省软件行业协会的"软件企业认定证书"；获得黑龙江省经济贸易技术委员会、科学技术委员会、电子信息产业厅、财政厅首批联合认证的"黑龙江省企业信息化软件服务商"资格；在哈尔滨医科大学第五附属医院实施的"数字化医院工程"中获得"鲁班奖（国家优质工程）"。

2002 年，"三维通用办公自动化系统"软件获得黑龙江省软件行业协会的"软件产品登记证书"；通过了黑龙江省的高新技术企业认证。

2003 年，被选为黑龙江省医院管理协会第一届理事会常务理事单位。

2004 年，公司开发的网络式医疗设备监控单元项目获得黑龙江省职工优秀技术创新成果奖。

2005 年，三维软件被选为黑龙江省软件行业协会理事单位。

2006 年，获得中华人民共和国互联网药品信息服务资格证书；获得中华人民共和国药品招标代理机构资格证书。

2007 年，三维医星——医院管理信息系统被中国管理科学学会、中国高新技企业发展评价中心、中国高新技术企业期刊社联合评为"最具市场价值的高新技术产品"。

2008 年，通过 ISO 9001：2000 质量管理体系认证；获得软件进出口企业资格；大庆三维软件有限责任公司北京办事处成立；大庆三维软件有限责任公司哈尔滨分公司成立；大庆三维软件有限责任公司长春分公司成立；大庆三维软件有限责任公司工业控制集成与服务部门成立，并承接了中国神华鄂尔多斯煤制油厂公用工程部分仪器仪表及 DCS 的系统保运工作。

2009 年，通过国家级高新技术企业认证；通过国家技术先进型服务企业认证；获得医疗器械经营企业许可证。

2010 年，大庆三维软件有限责任公司北京分公司成立；"数字化医院管理信息系统建设项目"获国家发改委立项；"医院管理信息系统"获大庆市科技立项；新版本的医疗系列 4 类产品获得黑龙江省高新技术产品证书；通过大庆市服务外包企业认定；2009～2010 年度市级"守合同重信用"单位。

2011 年，"SOA 架构数字化医疗信息平台系统"获国家创新基金、黑龙江省创新基金支持；"电子病历管理信息系统"获大庆市科技立项；通过了 27001 信息安全体系认证；公司产品被黑龙江省工业和信息化委员会、黑龙江省委宣传部、黑龙江省知识产权局评为"黑龙江省中小企业'专、精、特、新'产品"；PACS 相关系统通过 IHE 测评。

2012 年，"大庆区域平台"项目中标；与意大利泰迪罗集团合作。

2013 年，公司内部组织架构重组，为更好地服务客户提供巨大支持。

2014 年，多次进行国内外产品技术、项目交流，在技术改进和产品升级上取得了巨大成效。

（二）大庆开发区华创电子有限公司

1. 公司简介

大庆开发区华创电子有限公司（以下简称"华创公司"）成立于 1996 年，

位于大庆高新技术产业开发区，先后被认定为国家级"高新技术企业"、国家"软件企业"、"国家软件基地骨干企业"和国家"技术领先型服务企业"。

华创公司是提供石油石化行业节能减排解决方案、油品优化调和和大宗物料流转监管系统解决方案的黑龙江省知名信息技术企业。

华创公司设有博士后工作站、控制技术研发中心和物联网技术研究中心，承担过国家、省市级科研项目 36 项；取得专利 4 个、软件著作权 27 个、软件产品 14 个，获得国家、省优秀产品、市科技进步奖 13 项。

华创公司的核心技术是基于华创复杂系统控制方法的节能减排技术，拥有自主知识产权 5 项，申请了控制技术发明专利，被列入"全国推荐电子信息产品"目录、国家创新基金项目、国家火炬计划项目，获得 2011 年"中国软件和外包服务优秀项目奖"。

华创节能减排解决方案被应用在全国石化企业数十套生产装置上，年节能 5 万多吨标准煤，每年为用户新增效益超过亿元。

华创油品在线自动优化调和模型及系统技术（HCOBP 技术）变传统的人工罐式调合为油品在线自动优化调和，帮助炼油企业成品油生产环节实现效益最大化，1000 万吨炼油厂可实现新增效益 15000 万元。

华创大宗物料流转监管系统，由基于 RFID 技术的燃煤监管系统、基于 RFID/GPS 技术的危化品监管系统等产品构成，从整体上解决用户大宗物料生产、贮存、运输、销售等环节的管理难题，杜绝作弊，降低企业运营成本，为大宗物料管理提供现代化技术手段。该产品已在中国石油大庆石化、吉林石化及昆仑燃气公司等多家企业应用。

2. 发展历程

1999 年，公司成立并进入大庆市国家高新技术开发区。

2001 年，被认定为国家级高新技术企业。

2002 年，完成国家火炬计划项目"华创 Profibus 现场总线产品"。

2003 年，获得国家双软件企业认证。

2004 年，获评国家火炬计划软件开发基地骨干企业；"EAS 企业审计软件"获得市科技进步三等奖。

2005 年"基于风险审计理论的 SmartAudit 审计软件"获得国家科技型企业创新基金；"华创电子数据审计评价软件"获得大庆市科技技术进步奖二等

奖；"华创炼油能耗管理软件"获得大庆市科技技术进步奖三等奖；"华创炼油生产指标评价软件"获得大庆市科技技术进步奖三等奖。

2009 年"华创石化生产装置节能减排控制软件产业化"获得国家科技创新基金；通过国家技术先进型服务企业认证。

2010 年，完成国家火炬计划项目"华创节能减排控制软件"，"华创硫黄回收装置减少 SO_2 控制系统"获评全国第一批工业领域节能推荐产品。

2011 年，"华创节能减排控制系统"获得"黑龙江省信息产业十年优秀项目"称号；被黑龙江省信息产业厅认定为 2000～2011 年优秀企业；通过 ISO 9000：2008 认证。

2012 年，"石化硫黄回收装置节能减排服务"获得国家软件和服务外包优秀项目奖

2013 年，"基于 RFID 技术的危险化学品装车运输管理系统"获得国家科技创新基金；2 万平方米华创研发中心开始建设。

2014 年，获评"东北安防十佳企业"。

（三）大庆金桥信息技术工程有限公司

1. 公司简介

大庆金桥信息技术工程有限公司（以下简称"大庆金桥"）注册成立于 1998 年 5 月，始建于 1978 年，其前身为大庆石油化工总厂计算机开发公司。作为国家级高新技术企业，大庆金桥始终将精益求精的信息化整体解决方案和相关应用服务提供给流程行业。

大庆金桥紧跟国内外相关领域先进科学技术的潮流，在专业应用的能力与自主创新的能力上开拓进取，通过在企业信息化建设、自主软件研发和信息系统运维服务三大方向上不断求索，逐步形成了自身九大主营业务，包括企业资源计划系统（ERP）集成、生产执行系统（MES）集成、软件产品研发、自动化控制工程、仿真培训及流程模拟技术应用服务、节能节水技术咨询服务、网络设计和施工、系统运维服务和先进控制及在线优化工程。

该公司多次承担了国家"863 计划"项目，是"国家火炬计划"软件产业基地骨干企业和信息产业部行业软件开发部门转向产业化发展首批试点企业，被授予"全国首批行业信息技术应用推广服务机构示范企业"的荣誉称

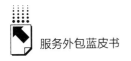

号，获得了国家级计算机信息系统集成二级资质认证。公司目前拥有 600 多名职工，包括经验丰富的技术顾问和行业专家，以及一线技术工人管理人员等。

国际标准化体系的引入促进公司在品质上的精益求精：通过了 ISO 9001 质量体系认证、CMMI L3 V1.1 评估认证、CMMI L3 V1.2 评估认证、ISO 20000 和 ISO 27001 认证等。这些专业认证让该公司近 20 年来对质量的控制和对过程的管理更加规范，对组织安全的管理更加全面、系统，对 IT 的运行维护更加标准化和规范化。

大庆金桥通过在北京、沈阳、成都等地设立分公司和办事处来完成对市场的全面开发和对客户服务网络的全面覆盖。目前，其国内业务范围遍布中国东北地区、西北地区、华北地区、华中地区、华南地区、西南地区的大部分省、市、自治区；而其海外业务主要针对美洲的加拿大，亚洲的日本、哈萨克斯坦、越南，以及非洲的苏丹、阿尔及利亚、乍得梅隆等国。该公司以其特色的服务外包业务积极扩展市场，顺利且圆满地完成了国家级和省市级的各大项目，包括国家"863 计划"项目、黑龙江省科技攻关项目，以及针对大型石化企业的重点科研项目，信息化建设项目，DCS 系统建设、运营及维护项目等。为了实现更加人性化的服务，公司将客户的需求作为自身的目标，将客户的满意度作为自身业务的衡量标准。

2. 资质与荣誉

安全生产许可证；

ISO 9001 质量管理体系认证证书；

高新技术企业证书；

计算机信息系统集成二级资质；

电子工程专业承包二级资质；

CMMI ML3 级评估认证；

公共安全技术防范工程一级资质；

建筑业企业资质证书；

软件企业认定证书；

技术先进型服务企业证书；

计算机软件著作权登记证书。

（四）大庆市华拓数码科技有限公司

2002 年 12 月 17 日，大庆华拓数码科技有限公司（以下简称"华拓数码"）以 1177 万元人民币的注册资本正式成立，是国内成立时间较早、专业化程度较高、企业规模较大的离岸服务外包供应商。公司凭借领先的信息处理技术和专业设备、丰富的管理经验、成熟优质的服务体系、专业的人才队伍，在文件资料、信息数据的录入和处理上拥有较高的行业水平，在系统开发、配套软件、影像处理等信息化工程方面具有较强的优势。华拓数码于 2009 年跻身"全球服务外包百强企业"，同时先后通过了 ISO 9000、ISO 27001 认证，成为黑龙江省业内唯一一家拥有多项软件著作权且拥有双认证的高新技术企业。

该公司在国家大力推动高新技术产业发展的背景下，把握机遇，克服挑战，从刚成立时十几个人的小团队发展到如今吸纳 2300 余名员工的大集体；除了在北京市的总部，该公司还在珠海市、大庆市设有两个数据交付中心，同时在 9 个城市设有分支机构，包括北京的中国区营销中心、哈尔滨的研发中心、上海的扫描中心、香港的办事处、伦敦的欧洲区营销中心、悉尼的澳洲区营销中心以及加拿大马卡姆的办事处等。公司以 ITO 软件外包、BPO 数据处理、BPO 人才培训、呼叫中心为主营业务的四大方向；在我国内地、港、澳、台地区以及欧洲、美洲、澳洲等很多国家和地区拥有庞大的客户群体，国内外客户总数超过 150 家。

公司有 1000 多种工作类型，并在不断发展的过程中将自身的业务归纳为以下八大领域：金融业、保险业、医疗业、邮政业、物流业、教育业、出版业、政府调查。

华拓数码凭借"一周七天、一天二十四小时"不间断地为客户提供安全、高效、稳定以及高成熟度的操作服务，得到了客户广泛的赞誉和同行企业的认可。2008 年，华拓数码成功入选"大庆民营企业 100 强"，并且连续四年蝉联"全球最佳服务外包供应商——BPO 中国 15 强"的榜首。

该公司在取得成绩的同时，不忘回报社会：给加入联盟的企业提供行业相关的信息资源，致力让其他企业受利；不断通过建立勤工助学基地和帮助贫困家庭子女就业来实现企业的人文关怀；"5·12"地震灾难发生以后，在捐款的基础上，该公司又在四川剑阁县建立了"大庆华拓公司四川剑阁人才培训

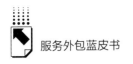

基地"；今后，公司在合肥、马鞍山、昆山等地的业务计划提供更多新的就业岗位。

（五）大庆明达韦尔信息系统服务有限公司

大庆明达韦尔信息系统服务有限公司成立于 2003 年 2 月，现有软件开发团队 3 个、数据生产加工处理车间 2 个、资料解释中心 1 个。

该公司定位为油田勘探开发领域信息专家，致力于石油勘探开发领域的相关技术服务与信息系统的研制，为油田勘探开发提供数据采集、数据处理、数据分析解释评价三阶段全方位解决方案。主营业务包括数字油田、电子政务、智能社区等。目前，公司已经成长为一家以计算机软件开发、智能信息系统集成以及数据处理为核心，集研发、应用、服务于一体的技术先进型服务外包企业，拥有双软认证、系统集成、CMMI L3、ISO 27001、技术先进型企业、高新技术企业、高新技术产品等资质认证及多项软件著作权。

该公司为地球物理勘探、钻井、录井、测井、固井、测试、采油等油田专业单位提供数据采集、数据加工整理、数据解释和分析评价技术服务。运用专业数据采集技术，将不同仪器仪表上的数据实时读取并存储到实时数据库中，以作为油田勘探开发的第一手数据；数据加工车间运用专业数据处理设备及方法，进行数据加工处理；油田资料解释中心运用自主研制的勘探开发平台软件，使资料解释自动化、数字化、标准化、可视化，并且借助现代通信技术，进行远程资料解释。

该公司坚持技术创新，突出信息技术的深层次应用，为国内外用户提供了两大系列十几种软件产品及技术解决方案，并被广泛地应用于各大油田，如大庆油田、胜利油田、新疆塔里木油田等。该公司自主研发的 Mindwell 油气水综合解释评价系统以及 Petroway RIM 岩心图像管理系统软件均处于国内领先水平。其中，Mindwell 油气水综合解释评价系统被认定为高新技术产品，并获得计算机软件著作权，可适应各类复杂储层的技术评价，应用该软件系统在成熟区块无人干预情况下，录井解释判准率达 87% 以上。Petroway RIM 岩心图像管理系统软件获得计算机软件著作权。

该公司新研制的 Petroway 油井节能增效控制系统是基于 MES 信息管理模式，结合先进的采油工艺，综合计算机技术、自动控制技术、电力电子等技术的油井智能控制系统。该系统的应用有效解决了采油系统运行耗电多、"大马拉小车"、效率低下等诸多问题，在全国处于领先地位。

（六）大庆锦华联电子信息科技开发有限公司

1. 公司简介

大庆锦华联电子信息科技开发有限公司成立于 2002 年 7 月，是集专业从事北斗/GPS 定位导航，"智慧城市"和"数字油田"物联网技术应用与开发，二维地理信息的完善及三维 GIS 的开发，消防设施、建筑智能化等工程专业设计、安装、运维，信息技术支持及运营服务于一体的国家高新技术企业和 AAA 级信用企业。2012 年，公司被大庆高新区确立为"双百"工程重点扶持企业、十大领军企业和石油石化服务外包基地。

公司已加入中国石油天然气集团公司能源一号网，拥有一级供应商准入证、大庆油田有限责任公司供应商准入证、工程技术服务合格供方证书；通过了国际 CMMI L4 软件能力成熟度集成模型评估；拥有工信部核发的系统集成施工三级资质，省住房和城乡建设厅核发的消防专业设施工程、建筑智能化工程设计与施工一级资质，黑龙江省软件行业协会核发的软件企业认定证书，电子工程、机电设备安装工程专业承包二级资质，省公安厅核发的公共安全技术防范工程设计、施工、维修一级资质，省通信管理局核发的增值电信业务许可证。

此外，公司还通过了 ISO 9001 质量管理体系认证、14001 环境管理体系认证、27001 信息安全管理体系认证、28001 职业健康管理体系认证、50430 工程建设施工管理体系认证以及 HSE 国际石油天然气工业管理体系认证。

2. 服务内容

该公司提供以下服务：信息服务业务；电子信息产品技术开发、生产、销售、安装、咨询与服务；计算机软件的开发与销售；节能与环保产品的技术开发与销售；电子产品、工业自动化产品的技术开发与销售；油田技术开发与服务；有线电视设备、消防器材、金属制品（不含有色金属）、高低压电器设备销售与维修；机械设备、汽车配件、建材、电线电缆、钢材、泵、阀门销售；GPS 卫星定位系统、火灾自动报警系统销售、安装及服务；消防设施及电气防火检测；建筑智能化工程专业承包一级、消防设施工程专业承包一级、机电设备安装工程专业承包二级、电子工程专业承包二级、公共安全技术防范工程一

279

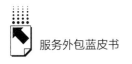

级（设计、施工、维修）；建筑装饰装修工程。

3. 发展历程

自 2002 年到 2015 年，公司员工由 7 人增长到 137 人；注册资本由 100 万元增加到 5000 万元；经营总值由 22.1 万元增长到 7957.3 万元；累计上缴税金 2335.83 万元，为地区经济增长做出了突出贡献；员工收入逐年增长，人均年收入由 0.96 万元增长到 5.94 万元；13 年间，公司累计完成固定资产投资 3676.7 万元。

4. 资质与荣誉

高新技术企业证书；

AAA 信用资质；

国际 CMMI L4 证书；

ISO 9000/ISO 24001/ISO 18001/ISO 27001；

HSE 中国石油健康安全环境管理体系认证证书；

国家工信部核发的计算机信息系统集成三级资质证书；

黑龙江省通信管理局核发的增值电信业务经营许可证；

黑龙江省住房和城乡建设厅认定的建筑智能化工程专业承包一级资质证书；

黑龙江省住房和城乡建设厅认定的消防设施工程专业承包一级资质证书；

黑龙江省住房和城乡建设厅认定的电子工程专业承包二级资质证书；

黑龙江省住房和城乡建设厅认定的机电设备安装工程专业承包二级资质证书；

黑龙江省公共安全产品行业协会认定的公共安全技术防范工程一级资质证书；

大庆市核发的技术先进型服务企业证书；

大庆油田工程技术服务合格供方；

2012 年，被高新区确立"双百"工程重点扶持企业之一、十大领军企业之一和石化服务外包基地；

2013 年，被评选为"荣耀大庆品牌百强"企业；

2013 年，"高压 TSC 型 SVC 动态无功功率补偿项目"荣获大庆市科学技术进步三等奖；

2014 年，荣获科学技术进步二等奖；

2015 年，被大庆市工商行政管理局评为 2013～2014 年度市级"守合同重信用"单位。

境外服务外包企业发展分析

Service Outsourcing Enterprises' Developing Status in Foreign Countries

B.26
全球服务外包企业发展现状

20 世纪末以来，随着全球一体化生产服务体系逐渐形成，经济全球化已经进入以服务为主导的"全球价值链"时代。国际服务外包是一种离岸外包，指作为企业将服务流程以商业形式发包给第三方服务供应商的经济活动，是国际公司通过将其服务职能分开，实现服务空间扩大化和服务地理位置多元化，提高生产要素和资源配置效率的跨国生产组织模式，可在全球范围内降低成本，获得最大利润。目前，国际服务外包发展情况如下。

（一）全球服务外包发展规模

21 世纪以来，服务外包市场潜力巨大，联合国贸发会认为，服务外包已经成为全球跨国直接投资的主要引擎。受世界金融危机影响，2009 年全球服务外包市场虽然经历了近五年来的最低增长，但仍然保持了较大规模的发展，全球服务外包总量为 8099.1 亿美元，相当于 2006 年的 1.2 倍；2012 年全球服务外包市场规模达 9750 亿美元，其中，离岸外包市场规模达 1217 亿美元，同比增长 18.6%；2013 年全球服务外包市场规模约为 13000 亿美元，其中，离岸市场规模较上年增长了 17.8%。虽然近年来全球服务外包市场增长趋于平

缓，但随着服务业和服务贸易成为推动经济复苏的新动力，服务外包规模仍然不断扩大。

（二）境外服务外包市场分布

随着经济全球化的发展，欧美国家产业转移速度加快，越来越多的服务外包以离岸的方式进行。目前，以美、欧、日等发达国家和地区为主要发包方，以发展中国家中的新兴经济体为主要接包方的全球离岸服务外包格局基本形成。

从发包方来看，服务外包发包方市场主要集中于北美、西欧和日本，2012年，这三个地区的发包额占全球发包额的88%（见图1）。美国是全球最大的软件与服务出口国，也是全球第一大IT服务需求市场，占有全球市场份额的1/3以上，美国是全球最大的离岸服务外包发包方，也已成为我国第一大离岸服务外包需求市场。日本的IT服务市场排在全球第二位，占到全球市场份额的14%；而西欧共占到31%，亚太地区则占到了7%。

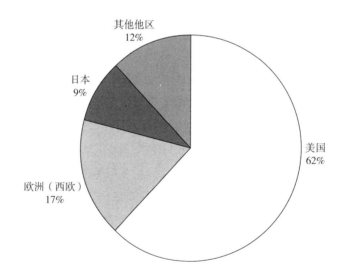

图1　2012年全球服务外包发包市场分布

从接包方来看，服务外包对推动本国产业结构调整、技术升级换代和就业渠道拓宽，从而促进本国经济发展具有非常重要的作用，越来越多的发展中国家认识到服务外包在国民经济发展中的重要地位，纷纷立足政治经济稳定、人力资源基础完善、工资水平较低等自身优势打造错位发展格局。目前，中国、印度、爱尔兰、加拿大、东欧、菲律宾等国家和地区是离岸外包的主要承接方，占到全球市场份额的94%左右。其中，印度的服务外包发展水平非常高，其与中国已日益成为全球两个最大的外包基地，而印度通过反外包的形式又成为很多发展中国家的发包方。随着世界服务外包业的不断发展和完善，未来新兴经济体有望成为吸引发达国家制造业和服务业外包的重要力量。

（三）境外服务外包业务结构

服务外包按照业务内容来划分，主要分为信息技术外包（ITO）、业务流程外包（BPO）、知识流程外包（KPO）。目前，境外服务外包结构中ITO、BPO、KPO所占比重如表1所示，从中可以看出，ITO是国际服务外包的主要领域，其以IT技术为中介进行与此相关的服务外包，且高新技术或以高新技术为手段的服务外包得到了迅猛发展。2012年，美国服务外包中ITO、BPO、KPO所占比重分别为55.8%、21.4%、22.8%，实现了资源全球配置，管理体系成熟，产业服务体系日渐完善；同年，欧盟服务外包中ITO、BPO、KPO所占比重分别为52.1%、21.7%、26.2%，欧盟服务外包项目以金融、保险服务、数据分析服务等为主；2012年，日本服务外包结构中ITO、BPO、KPO各占37.8%、31.0%、31.2%，日本的服务外包企业更注重在境外设置研发机构；2013年，印度服务外包产业收入达1180亿美元，其出口收入占全球离岸份额的58%，其中，ITO占75%、BPO占34%、KPO占70%，印度服务外包产业加快转型升级，以ITO为主要业务，且高附加值的BPO业务比重不断增大，逐步进入以创新和价值增值为主要竞争手段的成熟期。IDC数据显示，2013年全球ITO、BPO两项服务支出合计约10187亿美元，较2012年增长4.8%。其中，全球IT服务支出6838.7亿美元，较2012年增长4.8%，占全球IT技术及相关服务支出的67.1%；BPO支出3348.3亿美元，较2012年增长6%，占32.9%。IT和金融服务外包成为国际服务外包产业中的主导业务，BPO的规模也在不断扩大。随着全球产业结构不断调整，国际分工日益细化，服务外包产业链正加速向两端延伸，尤其是向研发设计环节和售后服务环节延伸，业务类型逐渐由基础信息技术层面的外包业务向较高层次的流程外包业务

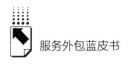

拓展。各国发包企业不仅将专业数据输入、文件管理等低端服务外包出去，还将风险管理、金融分析和技术研发等技术含量较高、附加值较高的业务外包出去。服务外包业务范围不断扩展，服务外包企业倾向于将 ITO 和 BPO 捆绑以满足企业自身技术和业务的需求。

表1　全球服务外包结构中 ITO、BPO、KPO 所占比重

分类	占全球服务外包市场比例
ITO	60%
BPO	近40%（近年来持续以高于 ITO 增速的速度快速增长）
KPO	近1%（刚兴起，所占份额较小，未来增速较快）

资料来源：美国权威咨询公司 Gartner 的市场分析。

（四）境外服务外包日趋多样化

服务外包项目在刚起步时仅仅面向个别产业，所以缺乏统一的规划和方案设计。随着全球服务外包市场的参与者越来越多，竞争日趋激烈。境外的服务提供商为了在竞争中突出自身的特色，采取差异化竞争策略，为客户提供系统的外包服务方案。国际企业通过外包市场能够准确把握全球产业链条，将全球市场作为一个整体，集中自己现有的资源和经历来发展自身的核心业务和在世界范围内实现资源合理配置以开拓新的经营业务，从而保证自身持续的竞争力。离岸外包的目的从单纯降低人力成本，转向获取人才，开发新产品、新业务和新技能，服务外包交易的结构变得愈加复杂，同时也愈加专注于战略成果方面。发包商会从服务商那里寻求成熟的产业化服务模式与方法，提高自身的转型变革能力。在考虑大规模外包服务时，发包商通常会寻求全球采购的方式，建立"一对多"和"多塔式"的服务平台，以期在规模优势中获利。

B.27
印度班加罗尔服务外包企业发展综述

一　班加罗尔服务外包企业总体概况

印度作为信息技术产品及服务的出口大国，一直以来引领着国际服务外包产业的发展。印度全国有超过 40 个城市开展了软件及服务外包业务，其中班加罗尔作为"IT 首都"成为行业领军城市，其服务外包整体规模在印度整体业务规模中占比超过 40%，业务收益在印度服务外包产业总收益中的贡献率也接近 40%。迄今为止，在班加罗尔创立的高科技企业约 4500 家，其中有外资参与的超过 1000 家，班加罗尔已经成为全球第五大信息科技中心，是享誉世界的"印度硅谷"。

（一）班加罗尔服务外包行业特征

班加罗尔的服务外包产业具有两个明显的特征。第一个是产业集聚现象，著名的班加罗尔国际科技园虽然占地面积仅 68 英亩，却聚集了 160 余家优质的 IT 企业，另外，班加罗尔电子城也有超过 180 家电子科技企业进驻。这种产业集聚效应首先能够提升园区整体的知名度与号召力，通过资源的共享提升集群的整体利益；其次可以疏通就业渠道，促进软件和科技人才的定向流动，实现人力资源的充分利用与合理配置；最后有利于促进技术交流，实现区域性技术升级，获得竞争优势。

第二个特点是出口导向，班加罗尔服务外包业务中有很大比例是海外业务。据统计，自 2007 年以来，印度服务外包产业的出口业务占总营业收入的比例一直超过 70%。除此以外，以服务外包形式进行的出口占据了整个科技产业出口额的绝大部分，软件出口的份额非常小，这更体现了服务外包在班加罗尔经济中的支柱作用。这种出口导向的战略不仅为班加罗尔的服务外包谋取了更加广阔的目标市场，而且为海外人才的引进和其他本土信息技术产品的出口创造了有利条件。

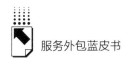
（二）班加罗尔服务外包全球价值链构成

全球价值链是指为实现商品或服务价值而连接设计、生产、销售、物流、回收等过程的国际性跨企业网络组织。服务外包业务实质上是以接包企业的价值活动来取代发包企业原本需要自行完成的价值活动。评判班加罗尔的服务外包发展情况可以从横向和纵向两个维度进行。

横向的全球价值链描述的是班加罗尔的服务接包商根据不同的业务类型，提供标准化分类的一般性外包业务，强调的是流程和功能方面的共性特征。根据附加值的高低，横向价值链从低到高可分为服务外包的三大传统模块，即信息技术外包（ITO）、业务流程外包（BPO）和知识流程外包（KPO）。经过二十余年的发展，班加罗尔的服务外包逐渐由基础的 ITO 业务转换为技术含量更高、具有更高附加值的 BPO 业务。随后，KPO 业务在 BPO 基础上更加侧重流程创新和业务分析，成为班加罗尔 IT 产业新的增长点。

纵向全球价值链是指接包企业为特定领域或类型的发包商提供的外包服务活动，强调的是具有特定行业知识的服务特性。同领域的服务外包流程可纵向分为三个环节，即上游、中游和下游。上游负责客户需求分析、业务咨询和标准的制定，中游是系统和平台设计，下游负责编码、测试和运维服务。班加罗尔作为世界领先的服务外包城市，在上中游高附加值环节具备技术优越性。

（三）班加罗尔的离岸外包市场

班加罗尔的离岸服务外包目标市场主要集中在美国和欧洲。作为世界高技术产业最为发达的国家，美国是印度服务外包产业最大的发包国，据统计，2014 年班加罗尔离岸服务外包业务有超过 60% 来自美国市场。印度面对的第二大发包地区是欧洲，其业务在印度离岸外包市场中的占比约为 14%。由此可见，班加罗尔服务外包的市场构成与我国有很大区别，其不仅离岸业务占比巨大，而且来自欧美发达市场的持续需求是产业发展的支柱性因素。

与此同时，在与美国的合作关系中，印度也是美国服务外包最重要的接包国家，据统计，超过 80% 的美国企业把印度作为海外软件外包服务的首要来源市场。随着以班加罗尔为首的一批印度城市服务外包业务的扩大，美国对印度计算机及信息技术服务的出口顺差状态出现了逆转，美国成为软件及平台建设服务的净进口国。由于具备成本和价格优势，印度的服务外包对美国本土的服务供应商形成了很大程度上的替代。

二　班加罗尔服务外包成功企业案例

（一）维布络信息技术有限公司

1. 公司简介

维布络信息技术有限公司（Wipro Technologies）（以下简称"维布络公司"）成立于1984年，位于印度的"信息技术之都"班加罗尔，经过30多年的发展，已经成为一家覆盖全球的跨国技术服务公司。目前，维布络公司在全球拥有38家分公司及办事处，分布于35个国家和地区，员工总数达45000余人。维布络公司是班加罗尔成长最快的服务外包企业之一，公司的整体营业收入在过去五年的复合增长率高达42%，服务于全球近500家客户，曾为50余家世界500强企业提供软件开发及平台建设服务，如诺基亚、通用电气和Home Depot。

2. 服务内容

作为一个IT产业服务外包供应商，其主要业务范围是为客户提供远程处理和运维服务、产品设计服务以及业务流程外包服务。服务项目包括信息系统设计、系统集成、解决方案设计、IT咨询与服务、软件应用开发与维护等。管理咨询项目包括企业信息安全、电子信息系统质量咨询、电子商务、商业过程管理、产品生命周期管理、商业智能及数据库管理、商业应用开发与维护等。服务对象涉及的行业有：金融、通信、能源、公共服务、娱乐及新闻等。

3. 资质与荣誉

维布络公司具备行业顶级的资质条件，是世界范围内首家同时具备PCMM5级和SEICMM5级认证的国际IT服务机构。离岸的现场开发中心取得了CMMIV1.2最高级别的5级评估认证。维布络公司凭借其BPO业务被美国IT行业质量协会评为最具影响力的服务机构。

（二）印孚瑟斯技术有限公司

1. 公司简介

印孚瑟斯技术有限公司（Infosys）（以下简称"印孚瑟斯"）是班加罗尔规模最大的技术外包公司，目前其在全球拥有员工超过 100000 名，分公司及办事处遍及世界 27 个国家的 56 个城市，包括美国、欧洲地区、澳大利亚、中国香港、日本、新加坡、阿根廷等地。印孚瑟斯同时也是历史上印度第一家在美国纳斯达克股票交易市场上市的公司。另外，在中国，印孚瑟斯已在位于上海的张江高科技园区设立了拥有超过 1000 名员工的分公司，在广州也设有分支机构。在资质方面，印孚瑟斯于 1999 年通过了软件工程规范的最高级别 CMMI5 级认证。在国际外包专业组织发布的全球软件出口 100 强中，Infosys 和埃森哲、IBM 名列全球前三名。

在经营方面，印孚瑟斯公司的经营理念是低风险、高效率和可预测性，其采用的 GDM 全球交货模式极大提高了业务的运转效率，加速了公司发展。公司在向全球客户提供方案设计、软件及咨询等 IT 服务的同时，还选择了众多跨国集团公司结成战略联盟和合作关系，其全球战略伙伴包括英特尔、微软、Cisco、SAP、Arrow 等。在亚洲，印孚瑟斯也是微软亚洲实验室第一家正式签约进行联合开发的 IT 企业。

在基础建设方面，印孚瑟斯不仅在印度本土建立了中心开发区，而且在全球多个地区建立了离岸研发中心以及信息交互和客户连通的基站。基于班加罗尔资源共享的集群效应，印孚瑟斯可以充分利用班加罗尔电子城的基础设施，并同时购买引进先进的计算机设备、通信设施、图书资料等。对基础设施的投资，使印孚瑟斯创造出世界顶级的 IT 产业工作环境，不仅对企业的业务拓展和行业声誉提升有所助益，更提高了员工的幸福感和工作效率，降低了客户的介入风险。

在人才培养方面，印孚瑟斯在班加罗尔设立了专门的员工培训中心，可以同时容纳上万人接受培训，这个"人才工厂"具备世界先进的教育设施、经验丰富的资深工程师和专业的管理团队。培训中心每年从班加罗尔本地及周边的高校选拔大学毕业生，同时吸纳海外优秀人才加入，进行为期一年的培训，包括技术层面和素质层面，长期以来为公司的发展贡献了一批又一批的技术人员。为了保证稳定的人才供给和较高的人才素质，印孚瑟斯在培训方面的投入是巨大的，据统计，其培训投入是业内巨擘 IBM 的近十倍。

（三）印度 HCL 信息系统公司

1. 公司简介

印度 HCL 信息系统公司（HCL）（以下简称"HCL 公司"）建立于 1976 年，是印度发展最早的一批信息技术服务外包企业之一，在印度各大城市均设有分支机构，目前拥有员工超过 3600 人。在海外拓展过程中，HCL 公司已经在全球 31 个国家建立服务网络和销售中心，包括中国内地、中国香港、泰国、印度尼西亚、马来西亚和南亚各国，业务中心主要集中在亚洲。HCL 公司在技术创新方面处于班加罗尔服务外包行业领先水平，其曾于 1985 年开发出印度第一代桌面电脑 BusyBee，随后于 1995 年推出印度第一台品牌家庭电脑 Beanstalk。2012 年，HCL 公司在全球的年营业收入超过 1000 亿卢比，在十年的时间内实现了营业收入近 20 倍的增长。

2. 服务内容

HCL 公司能够提供最全面的 IT 服务，除传统的软件开发、软件资讯、远程基础设施管理、系统研发和业务流程外包等服务外，HCL 公司还专门为客户提供企业转型服务，协助企业在软件应用和数据应用等方面实现企业转型。HCL 公司的服务外包业务涉及众多领域，较为成熟的行业包括能源、金融服务、汽车制造、电子通信、医疗保健、航空航天和物流运输。

3. 发展历程

业务的增长使公司规模迅速扩大，截至 2015 年 2 月，HCL 公司的市值约 250 亿美元，其成为亚洲 100 强企业、印度上市公司 20 强。

HCL 公司于 1998 年成立子公司——HCL 信息技术有限公司，以进一步稳固集团在服务外包领域的优势。首先，作为 HCL 集团旗下相对年轻的组成部分，HCL 信息技术有限公司在发展过程中，在行业解决方案和打包实施的特定化服务、IT 架构管理和商业流程外包等方面形成了独特的优势，并在产品工程研发方面处于领先地位。其次，HCL 信息技术有限公司通过实施微垂直化战略在以高技术产业、金融服务业、娱乐传媒业为代表的多个行业占据了稳定的市场份额，积累了丰富的行业经验。最后，该子公司将原来母公司在企业

转型服务方面的优势进一步发扬光大，将此服务与企业整体 IT 方案协同规划、有机结合，旨在为目标企业创造新价值、为开发新的增长点提供足够的空间，其服务优势得到了业内的普遍认可。

三　班加罗尔服务外包企业发展模式

班加罗尔服务外包企业的发展模式体现为 IT 企业由本土业务逐步探索欧美市场海外业务的主导思想和在海外市场上持续发展、扩大规模的战略设计。由于服务外包企业的规模和业务倾向不同，发展路径也有所区别，从发展历程和演进模式来看，主要可以分为以下三种类型：渐进型发展模式、主动竞争型发展模式和资源利用型发展模式（见表 1）。

表 1　班加罗尔服务外包企业三种发展模式

渐进型发展模式	主动竞争型发展模式	资源利用型发展模式
在岸起步	本土注册	外国注册
离岸发展	本土开发团队	本土开发团队
全球交付	开拓海外市场	综合利用资源

（一）渐进型发展模式

渐进型发展模式被普遍应用于班加罗尔中大型服务外包企业的业务拓展中。这种模式强调企业需针对目标市场建立业务营销网络，增强市场开拓能力，逐渐提高接包国际市场业务量，进而扩大企业规模，实现服务的离岸操作，最终实现全球交付。

这种模式的实现需要经过三个阶段：第一步是在岸起步，先从欧美发达国家市场的在岸服务和现场服务起家，目的是最大限度地获得欧美客户的信任，为合作关系打下基础；第二步是离岸发展，在取得客户的信任之后，再将能够离岸操作或开发的外包业务拿回班加罗尔本土，并借此建设和培训离岸研发团队，实现买方主导市场向卖方主导市场的过渡；第三步是全球交付，这不仅需要稳定的客户关系，更需要完备的网络技术实力。这时的外包服务企业已完成了全球服务供应能力的布局和品牌的打造，已经具备高端业务流程和战略咨询服务的全球交付能力。上文中提到的印孚瑟斯公司和维布络公司，作为班加罗尔领军的服务外包商，均是利用这种发展模式成为闻名世界的跨国集团。

（二）主动竞争型发展模式

主动竞争型发展模式被广泛应用于班加罗尔小型服务外包企业。该模式分为两步：国内创办和海外拓展，在海外拓展过程中要求企业更加主动地参与竞争，争取客户。这些企业通常在班加罗尔进行注册，技术团队也集中在班加罗尔，由于资金规模的限制，其不具备控制海外基站的实力。但是，公司技术团队可以通过互联网、电话等通信工具与欧美国家客户无障碍沟通，随时准备出境谈判以获取离岸外包订单，甚至通过现场服务履行短期合同，自由穿梭于目标市场与班加罗尔之间。这类公司虽然不具备规模优势，但由于管理费用的负担远低于大型公司，整体成本较低，加之以高薪聘请具备专业技能和丰富经验的资深员工，在离岸服务外包市场上也具有很强的竞争力。

（三）资源利用型发展模式

资源利用型发展模式是少数班加罗尔服务外包企业所采用的一种方式。这种模式强调充分利用注册地的营销优势和接包团队所在地的成本优势，各司其职，优势互补，其发展方式与竞争型企业呈现相反的方向。该模式成功的案例是留在美国生活和工作的印度留学生先在美国注册公司，然后再到班加罗尔等印度 IT 产业发达城市建立开发中心。这类公司一般都在美国或欧洲拥有在岸营销机构及客服机构，但将服务外包任务的实施委派给班加罗尔的离岸开发团队，既能及时发现欧美市场机会，又可以享有班加罗尔廉价的人力资源和政策福利。

总体而言，班加罗尔的服务外包市场走的是一条以海外市场为主的出口导向道路。在国内资源缺乏、需求不强的情况下，企业必须通过某种路径实现国内服务能力与国际市场需求的对接。各种路径不可避免的一步都是接近并打入海外市场，以业务实力取得信任，继而才能有资本将服务外包业务拿回班加罗尔本土实施，甚至进行远程辅导。

在上述三种发展模式中，渐进型模式为布局全球的，旨在建立大型集团企

业的外包供应商提供了经典成功模式，竞争型模式为数量众多的小型企业提供了建议，而资源利用型模式为广大海外创业者提供了更多的选择。

四 班加罗尔服务外包崛起原因与存在问题

（一）产业崛起原因

1. 语言优势

印度曾经历过 200 多年的英国殖民时期，但也因此在现代对外服务外包中拥有了得天独厚的英语语言优势。英语作为印度中央和地方政府的官方语言被沿用至今，语言的优势在班加罗尔与西方发达国家进行技术交流、获取订单方面提供了便利，这也是班加罗尔服务外包离岸业务得以持续发展的一个基础性条件。

2. 低成本专业人才

首先，在人才培养上，班加罗尔的教育为 IT 产业发展提供了充足的人才储备，其在计算机、软件和通信等方面具备教育资源优势，并已经形成了完整而全面的高等教育体系。班加罗尔所有的高等教育院校中，有超过 1/3 开设 IT 专业课程，另外，班加罗尔还依靠私营和民办机构以及科技园区和软件企业实行人才的联合培训和整体转移，大多数的服务外包人才都来自职业化培训机构。政策层面上，印度自 20 世纪 90 年代开始大力兴建 IT 技术产业基础设施，大力推行 IT 软件发展系列政策，吸引了大批人才涌入 IT 行业，加之政府鼓励的发达国家留学政策，为软件科技人才的增长提供了推动力。

其次，人力成本优势也是班加罗尔服务外包产业能够在国际市场上受到青睐的重要原因之一。软件开发及方案设计服务中，大部分成本来自人力成本，低廉的专业人才成本使班加罗尔的 IT 产业具备了生产要素优势。据统计，班加罗尔服务外包从业人员的工资仅为伦敦、纽约、香港等地区的 1/10～1/4。

3. 有效的政策支持

印度政府对班加罗尔的 IT 产业发展进行了有效且充分的政策扶持。政府自 20 世纪 90 年代初开始将 IT 产业确立为国家优势产业，推行 IT 产业发展政策。1999 年，印度政府成立信息科技部，成为当时国际上少有的设立专项国家部门来促进 IT 产业发展的国家之一。2000 年 10 月，印度 IT 法案生效，为该国电子商务的稳步发展提供了法律保障。另外，政府给予服务外包企业充分的税收优惠，有关资料显示，班加罗尔服务外包的业务成本相比我国要低30% 左右，加之战略性补贴等，企业负担基本上是"零税赋"。

4. 园区形式打造产业集聚

班加罗尔城市的基础建设相对落后，特别是在现代通信设施和现代化办公场所方面，无法为技术密集的服务外包行业创造条件，但是班加罗尔典型的专业园区发展模式很好地弥补了这一缺陷，这也是后期我国服务外包产业学习引进的发展模式。班加罗尔拥有 30 多个内部基础设施成熟、商务环境发达、整体环境美观的 IT 产业园。著名的班加罗尔科技园聚集了大量内资及外资信息技术研发企业，其中 65% 以上为跨国公司，也不乏 IBM、英特尔、通用汽车、通用电子、索尼公司、美国在线等世界 500 强企业。产业聚集使得广大 IT 企业能够共享资源优势，增强市场号召力。

（二）产业存在问题

1. 外包企业技术创新不足

班加罗尔服务外包的优势在于专业人员的人力成本，而企业的自主创新却颇为乏力，缺少自主知识产权和核心品牌。造成企业科技创新能力不足的主要原因一方面在于印度外包企业的业务中，离岸业务占比巨大，品牌和核心技术往往受到发包方跨国公司的控制。企业须按照发包方的标准提供服务，以满足国际需求为导向，因而进行技术创新的空间和动机不足。另一方面，班加罗尔服务外包产业的垄断性较强，市场被大中型软件企业所控制，在其业务高端化的同时，大量小微企业只能从事附加值较低的接包项目，研发市场需求和技术转化能力远远不足。

2. 产业的出口依赖限制国内市场

班加罗尔众多本土大型科技服务公司通过海外投资，在发包方国家建立海外研发中心，提升服务外包的国际竞争力，但也大量消耗了本土发展资源，制约了国内产业价值链的形成。处于较低水平的本土市场需求同时又限制了新兴服务外包企业的培育和现有企业的技术创新，形成恶性循环。另外，缺乏国内市场的保护，企业容易受到国际市场风险的严重影响。当金融危机使发达国家

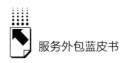

的离岸外包需求呈现萎缩状态时，跨国公司外包订单减少，将直接导致班加罗尔服务外包业务量锐减，威胁本土企业的生存。

3. 创业市场不活跃

目前班加罗尔全市大约有 5000 余家高技术企业，其中包括 2000 余家 IT 企业。虽然拥有众多世界闻名的科技园区，但是单个园区的面积往往不大，很难容纳更多的企业，限制了创业市场的发展。我国中关村科技园区海淀园拥有数万家高技术企业，每年还有大量创业企业涌现，相比之下，班加罗尔的创业型中小企业不多，创业市场缺乏活力。另外，班加罗尔服务外包领域的企业孵化机构也为数不多且没有得到官方的重视，加之跨国业务集团的市场垄断，使班加罗尔的创业市场面临内忧外患。

B.28
爱尔兰服务外包企业发展综述

一 爱尔兰服务外包企业发展现状

迄今为止，爱尔兰软件和服务外包产业已经成为该国的核心产业，提升了爱尔兰的整体国际竞争力。20世纪50年代末，爱尔兰出现了服务外包产业，自那时起，软件与服务外包行业出现了萌芽，在接下来的30多年中逐步发展，并于1994年起产生了质的变化。如今，爱尔兰成为欧洲地区最重要的外包接受国，并且在这个市场上占有超过60%的份额。爱尔兰分布有全球各大软件制造商的分支机构，这也形成了爱尔兰服务外包行业的突出优势。

随着爱尔兰经济的高速增长，其GDP在全球排名第44，其中软件服务外包行业贡献突出。爱尔兰被誉为"欧洲软件之都"，每年大约有一半的欧洲计算机出自爱尔兰，有超过一半的配套软件发往欧洲市场。这一庞大的贸易量使软件行业成为爱尔兰的领军行业，并形成了爱尔兰针对欧洲市场的外向型经济，使爱尔兰逐渐成为欧洲信息科技的组装分销中心。爱尔兰的出口额在国民经济中的占比维持在50%左右的水平，其计算机服务项目的顺差从20世纪末以来一直稳步增长，从未间断。2013年的计算机服务项目顺差是1998年的数倍之余，其占GDP的比重也翻了两番，达到了19.4%。

从整个外包行业来看，接包国通常是发展中国家，而发包国则多为发达国家，如欧美各国及日本，他们的发包总量占据了整个外包市场的绝大部分，约90%之多。除了这三个地区之外，剩余的发包国家市场总量只有10%，这一现象完美地契合了"中心—外围"论。在这一格局之下，美、欧、日作为主导，引领了整个世界的外包行业，导致世界外包行业对于这三个地区的重度依赖。从接包国家的角度来看，其呈现出发达国家与发展中国家并存的模式。对于发达国家来说，其承包业务的发展也越加成熟，并且具有了一定的规模，如加拿大、澳大利亚等。对于发展中国家来说，虽然没有形成一定的行业规模，但是

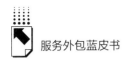

其发展迅速，规模逐年扩大，其中，中、印两国已经成为全球最大的两个承接离岸服务外包的国家。

1. 爱尔兰服务外包产业发展历程

爱尔兰软件和服务外包产业经历了以下三个阶段。

起步阶段（1970～1985年）。在这一阶段，从事软件生产的大型跨国企业开始进驻爱尔兰。这些大型的跨国企业在爱尔兰主要从事复制及本地化软件业务，以使其达到适应本地销售的目的。例如，当时，美国厂商充分利用爱尔兰的优势，进驻爱尔兰生产软件，并将其出售到全球各地，爱尔兰接包行业的快速发展为美国进军欧洲市场提供了强有力的支撑。在起步阶段初期，爱尔兰本土企业也不甘落后，一些软件开发与服务企业崭露头角，它们利用进驻本国的大型跨国企业开展软件专业化服务。1981年，《国际服务业鼓励计划》出台，旨在鼓励外国的大型跨国企业进驻爱尔兰，为本国的发展注入资金，另一个目的是扶持本国具有潜力的企业做强做大，为进军国际市场做好准备。

发展阶段（1986～1995年）。随着一系列政策的出台，爱尔兰本土企业受到了国家的扶持，在其国内众多跨国企业的示范效应下，爱尔兰本土企业开始进军国际市场销售产品，国内软件产业逐渐发展成为一个新兴产业。在利用本国年轻劳动力开发新产品的条件下，本土企业不断发展壮大。自发展阶段以来，生物、信息通信、新型材料这三方面的技术成为爱尔兰重点发展的领域，并制定了许多政策来支持投资、人才培养等。爱尔兰政府不仅在政策方面给予新兴企业支持，也在资金方面给予了实际的支撑。随着大量的欧盟基金资源和研究计划经费的到位，本土的科研事业得到了资助，导致爱尔兰国内出现了数量众多规模很小的新兴软件和信息服务公司。我们可以将这些小型的本土企业分为两种，第一种是服务型的公司，顾名思义，这种公司提供的主要业务是软件和系统的维护服务以及二次开发，这些软件主要来自跨国企业的专用软件和系统；第二种企业是开发型的公司，这种公司主要承接境外大型公司软件的开发业务以及专用软件产品的开发，包括代码和流程、数据库和客户服务系统的开发与应用。随着软件服务外包行业的不断发展壮大，爱尔兰的小型企业也不断扩大自己的规模，一些规模较大的软件公司逐渐形成。这些软件公司针对那些大型跨国企业所忽略的领域进行开发，并在这些领域取得了较好的成绩。

高速发展阶段（1996～2009年）。在这一阶段，大量的资金进入了软件产业，爱尔兰不仅进驻了大量的跨国企业，本土企业也得到了迅速的成长。随着社会资金和风险资本等的进入，以及更多软件公司的进驻，在1995～2008年这十余年中，本土的软件公司急剧增加了600多家，总数从以前的300余家上升到了1000家之多。在呼叫中心这一领域，爱尔兰成为无可争议的领头羊。随着国际BPO的迅速发展，爱尔兰成为许多跨国公司的远程销售和远程支持中心基地，主要业务是酒店预订、软硬件支持与电话销售等。许多大型通信行业的企业总部均设立在爱尔兰，主要有Intel、IBM等，这些跨国公司为爱尔兰创造了高销售和出口收入，以及软件行业90%以上的就业机会。爱尔兰已成为整个欧洲呼叫领域的佼佼者。

爱尔兰软件企业的经营范围不断扩大，从一些简单的经营活动逐步发展至今，涉及金融、通信产品软件中间件等衍生性服务。经过多年的努力，本土产业也在这些衍生性行业中取得了不错的成绩，成为这些行业中的佼佼者。另外，在服务业领域，爱尔兰的企业也在不断摸索中取得了长足的进步，如远程学习、呼叫中心、客户服务、财务服务等。进入21世纪，随着各行各业的加速发展，爱尔兰的软件企业也不甘落后，这一产业的增长率始终没有低于10%，软件产业发展也进入到一个良性循环的阶段。

发展放缓阶段（2010年至今），爱尔兰服务外包产业步入成熟期，金融危机以来，全球服务外包产业发展速度有所放缓，在人力成本、生活成本不断增加的情况下，爱尔兰逐渐丧失了人力资源方面的优势；此外，发展中国家服务外包承接国——印度、菲律宾、中国的相继兴起也带来了一定的竞争。但不可否认的是，完善的基础设施、政治稳定、低公司税、文化和语言优势、高教育程度等，仍是爱尔兰软件外包的核心竞争力。

二 爱尔兰服务外包企业特点

（一）产业发展高度集聚

1959年，爱尔兰香侬开发区正式成立。这是全球最早的经济开发区，拥有610多家本土公司与120家外资公司，其中包括许多世界500强公司，如GE、Intel等。这些公司涉足各行各业，有些是物流公司，有些是化学制药公

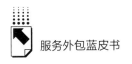

司，甚至还包括航空、电子通信技术产业等高端产业的公司。

香侬开发区主要靠大量吸引外资来发展本地区经济，并先后设立了世界上第一个免税工业区和第一个自由贸易区。这些手段使这个曾经落后的区域得到了飞速的发展，并且使其发展速度远远超过其他同等水平的地区。香侬开发区吸引外资与高端科学技术，不仅发展了当地的经济，还使其成为最大的外商直接投资聚集地与全球最重要的服务外包基地。

香侬开发区除了依靠自身的发展策略之外，也得到了政府的大力支持。香农开发公司是整个开发区的运营主体，该公司获得了以较低的租金取得建设用地的优惠，政府出资将该地为期 100～130 年的长期土地使用权交予该公司，然后，香农开发公司再将土地低价转租给开发区企业，保证开发区的地价平稳。该地区不仅获得了租金与税率上的优惠，还得到了大量的财政补贴。受惠对象是具有发展潜力的企业，这些企业一般拥有解决就业、安置员工、扩大规模和改善研发能力的特点，且通常为技术密集型企业。

该国还于 1984 年建立了利默里克国家科技园，这一科技园是爱尔兰首家国家性的科技园，是香农开发公司与利默里克大学合作建立的。紧随其后，该公司相继与各个高校合作，以香侬开发区为中心，建立了许多科技园，形成了一套特有的科技园区，这些科技园以及香侬开发区被称为"香农知识网络"。都柏林地区是爱尔兰软件的主要聚集地，该地区软件业公司与从业人员占了 80%～90% 的比例，是 Microsoft、IBM、Intel、Oracle、Google、Yahoo 等世界知名 IT 公司的欧洲总部所在地。另外，软件和服务外包产业在 Limerick 的中部地区、Galway 和 Cork 等地也形成了一定的产业集聚。

开发区集聚模式，加之地方政府的扶持政策和产、学、研系统，使得爱尔兰服务外包企业不断加强自身竞争力。

（二）外资企业占主导，本土企业协调发展

经过半个世纪的发展，爱尔兰软件产业已形成了本土与外资企业协调发展的格局。目前，外资企业仍是爱尔兰软件产业发展的重要组成部分，外资企业将软件的本地化与一些基础工作交与爱尔兰完成，而将软件的研发等技术密集型工作放在本土的总部进行，最终将产品出口至欧盟及其他地区。

爱尔兰出口商协会发布报告显示，爱尔兰服务外包主要依托跨国公司而发

展，爱尔兰软件企业前 20 名的出口额占 44%，境外软件企业出口额占全国总出口额的 75%。强生公司是爱尔兰最大的出口商，2014 年出口额达 85 亿欧元；其次是微软公司，2014 年出口额达 80 亿欧元，排名第三的是谷歌公司。前 20 大出口企业中，7 家属于信息通信技术产业。虽然外资公司的总量不到 1/4，但其却占软件业总收入的 3/4 之多，出口量接近 90%，从业人员数是软件业总人数的一半。从生产率和企业规模方面来看，本土企业生产率为 8.6 万美元/人，每年每个企业大约雇佣 16 人，年均收入 140 万美元，而跨国公司生产率为 65 万美元/人，每个企业平均每年雇佣 84 名员工，年均收入 550 万美元。外资企业占据服务外包产业主导，本土企业与外资企业之间仍存在一定的差距。

爱尔兰本土软件企业多创办于 1996～1998 年间，企业规模普遍较小，占全国产业的比重仍较低。这些企业主要从事技术支持、业务咨询以及全套的软件开发和测试业务，在与跨国公司合作与交流中，通过不断的学习与竞争，爱尔兰的企业形成了独有的核心竞争力，用自己的主导产品在国际竞争中占有一席之地，如 Iona 的中间件、Smartforce 的基于计算机的培训、Trintech 的货币传输银行系统等。整体来看，由于国际市场瞬息万变，为了适应这一特点，爱尔兰软件行业也趋于多样化的产品生产与广泛的业务范围，在全国范围内形成了协同发展的格局。

（三）产业层次不断提高

目前，爱尔兰软件产业已不再集中于本土化等低级业务领域，而是正在将发展方向定位于更高附加值和更具发展潜力的专业化细分市场以及特殊的商业应用市场。从产品种类和服务范围来看，为了满足用户的多样化需求，爱尔兰提供了多个层面的产品和服务，包括应用、工具和系统软件等。经过多年的发展与壮大，爱尔兰软件企业现已逐步涉足更多方面，如加密技术、企业管理、教育培训、工业嵌入式软件、移动通信领域，并且在其他衍生性行业如财务服务与远程学习等方面取得了卓越的成绩。

（四）以出口为主的产业发展模式

20 世纪 80 年代后期，"本地化"软件产业模式在爱尔兰形成。爱尔兰的文化与其他欧洲国家有着紧密的联系，其国家政府抓住这一优势，探索出了一

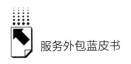

条出口外向型的软件之路。90年代初，爱尔兰软件产业出口额大幅攀升，年出口比重超过90%，出口市场主要集中在欧美地区，包括荷兰、英国、德国等。爱尔兰软件产业的快速发展，不仅源于外资投入带动了全国软件行业的发展，还在很大程度上得益于政府的政策，如"科技兴国"战略，一系列政策的出台有效促进了该行业的发展，成为该行业有效的支撑。此外，美国500强企业首席执行官中，爱尔兰裔占近1/4，爱尔兰政府极为重视这一资源，积极推动美国企业投资爱尔兰，这成为促进爱尔兰软件产业快速发展的重要因素。

三　爱尔兰服务外包企业发展借鉴

（一）加大政策支持力度

由于爱尔兰经济落后，在税收方面享受欧盟的最低税率，爱尔兰所享受的优惠政策包括以下几个方面：1998年7月31日前在当地注册的制造业公司及国际服务企业享受12.5%的优惠税率；对于在爱尔兰获得专利并进行开发的产品免征所得税；对工厂、设备和建筑给予折旧补贴，不扣赋税；对专利没有利润汇出的限制。同期，发达国家的赋税约为爱尔兰优惠税制的2～4倍（见图1）。在个人所得税方面，已婚职员平均纳税额为其总收入的5%，在OECD国家中排名非常靠后。总体来说，爱尔兰税收制度较为先进，基本可以做到开放、透明的原则，同时也保证完全遵循OECD指导原则和欧盟竞争法。

在补贴政策方面，爱尔兰政府提供多种形式的补助，包括资本、就业、研发和培训等方面的补助。资本补助是用以补贴购买固定资产的资本支出费用。获取补助需要征得相关机构的批准，在批准之后，企业需要通过签订专门的补助协议来确定补助率与相关计划；就业补助的额度高低取决于多种因素，包括雇员的技术与投资的额度等方面，这些因素决定补助的水平，就业补助通常为1250～12500欧元不等；研发和培训补助旨在帮助在爱尔兰成立的本土企业，用于帮助爱尔兰企业进行公司的升级改造与相关设备的更新，并对高风险项目的研发进行一系列资金上的支持与激励。

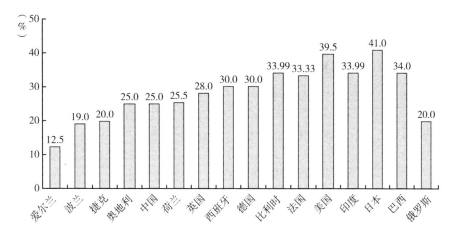

图1 2010年爱尔兰与其他国家企业所得税税率对比

资料来源：Price Waterhouse Coopers，2010。

（二）设立产业发展基金和风险投资基金

爱尔兰政府从一开始就注重引入资金引导产业发展，20世纪90年代初，"国家软件发展指导委员会"成立，五年之后，"专项高科技产业风险资本基金"设立，这个委员会以及专项基金的设立在软件业的发展中扮演了重要的角色。为了促进整个行业水平的提高，并使其达到一个国际化的水平，需要一个专项基金的支持，为此还成立了爱尔兰科技基金会，资金总量为4亿美元，用以来支持整个国家的软件研发工作。

在21世纪初期，爱尔兰政府认为科研技术的发展和创新是维持竞争力的原动力，也是加速国内经济发展的重要因素。政府建立了7.1亿元的"技术前瞻基金"来支持信息通信技术的发展，以期通过加强信息通信技术领域高水准的应用研究来提高整个国家的国际竞争力；此外，还有许多投资被用来提升整个国家的科研水平，如"研究、技术与创新基金""欧盟技术研究与开发第五框架计划研发基金"等，有的资金甚至高达几百亿美元。可见，为了提高企业员工的技术技能，加强科技成果与工业界的密切联系，政府也做出了应有的扶持工作。

在风险投资方面，20世纪末，爱尔兰出台了"EU种子和风险资金计划"，

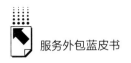
这一计划由于可行性较高，得到了欧洲区域发展基金的资助。1996 年年中，爱尔兰成立了 3 家风险投资基金，并在接下来的 3 年中，共成立了 14 家风险投资基金。在 21 世纪初的前 6 年中，爱尔兰在种子基金和风险资金计划中，总投资约 3.2 亿欧元，其中，软件产业占总投资额的一半。由上面的数据可以看出，软件产业是爱尔兰投资的重点。此外，在接下来的 6 年中，软件行业依旧是计划中的重中之重，其项目数和金额均占绝大比例。

（三）建立完善的人才培养模式

为了适应快速发展的软件行业，爱尔兰必须培养出高端技术人才，只有这样才能进一步促进行业发展，使其不会停滞发展。爱尔兰采取的是生产、学习、研究相结合的模式，并将正规与非正规教育相结合，这种人才培养模式可以培养出多方向、多层次的人才。为了造就适合不同企业的人才，爱尔兰不仅要求软件人才通过各级院校的学历教育培训，还要求企业自行组织培训。

爱尔兰政府为了保持教育体系的先进性，对教育的投入一直领先于全球各国。也正是因为这种对教育的投入，软件行业有了持续发展的基础。在 20 世纪 60 年代的最初 3 年，爱尔兰的教育投资只占 GDP 的 3%；而在十年之后，也就是 20 世纪 70 年代的最初 3 年，其对教育的投资已经占到了 6.3%，相比十年前增加了一倍之多。不仅是在资金投入方面，爱尔兰政府在招生比例分配上也下足了工夫。根据 OECD 统计，1998 年，爱尔兰工程类专业毕业生所占比例为美国与意大利两国该类毕业生比例之和，约为 10.3%，这一现象展示了爱尔兰政府对工程类人才培养的重视；计算机应用专业毕业生占比在 OECD国家中平均为 4.4%，而在爱尔兰远远高于这一数字。爱尔兰于 20 世纪 90 年代开始就实行了高等教育免费制度，在爱尔兰，有 60% 的学生选择继续接受并完成高等教育，这带来了爱尔兰人民的高素质。针对软件行业的教育来说，接受软件教育的学生在大学四年中需要学习两年基础知识，并到一线岗位实习一年，3 年过后再独立完成自己的毕业设计，如此教育出来的大学生，在毕业之后即具备了实际工作经验与项目领导能力，不仅更容易融入社会，也能较快地进入工作状态。

为了培养出适应未来发展的人才，爱尔兰的各大国际信息技术公司不仅建立自有的培训机构用以培训专有的高端人才，还出资联合本地的高级学府合作办学，对国际公司内部的软件经销人员、高级管理人员、软件工程师、系统分析员、开发管理人员等进行再培训，使他们了解前沿技术，掌握先进的知识，以促进整个企业向前发展。

综上可以看出，爱尔兰服务外包企业竞争力的形成在于长期的积累和发展，企业一方面依靠政府的资金和政策支持，在短期内获得发展动力，另一方面依靠长期的人才、法律等配套服务和设施的逐渐完善形成长期竞争力。我国服务外包发展在参考爱尔兰模式时，应考虑其不同时期的发展状态，采取对应措施完善自身。

B.29
中外服务外包企业发展对比和启示

一 中外服务外包企业对比分析

为了能从境外服务外包发展现状和特点中获得发展我国服务外包的启示，我们从以下方面将中国服务外包产业和境外服务外包产业进行对比。

（一）成本

虽然近年来我国的要素成本已经处于一个上升的趋势，但相比于发达国家，仍然具有竞争力，这与印度、爱尔兰非常相似。市场经济活动中，公司会降低成本，追求最大的经济利润，同样，在国际服务外包活动中，只有成本较低，才能使发包商获得更多的利润，也才能使接包商获得更大的市场份额，从而得到更多的利润。相对于美国、欧洲和日本而言，印度和爱尔兰具有较低的劳动力成本和土地成本。据统计，班加罗尔的服务外包从业人员的工资仅为伦敦、纽约、香港等地区的 1/10 ～ 1/4，2010 年爱尔兰的小时薪酬成本约是欧盟地区的 89%，爱尔兰的土地成本约为欧盟国家的 60%。除了具有低成本优势的印度、爱尔兰，以色列的服务外包发展水平同样较高，虽然没有较低的劳动力成本和土地成本，但以色列通过充分利用其较高素质的专业人才，开发出较高质量的产品和服务，从而吸引更多的发包方。综上所述，印度、爱尔兰等国家依靠成本比较优势吸引了大量发达国家的外包业务。

（二）知识产权保护

我国知识产权保护方面的法律法规仍需健全和完善。从境外服务外包发展的情况中我们可以了解到，一个国家若想把服务外包视作引领 GDP 增长的重要支柱产业，就必须重视对知识产权的保护。这是因为服务外包虽然较少涉及企业的核心业务，但是仍然需要接包国家能够对企业的知识产权和核心技术进行全面、有效的保护。健全的法律体系可以使发包方更放心地把业务交给承包方,从而为服务外包产业的快速发展奠定基础。虽然中国自加入世界知识产权组织以后,相继颁布了商标法、专利法、技术合同法、著作权法等法律,但这些法律的落实分别属于不同部门,这使得知识产权法律在实际执行过程中会出现一定的执法"公地",部门管理范围的交叉重叠以及缺乏严密统一的知识产权法律体系容易导致执法效率低下,使法律条文的保护高度与法律执行力度不相符。

(三)产品质量和管理水平

中国服务外包在产品质量和管理水平方面相比境外各国仍有待提高。全球服务外包市场竞争激烈,只有具有较高产品质量的企业才能不断获得发包方的订单,产品质量和管理水平是检验服务外包企业综合竞争力的试金石。印度很多服务外包企业,多年来持续进行软件开发过程的改进和优化,更多的企业认识到 CMMI 评估标准的重要性并采用 ISO 20000 和 ISO 27001 标准来提高自己的竞争力。除此之外,印度的软件公司还非常重视软件工作人员的标准培训,每年进行 CMMI 认证培训,不断培养专业的人才。所以,印度服务外包具有较高的服务质量。印度软件企业的管理水平处于 3～5 级,2011 年底,印度公司通过 CMMI 认证的企业中 4 级以上的占 24.5%,其中有 123 家软件企业通过 CMMI5 级认证,占通过认证企业的 23.7%,其通过认证企业的数量和比重都超过我国。

(四)政府战略

在对外服务贸易中,政府扮演着非常重要的角色,政府这只"看不见的手"在政策支持、资源配置、市场方面都起着非常关键的作用。在国家战略方面,无论是印度还是爱尔兰,都将服务外包产业上升为国家战略和经济发展的重点领域。在俄罗斯、印度和马来西亚,政府及其领导人倡导本国发展服务外包并为之宣传;爱尔兰和印度等国的政府为了发展本国服务外包业务,不仅提供廉价的土地资源,还建立相关科技园、软件园,建立服务外包基地,为本国服务外包的发展提供了重要的平台;此外,在优惠措施方面,爱尔兰、印度政府对本国的服务业实行低税、免税政策,并对符合相关条件的企业给予财政

补贴，提供基础设施，从而降低本国服务外包的成本，提高其效率。政府政策对本国服务外包的健康快速发展发挥着至关重要的作用。

（五）高素质人才

在人才培养方面，印度和爱尔兰的服务外包行业中都有较高水平的 IT 专业人才队伍。印度和爱尔兰将教育视为提高国家经济发展水平的重要手段，两个国家对教育的重视和支持是其具备众多专业人才的重要原因。教育为 IT 产业发展创造了充足的人才储备，其在计算机、软件和通信等方面具备教育资源优势，并已经形成了完整、全面的高等教育体系。印度班加罗尔所有的高等教育院校中，有超过 1/3 开设 IT 专业课程，另外，班加罗尔还依靠私营/民办机构以及科技园区和软件企业实行人才的联合培训和整体转移，大多数服务外包人才都来自职业化培训机构。政策层面上，印度从 20 世纪 50 年代开始就斥巨资办学校，在全国建立了 5 个理工学院，从全国招收最优秀的学生，聘请世界知名学者授课，20 世纪 90 年代开始大力兴建 IT 技术产业基础设施，大力推行 IT 软件发展系列政策，吸引了大批人才涌入 IT 行业，加之政府鼓励的发达国家留学政策，为软件科技人才的增长提供了推动力。爱尔兰在 2010 年的教育支出达到国家财政支出的 13.4%，占 GDP 的 5.68%，其教育支出在欧洲国家中位居前列，此外，爱尔兰出台各项政策，鼓励国民接收高等教育，其总人口中 60% 以上的青年人受过高等教育，且其中多数主修工程、计算机和商贸专业，通过建立专业的研究机构和大学，为爱尔兰服务外包企业提供了高素质的专业人才。

（六）语言

语言在国际贸易和服务往来中居于不可或缺的地位，英语技能和对西方文化制度的熟悉程度对承接国际服务外包具有非常重要的作用，英语普及的国家在对外服务外包业务中便具有优势。中国一直以来以汉语为母语，英语教学普及是在最近 20 多年才开始的，所以国民整体英语水平有待提高。而印度在历史上是英国的殖民地，英语普及率高，在对接美、欧等国家和地区的服务外包项目时拥有语言优势。爱尔兰在 17 世纪并入英国后，英语便日渐居于优势地位。印度和爱尔兰的绝大多数软件从业人员不仅能用英语听、说、读、写，而且能用英语思考，所以一国英语的普及对其服务外包的发展提供了很大的便利性。

二　中国服务外包企业发展的政策建议

在上述分析中，各国的服务外包产业发展历程和政策措施对于中国服务外包产业的发展具有重要的参考价值和借鉴意义。中国服务外包行业起步晚，相对于中国制造业来说，多数人对其仍觉陌生。但服务外包行业近年来在中国发展迅速，目前已成为仅次于印度的全球第二大接包国。2015 年，国务院印发了《关于促进服务外包产业加快发展的意见》，对于加快服务外包行业转型升级、推动中国服务走向世界具有重要的战略意义。

因此，在调整经济增长模式，转变经济发展方式的经济新格局之下，中国的服务外包产业发展对策更应从宏观战略角度出发，并考虑以下几点建议。

（一）完善相关法律法规，提高知识产权执法效率

服务外包虽然较少涉及企业的核心业务，但是仍然需要接包国家能够对企业的知识产权和核心技术进行全面有效的保护。通过对印度和爱尔兰的分析可以了解到，所有把服务外包视作引领一国 GDP 增长的重要支柱产业的国家，无一不重视对知识产权的保护。为化解知识产权法律在执行过程中的尴尬局面，我国应该加快完善并颁布一套完整、统一的能起到总纲领作用的知识产权保护法和能协调各部门共同有效保护知识产权的行政法规。同时，我国应向其他主要服务外包国家和发达国家的知识产权法律学习、借鉴，结合国内实际情况取长补短，及时适应产业在发展过程中对法律保护的新需求。

（二）完善优惠政策体系，营造良好投资环境

在国家战略方面，无论是印度还是爱尔兰，都将服务外包产业上升为国家战略和经济发展的重点建设领域。印度政府早在 20 世纪 80 年代就已将服务外包产业中的信息技术外包（ITO）作为发展的战略重点，大力支持本国信息技术行业的发展。而印度和爱尔兰在产业政策方面，都不约而同地选择了以出口导向战略为主的离岸服务外包政策。这种积极出口的战略使得两国的服务外包

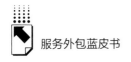

产业得以迅速发展。比如，2014 年，印度的服务外包出口总额达 860 亿美元，约占总出口的 1/4，直接带动就业 310 万人，间接创造就业岗位 1000 万个。根据波特的国家竞争优势理论，一个产业如果要想在国际贸易中取得先入者优势，除了消费需求、生产要素、企业策略、相关产业这 4 个基本要素之外，还需要政府积极主动的干涉行为。目前，随着全球经济一体化和国际分工的不断深化，各国国际贸易的依存度将不断提高，高成本将使发达国家不断扩大服务外包的范围。因此，中国应该积极把握好当下的发展机遇，积极发展离岸服务外包，同时抓好在岸服务外包，做到重点突出，同时发展。

在确定总体发展战略之后，中国应继续对服务外包进行全方位扶持，通过各类优惠政策为中外服务外包企业营造良好的投资成长环境。目前，中国服务外包产业的优惠政策主要集中在税收减免、财政补贴及企业整合并购时的金融优惠等方面。例如，税收优惠方面，中国服务外包示范城市的技术先进型服务企业只按 15% 的税率征收所得税，并适当放宽技术先进型服务企业的认定条件，使优惠政策的受惠对象更多、范围更广。然而，与其他主要服务外包国家的优惠政策相比，中国现有服务外包优惠力度和范围略显不足。爱尔兰虽为欧盟国家，但由于其以服务外包业为核心产业，因此企业所得税只有 12.5%，如此优惠的税率吸引了大量外资到来，爱尔兰也因此获得了"欧洲低税港"之称。而印度在税收政策上的优惠也十分诱人，早在 2004 年，印度政府为了吸引跨国公司发展服务外包产业，就声明跨国公司将非核心业务外包至印度将享受免税待遇。由此对比，中国在维护国家经济主权、保证国家财政收入的同时，也应该适度给予服务外包产业一定的税收优惠，进一步扩大税收优惠的范围，例如，可以进一步扩大所得税税收减免优惠范围，在减征所得税的同时，对离岸外包的进口项目减免关税，加大对本国中小先进技术服务企业的财政补贴等。面对其他服务外包国家的竞争，我国除了要加强企业创新能力建设，还要减少企业提供服务外包的成本，从而使企业在国际服务外包市场上拥有更强的竞争力。

另外，在给予税收优惠的同时，在其他财政补贴上，政府应大力引导、鼓励和支持国内企业进行国际认证。服务外包企业通过国际认证之后，在国际服务外包领域的竞争力会得以明显提升。国际服务外包方面的权威认证主要有 CMMI 开发能力成熟度集成模型、CMM 软件能力成熟度模型、PCMM 人力资源成熟度模型、信息安全管理 ISO 27001/BS7799 等。但大多数国际认证耗时长、费用高，新成立的中小企业往往难以有人力和财力去申请，因此需要政府在企业能力认证方面给予支持与帮助。目前，我国许多服务外包示范城市已开展了针对服务外包企业申请国际认证的培训班，并且设立了许多用于申请国际认证的专项资金补贴。但这还远远不能完全覆盖企业为国际认证所耗费的成本，且城市与城市之间差别较大，不能统一。因此，对于服务外包企业所需要的重要国际认证，政府应至少以省级为单位，进行统一的认证申请培训，并给予统一的较高金额的认证补贴与奖励，这样才能使企业更加积极主动地加大研发力度，提高企业的自主创新能力，使其不断有动力去申请新的国际认证。

(三) 合理建设产业园区，增强外部规模经济

2016 年 6 月 23 日，海关总署又新增 10 个服务外包示范城市，加上现有的 21 个服务外包城市，已有 31 个服务外包示范城市广泛分布在全国各地。这不但使服务外包产业壮大，也给这些城市带来了更多的发展机遇和就业机会。早在 2015 年底，商务部就已经确定了大力支持服务外包产业发展的大方向，大幅提高中央财政对于服务外包产业发展的资金投入力度，并决定在 2016 年安排 12 亿元的中央财政支出来支持服务外包产业的发展。

相比印度重点发展班加罗尔的服务外包，中国的服务外包产业发展策略则是"遍地开花""百花齐放"，先行设立众多服务外包城市，再以城市为据点，大力开展区域内的服务外包产业。这种举措使中国服务外包产业飞速发展，但也有可能带来抢夺外包资源的恶性竞争和工厂设施等的重复建设。因此，除了统一优惠政策，避免恶性竞争抢夺资源和产生过高的财政支出外，还应科学合理地建设产业园区和示范基地。

为了更好地吸引国内外服务外包企业来示范城市投资经营，扩大示范城市对周边地区产业发展的影响力，政府在加快推进高新技术产业园区的建设时，要充分利用各城市优越的地理区位及比较优势，不断健全和完善产业园区周边的配套基础设施，如机场、铁路、物流中心等，逐步形成具有产业集聚和规模经济效应的一小时经济圈、商务圈。通过产业园区企业集聚的吸引力，将服务外包产业上下游的相关产业吸引到园区周边设厂，形成外部规模经济，从而使行业成本下降，国际竞争力增强。同时，产业园区的运行将吸

引分散各地的外包资源得以整合并重新分配，不但提高资源利用率，也带来了良性竞争。

（四）高校企业联合办学，结合实际培养人才

人才的数量和质量是决定一个产业发展的关键因素之一。由于我国高校的课程设置与企业实际工作需求脱节，所以很多大学生毕业后进入企业不能及时适应所面对的工作，使得企业还需耗费大量精力和时间培训员工。因此，首先，政府可以尝试探索高校和企业联合办学的模式，高校根据行业和企业的实际需要，开设相关课程，一方面组织服务外包相关专业的学生利用假期到企业实习，另一方面与企业合作，将一定数量的外包项目以课堂教育的形式，在企业指导老师的带领下组织学生完成，让学生学思结合，理论实际结合，从而培育出大批面向服务外包的应用型人才。其次，政府对企业开展相关服务外包人才培训给予一定的费用与教研支持，增加企业培训补贴，保持人才的与时俱进。最后，无论企业和高校，都应注重对服务外包人才的外语培训。中国服务外包相比于印度的弱势就在于语言。语言优势使印度获得了大量美国的服务外包订单。我国高校应重视对服务外包人才的英语教育，及时将专业英语添加至各服务外包相关专业的教学安排中，从而助力中国服务外包产业迈上一个新台阶。

B.30
参考文献

[1] 宋利真：《境外产业集群发展的经验与启示》，《创新科技》2012 年第 1 期。

[2] 赵丽：《服务外包企业人力资源的特征及会计影响》，《国际商务财会》2012 年第 8 期。

[3] 杨海：《应用型本科院校信息技术外包人才培养模式探讨》，《中国成人教育》2014 年第 19 期。

[4] 申朴、刘康兵：《中国服务外包集聚的出口促进效应研究——基于示范城市 ITO 面板数据的 EC2SLS 估计》，《复旦学报》（社会科学版）2015 年第 2 期。

[5] 吴倍丽：《福建省信息产业布局问题研究》，福州大学硕士学位论文，2011。

[6] 吴炜：《中关村视线》，《中关村》2014 年第 12 期。

[7] 李诺：《文思海辉 迎接新挑战》，《中国科技投资》2013 年第 Z5 期。

[8] 杨学聪：《科技文化驱动经济转型》，《经济日报》2015 年 1 月 28 日。

[9] 夏阳：《北京服务"新军"崛起》，《国际商报》2015 年 5 月 12 日。

[10] 朱梅霞、黄艳丽、李月龙：《贯彻职业道德培养的软件工程课程教学》，《计算机教育》2014 年第 7 期。

[11] 魏颖：《海淀全球延揽人才》，《投资北京》2011 年第 3 期。

[12] 康燕文：《软通动力——产业先行》，《智能建筑与城市信息》2015 年第 8 期。

[13] 李涛、唐齐国、王峰：《哈尔滨市对俄跨境电子商务发展研究》，《俄罗斯学刊》2015 年第 3 期。

[14] 孙宝平：《苏州工业园区全面升级促发展》，《国际商报》2014 年 12 月 31 日。

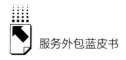
［15］陆晓华：《苏州高新技术企业年内将达 3500 家》，《苏州日报》2015 年 5 月 28 日。

［16］夏阳：《"中国服务·苏州创新"成外包品牌》，《国际商报》2015 年 6 月 26 日。

［17］苏平：《创新圆融引领发展的成功样本》，《国际商报》2014 年 10 月 27 日。

［18］贡亚丽：《产业转型升级与高职教育改革——以苏州工业园区职业技术学院为例》，《唯实》（现代管理）2014 年第 11 期。

［19］李晓华：《阳澄湖半岛旅游度假区社区管理创新研究》，苏州大学硕士学位论文，2013。

［20］潘涛：《从苏州工业园看工业园区建设应注意的问题——参加苏州培训有感》，《陕西发展和改革》2015 年第 1 期。

［21］胡松庆：《中国摩尔图书馆的新进展——以苏州地区为例》，《图书馆杂志》2014 年第 11 期。

［22］田维军、杨征：《铝产品的天空——专访海德鲁铝业高层管理者》，《中国有色金属》2013 年第 6 期。

［23］叶娟：《基于云视频构建智慧家庭多屏互动环境探索》，《科技管理研究》2013 年第 16 期。

［24］杨频：《苏州进一步发展国际服务外包产业的措施研究》，《企业研究》2011 年第 18 期。

［25］张海燕：《公共艺术的使命——城市公共艺术的公益性研究》，《包装世界》2012 年第 5 期。

［26］吴马、惠普：《创造硅谷神话》，《时代经贸》，2012 年第 8 期。

［27］王悦宇：《启明软件〈企业战略管理〉沙盘课程》，http：//blog. sina. com. cn/s/blog_ 7496f0b101018fn9. html。

［28］卡莉：《惠普企业文化：解读（新）惠普之道》，http：//tech. sina. com. cn/it/m/2002 - 12 - 09/1646154860. shtml。

［29］崔雷：《2006 中国惠普有限公司企业社会责任报告》，http：//it. people. com. cn/GB/119390/118340/194819/194821/12186515. html。

［30］晓雾明月：《车库精神—惠普之道—惠普》，http：//blog. sina. com. cn/s/

blog_ 8eede4bf01016sds. html。

[31] 李敏：《惠普之道：把责任践行作为企业战略》，《中国企业报》2009 年 6 月 25 日。

[32] 徐光华、唐子溦：《共生观视角的企业社会责任报告研究》，载中国会计学会高等工科院校分会编《中国会计学会高等工科院校分会 2008 年学术年会（第十五届年会）暨中央在鄂集团企业财务管理研讨会论文集》（上册），2008。

[33] 许清：《跨国公司在华履行社会责任问题研究》，华东师范大学硕士学位论文，2007。

[34] 谢维：《中国惠普公司企业文化探析》，西南财经大学硕士学位论文，2003。

[35] 邱锴：《中小企业人力资源战略规划与实例研究》，北京邮电大学硕士学位论文，2008。

[36] 王俊伟：《呼叫中心通话时长与服务质量间的关系研究》，华东理工大学硕士学位论文，2010。

[37] 陈水林：《包装机械迈向系统集成化》，《现代制造》2010 年第 25 期。

[38] 沈丹阳、孙继文：《盘点 2014 展望 2015 中国商务运行》，《商业文化》2015 年第 8 期。

[39]《深圳软件园"十一五"回顾》，http://wenku.baidu.com/view/40e7bfec81c758f5f61f673c. html。

[40] 李艳芳：《"中国服务"改革提速》，《中华工商时报》2015 年 1 月 22 日。

[41] 赵晓娜：《去年服务外包合同 金额首破千亿美元》，《南方日报》2015 年 1 月 22 日。

[42] 福蒙蒙：《外贸寒冬中的新增长点》，《华夏时报》2015 年 2 月 2 日。

[43] 赵枫：《软件和信息服务业竞争力评价指标体系研究》，东北财经大学博士学位论文，2010。

[44] 胥会云：《京沪蓉获三张牌照_ 中银消费金融公司"准生"》，《第一财经日报》2010 年 1 月 7 日。

[45] 宗合：《京沪蓉将建首批消费金融公司》，http://finance.ifeng.com/

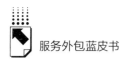
money/roll/20100108/1680500. shtml。

[46] 唐宜红、陈非凡:《承接离岸服务外包的国别环境分析——以印度、墨西哥和东欧为例》,《国际经济合作》2007 年第 4 期。

[47] 李来、刘传书:《"互联网之城",深圳的另一张名片》,《科技日报》2015 年 3 月 30 日。

[48] 罗曼怡:《提升湖南承接服务外包竞争力研究》,《现代经济信息》2012 年第 19 期。

[49] 鼎韬;《外包园如何摆脱同质化》,《国际商报》2011 年 1 月 12 日。

[50] 刘秋泉、吴秀娟:《建设教育的"高新区"——长沙高新区教育改革与发展纪实》,《湖南教育》2014 年第 4 期。

[51] 石斌:《深圳前海湾保税港区飞机租赁资产证券化可行性研究》,《现代商业》2015 年第 22 期。

[52] 中国人民银行德宏州中心支行课题组,张金湛、张华、熊凯、李飞、余丽群、徐建秋:《中缅跨境人民币双向贷款可行性研究》,《时代金融》2015 年第 8 期。

[53] 孙薇薇、张玉洁、曹杰:《前海故事》,《金融世界》2013 年 10 月。

[54] 彭立立、蔡善强:《加强交流合作 共享发展商机——杭州国际金融外包峰会暨对日外包论坛侧记》,《服务外包》2014 年第 6 期。

[55] 舒朝普、蔡善强、赵义祯:《打造杭州服务外包发展新常态——专访杭州市商务委副主任吴锡根》,《服务外包》2015 年第 1 期。

[56] 杭州市商务委:《杭州报告:服务外包突破 40 亿美元 谋划发展新思路》,《服务外包》2015 年第 2 期。

[57] 徐康、朱红武:《扩大城市品牌影响 推动经济转型升级》,《国际商报》2014 年 9 月 25 日。

[58] 徐康:《杭州服务外包园区引领产业高速发展》,《国际商报》2014 年 9 月 29 日。

[59] 彭立立、赵义祯:《杭州经开区:推进园区载体建设 产业规模继续领先》,《服务外包》2014 年第 5 期。

[60] 舒朝普、蔡善强、谢双成:《杭州服务外包的"价值"》,《服务外包》2014 年第 1 期。

［61］ 彭立立、蔡善强：《天堂软件 杭州外包——杭州服务外包发展概况》，《服务外包》2014 年第 5 期。

［62］ 亢舒：《发展服务外包正当其时》，《经济日报》2013 年 11 月 10 日。

［63］ 万连坡：《服务外包产业六大优点助益经济持续增长》，《硅谷》2013 年第 14 期。

［64］ 张婷婷：《中国承接国际服务外包的就业效应及作用机制研究》，江苏大学硕士学位论文，2010。

［65］ 赵景：《杭州出口优势产业转型升级研究——基于核心竞争力视角》，浙江大学硕士学位论文，2011。

［66］ 钱丽：《软件外包人才培养质量评价研究》，《湖北经济学院学报》（人文社会科学版）2014 年第 9 期。

［67］ 周天宏、张思卿、戴歆：《服务外包在软件工程专业建设中的角色定位》，《科技创新导报》2015 年第 20 期。

［68］ 王洪磊：《高新技术企业核心竞争力评价研究》，浙江工商大学硕士学位论文，2008。

［69］ 周雪萍：《中国企业 FDI 技术溢出和扩散对自主创新的传递机制研究》，浙江大学硕士学位论文，2008。

［70］ 刘梦平、白兴兰：《港口：城市发展的推进器》，《中国水运》（下半月刊）2010 年第 12 期。

［71］ 杨隽萍：《科技型大学衍生公司价值形成机理研究》，吉林大学博士学位论文，2007。

［72］ 林建勇：《杭州市服务外包产业发展研究》，浙江工业大学硕士学位论文，2012。

［73］《杭州外包企业名单一览》，http：//wenku. baidu. com/view/bf47f17e5acfa1c7aa00cc0e. html。

［74］《机遇成围的服务外包 我省江西服务外包恰逢其会》，http：//blog. sina. com. cn/s/blog_ d6c1efe50101jbqk. html。

［75］《钱江物联网创新创业产业园开门招商》，http：//www. rfidchina. org/news/readinfos－70302－396. html。

［76］ 沈俊霖：《青岛服务外包晋级"百亿产业"》，《青岛日报》2014 年 1 月

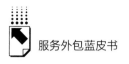
7 日。

[77] 沈俊霖:《青岛:"世界办公室"初长成》,《青岛日报》2014 年 6 月 17 日。

[78] 潘旭涛、赵伟:《青岛走向服务外包"旗舰城市"》,《人民日报》(海外版) 2014 年 6 月 12 日。

[79] 彭立立、舒凯、白宇:《借政策"春风",打造服务外包新旗舰城市——专访青岛市商务局副局长张莉》,《服务外包》2015 年第 1 期。

[80] 褚衍坤:《青岛市服务外包产业发展现状与对策研究》,青岛科技大学硕士学位论文,2012。

[81] 舒凯:《服务外包的青岛商机》,《服务外包》2014 年第 3 期。

[82] 沈丹阳、孙继文:《盘点 2014 展望 2015 中国商务运行》,《商业文化》2015 年第 8 期。

[83] 施忠、康冬舟、杜衡:《无锡报告 服务外包对经济社会贡献的调研与思考》,《中国外资》2013 年第 17 期。

[84] 王文吉:《寻找快乐的老家》,《协商论坛》2007 年第 3 期。

[85] 无锡市商务局:《无锡报告:争取政策扶持力度江苏第一》,《服务外包》2015 年第 2 期。

[86] 国庆:《中建梅溪房地产开发有限公司税收筹划研究》,湖南大学硕士学位论文,2013。

[87] 董礼贺:《我国劳务派遣制度若干问题研究》,湖南师范大学硕士学位论文,2014。

[88] 戈清平:《从历史名城到软件新城,西安软件再续辉煌》,《中国高新技术产业导报》2010 年 11 月 22 日。

[89] 乔丹:《西安服务外包产业结构趋向高端》,《陕西日报》2014 年 4 月 11 日。

[90] 花卉:《西安软件服务外包产业的核心竞争力研究》,《中国商贸》2013 年第 18 期。

[91] 马素琳:《中国承接服务外包产业转移的运行机制研究》,兰州大学硕士学位论文,2012。

[92] 杨蕾:《西安市服务外包产业竞争力分析》,《西部财会》2012 年第 5

期。

[93] 李秋慧：《西安市服务外包发展 SWOT 分析》，《经营管理者》2011 年第 13 期。

[94] 马捷：《四大变化积累西安高新区正能量》，《中国高新技术产业导报》2013 年 7 月 22 日。

[95] 牟荣荣：《新天地 人才创业的梦工厂》，《西安日报》2011 年 6 月 14 日。

[96] 李秋慧：《西安市服务外包产业发展模式研究》，长安大学硕士学位论文，2011。

[97] 姜鹏：《基于生产性服务业视角提升就业水平的机理及路径选择——以大庆为例》，《对外经贸》2012 年第 6 期。

[98] 李博：《专注科技、拓展蓝图——霍尼韦尔在天津成立工业自动化分公司》，《矿业装备》2012 年第 10 期。

[99] 郑旭彬：《重庆先特服务外包产业有限公司：助力打造"中国西部声谷"》，《公民导刊》2012 年第 11 期。

[100] 薄达：《霍尼韦尔公司中国市场扩张型营销策略研究》，辽宁大学硕士学位论文，2012。

[101] 重庆市江津区环境保护局：《江津区环保能力建设若干问题的探讨》，《环境保护》2014 年第 16 期。

[102] 赵晶宜：《以客户为尊，充分了解客户需求——访霍尼韦尔建筑智能系统部中国区销售总监刘锋》，《智能建筑与城市信息》2007 年第 5 期。

[103] 陈德凡、焦欢、周启刚、王福海：《基于 SDA 的西南低山丘陵区农村居民点空间特征分析——以重庆市长寿区为例》，《水土保持研究》2014 年第 6 期。

[104] 王晖：《泛珠三角区域城市群协作发展》，《西南民族大学学报》（人文社会科学版）2011 年第 5 期。

[105] 辽宁日报传媒集团：《桌山：南非进口葡萄酒第一家》，《酒世界》2010 年第 5 期。

[106] 傅佩兰：《H 公司供应链管理实践研究》，厦门大学硕士学位论文，2008。

［107］蒋小佳：《重庆正大软件职业技术学院战略研究》，重庆大学硕士学位论文，2007。

［108］王丽军：《罗斯蒙特产品中国市场竞争策略研究》，北京邮电大学硕士学位论文，2007。

［109］罗琪：《珠三角服务外包产业的发展契机及特点》，《商业时代》2010年第32期。

［110］陈颖：《企业价值观评价的指标体系及其应用研究》，福建农林大学硕士学位论文，2013。

［111］黄忠煌：《福州市服务外包业现状的SWOT分析》，《福州党报学报》2009年第5期。

［112］王天芹：《浅析如何为服务三农做好出版工作》，《农业科技与信息》2012年第16期。

［113］吴铎思：《福州服务外包产业"爆炸式"增长》，《工人日报》2014年4月23日。

［114］熊雨前、林其华、熊伟：《福昕文档安全产品及应用》，《数字与缩微影像》2011年第2期。

［115］朱毓松：《福州拟打造国际一流服务外包基地》，《福州日报》2013年9月5日。

［116］卓文俊、温海龙：《服务外包，期待又一个春天》，《福州日报》2014年3月12日。

［117］贾海基：《对合肥服务外包基地发展的调研与思考》，《国际经济合作》2009年第2期。

［118］李芳芳、储节旺：《合肥高新区服务外包业人才现状及培养方式完善》，《科技创业月刊》2012年第8期。

［119］林发芝、张先锋：《合肥服务外包业竞争力：基于波特范式的分析》，《黑龙江对外经贸》2010年第3期。

［120］孟丽：《合肥市承接国际服务外包问题研究》，《吉林工商学院学报》2013年第5期。

［121］王颖：《合肥市服务外包产业发展研究》，安徽大学硕士学位论文，2014。

［122］杨国歌、刘晓辉：《安徽省服务外包策略及现状研究》，《科技创新与生产力》2015 年第 6 期。

［123］张文进、李用俊、杜亚敏：《安徽省服务外包发展对策研究》，《宿州学院学报》2013 年第 8 期。

［124］陈婷：《基于比较优势的南昌市会展经济发展模式选择》，《中国商贸》2013 年第 20 期。

［125］刘小荣：《南昌高新服务外包成支柱产业》，《江西日报》2013 年 1 月 2 日。

［126］舒凯、周兵林：《苦练内功　内外兼修　南昌服务外包　发力内需市场》，《服务外包》2014 年第 1 期。

［127］袁永友、龙伟、陈继元：《中部城市商贸流通及服务业品牌塑造与差异化发展探讨——以服务外包园区为例》，《武汉商业服务学院学报》2013 年第 6 期。

［128］曾芳芳：《南昌市生态城市建设的现状评价与模式探讨》江西师范大学硕士学位论文，2012。

［129］郑欢：《南昌市服务外包发展研究》，《黑龙江对外经贸》2011 年第 1 期。

［130］周兵林：《南昌加速培育服务外包产业集群升级版》，《服务外包》2015 年第 6 期。

［131］曹爱萍：《借鉴班加罗尔经验，打造武汉服务外包高地》，《当代经济》2008 年第 4 期。

［132］兰岚：《武汉市服务外包产业发展的比较优势》，《武汉商务》2008 年第 4 期。

［133］林梦莲：《基于武汉市为例的中国中西部地区服务外包行业发展策略研究》，《产业与科技论坛》2012 年第 12 期。

［134］刘末：《加速布局，湖北探索新型城镇化模式》，《中国联合商报》2013 年 5 月 20 日。

［135］刘月红、刘丽琴：《GEM 模型下武汉市服务外包产业的竞争力》，《时代金融》2014 年第 3 期。

［136］谢少安、周启红、唐华：《湖北承接国际服务外包的战略思考》，《对外

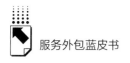

经贸实务》2009 年第 1 期。

[137] 周天宏、张思卿、戴歆：《服务外包在软件工程专业建设中的角色定位》，《科技创新导报》2015 年第 20 期。

[138] 余心之：《世界经济形势下大连软件服务外包的发展》，《现代经济信息》2009 年第 10 期。

[139] 陈雪：《辽宁省承接跨国公司服务外包的对策研究》，沈阳理工大学硕士学位论文，2009。

[140]《2010 年中国服务外包行业研究报告》，http：//wenku. baidu. com。

[141] 郭德：《广州市软件产业发展现状及对策分析》，《对外经贸实务》2011 年第 7 期。

[142] 彭梅芳：《加快厦门服务外包业发展的对策建议》，《厦门科技》2013 年第 2 期。

[143] 冯雷鸣：《服务外包政策的国际比较及中国的对策》，《中国市场》2011 年第 36 期。

[144] 周阳城：《促进中国服务外包业发展的政策研究》，《经贸广场》2015 年第 8 期。

[145] 王文超：《中国与印度服务外包产业发展的比较研究》，《江西行政学院学报》2011 年第 4 期。

中国皮书网

发布皮书研创资讯，传播皮书精彩内容

引领皮书出版潮流，打造皮书服务平台

栏目设置

关于皮书：何谓皮书、皮书分类、皮书大事记、皮书荣誉、

皮书出版第一人、皮书编辑部

最新资讯：通知公告、新闻动态、媒体聚焦、网站专题、视频直播、下载专区

皮书研创：皮书规范、皮书选题、皮书出版、皮书研究、研创团队

皮书评奖评价：指标体系、皮书评价、皮书评奖

互动专区：皮书说、皮书智库、皮书微博、数据库微博

所获荣誉

2008 年、2011 年，中国皮书网均在全国新闻出版业网站荣誉评选中获得"最具商业价值网站"称号；

2012 年，获得"出版业网站百强"称号。

网库合一

2014 年，中国皮书网与皮书数据库端口合一，实现资源共享。更多详情请登录 www.pishu.cn。

S子库介绍
ub-Database Introduction

中国经济发展数据库

　　涵盖宏观经济、农业经济、工业经济、产业经济、财政金融、交通旅游、商业贸易、劳动经济、企业经济、房地产经济、城市经济、区域经济等领域，为用户实时了解经济运行态势、把握经济发展规律、洞察经济形势、做出经济决策提供参考和依据。

中国社会发展数据库

　　全面整合国内外有关中国社会发展的统计数据、深度分析报告、专家解读和热点资讯构建而成的专业学术数据库。涉及宗教、社会、人口、政治、外交、法律、文化、教育、体育、文学艺术、医药卫生、资源环境等多个领域。

中国行业发展数据库

　　以中国国民经济行业分类为依据，跟踪分析国民经济各行业市场运行状况和政策导向，提供行业发展最前沿的资讯，为用户投资、从业及各种经济决策提供理论基础和实践指导。内容涵盖农业，能源与矿产业，交通运输业，制造业，金融业，房地产业，租赁和商务服务业，科学研究，环境和公共设施管理，居民服务业，教育，卫生和社会保障，文化、体育和娱乐业等100余个行业。

中国区域发展数据库

　　对特定区域内的经济、社会、文化、法治、资源环境等领域的现状与发展情况进行分析和预测。涵盖中部、西部、东北、西北等地区，长三角、珠三角、黄三角、京津冀、环渤海、合肥经济圈、长株潭城市群、关中—天水经济区、海峡经济区等区域经济体和城市圈，北京、上海、浙江、河南、陕西等34个省份及中国台湾地区。

中国文化传媒数据库

　　包括文化事业、文化产业、宗教、群众文化、图书馆事业、博物馆事业、档案事业、语言文字、文学、历史地理、新闻传播、广播电视、出版事业、艺术、电影、娱乐等多个子库。

世界经济与国际关系数据库

　　以皮书系列中涉及世界经济与国际关系的研究成果为基础，全面整合国内外有关世界经济与国际关系的统计数据、深度分析报告、专家解读和热点资讯构建而成的专业学术数据库。包括世界经济、国际政治、世界文化与科技、全球性问题、国际组织与国际法、区域研究等多个子库。

法律声明

　　"皮书系列"（含蓝皮书、绿皮书、黄皮书）之品牌由社会科学文献出版社最早使用并持续至今，现已被中国图书市场所熟知。"皮书系列"的 LOGO（▨）与"经济蓝皮书""社会蓝皮书"均已在中华人民共和国国家工商行政管理总局商标局登记注册。"皮书系列"图书的注册商标专用权及封面设计、版式设计的著作权均为社会科学文献出版社所有。未经社会科学文献出版社书面授权许可，任何使用与"皮书系列"图书注册商标、封面设计、版式设计相同或者近似的文字、图形或其组合的行为均系侵权行为。

　　经作者授权，本书的专有出版权及信息网络传播权为社会科学文献出版社享有。未经社会科学文献出版社书面授权许可，任何就本书内容的复制、发行或以数字形式进行网络传播的行为均系侵权行为。

　　社会科学文献出版社将通过法律途径追究上述侵权行为的法律责任，维护自身合法权益。

　　欢迎社会各界人士对侵犯社会科学文献出版社上述权利的侵权行为进行举报。电话：010－59367121，电子邮箱：fawubu@ ssap. cn。

社会科学文献出版社